靈界的另一種力量

黃卓政◎著

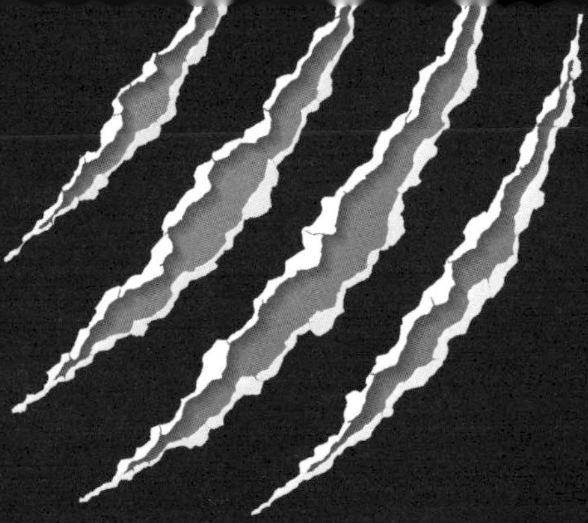

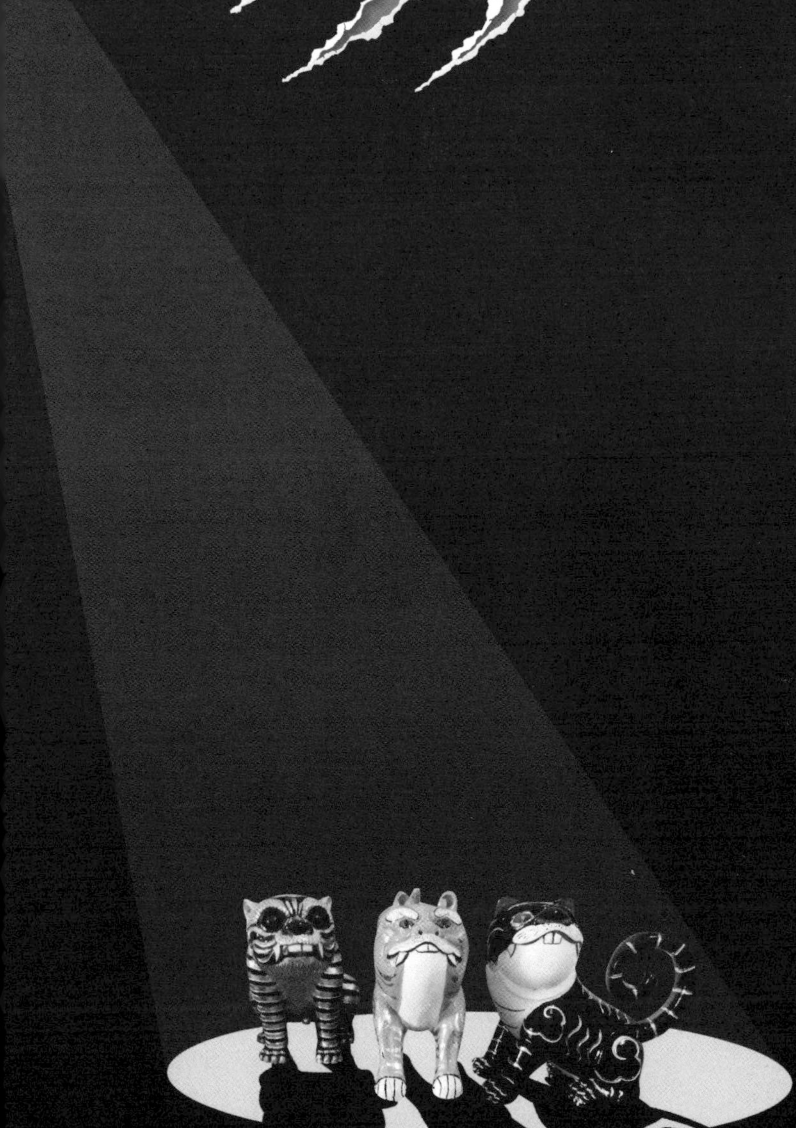

自序　突破逆境的力量

目前的您是否正遭逢人生的逆境，遇到生活上的一些阻礙與挫折而無法解決呢？當下的您內心是否正處於無助的低潮卻不知所措呢？

如果逆境與低潮此時正如同惡魔般在吞噬著您的人生希望與幸福，那麼請暫時先不用失意與擔心！因為這本書將會提供突破逆境的另一種力量，有機會帶領您逐漸地走出人生的逆境。

如果人生逆境所產生的力量，可以讓航行於大海之中的人生大船翻覆，那麼也一定存在著某種力量與方法，使這艘船不翻覆，而且更平順地到達目的地。

當人們遇到了逆境與低潮時，通常會以下列四種方式來突破與擺脫：

1. 利用現代醫學的治療方式。
2. 藉助心理醫師的分析解說。
3. 使用宗教信仰的慰藉開導。
4. 尋求親友力量的協助關懷。

如果上述的方式仍然無法讓您的問題與困擾獲得突破性的有效改善，度過現有的阻礙與低潮，那麼《虎式靈學》將適時提供您突破逆境的另一種力量。

這種力量絕非空穴來風而是其來有自，因為有許多的經驗案例印證，而且得到了全國各地一些朋友的支持與信任。

也絕對不是迷信，因為有著完整合理的理論，內容描述簡單明確，言語表達淺顯易懂，並且強調平衡法則，天下絕對沒有白吃的午餐。更不是詐騙，因為處理事情不用任何的費用，也不用加入任何宗教團體組織。

當然並無法保證問題一定可以獲得多少程度的改善，但是如果真的無法提供協助的力量去改善您的問題，對您而言頂多是一些時間上的浪費，並沒有損失什麼。可是若是因此讓問題得到某些程度的改善甚至解決，它將是您一生不可錯過的良機！

無形神佛的力量，絕對會完全配合那些想要積極突破自己的人生，並且永不放棄的人，給予他們想要得到的東西，甚至賜予他們意想不到的美好結果。

這絕對不是一種施捨與回報，而是神佛創造地球與人類，為了達到祂們所欲建立

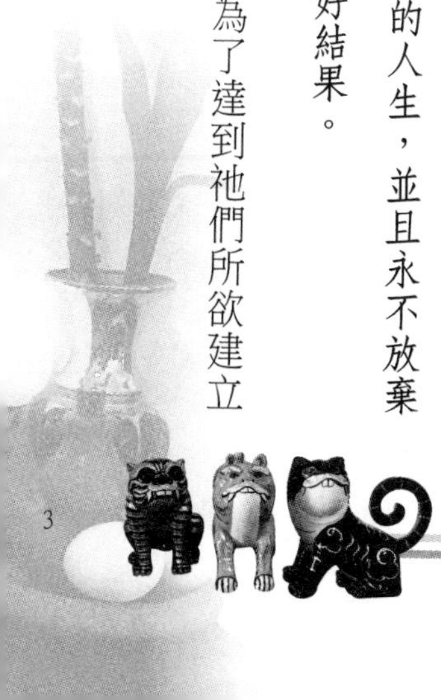

的理想世界，所產生的一種必然法則。因為祂們希望其所創造的地球會愈來愈美好，人類的心靈也可以有所提升。

非常感謝上天讓我們可以因為這本書而結緣，讓書來滋潤您的平淡生活，用書來豐富您的精彩人生。現在就一起以輕鬆愉快的心情，與用心認真的態度來閱讀此書。一方面因為靈學的內容，多少還是會充滿著一些神奇有趣的色彩，或許可以帶給讀者一些閱讀上的樂趣。另一方面則是裡頭的內容可能會讓您的生活甚至人生，受到真正的實質幫助，並不像坊間的一些心理與宗教書籍，只能夠發揮一些暫時的心靈慰藉作用而已。

德蘭修女說過這麼一句話：**我們都不是偉大的人，但是我們可以用偉大的愛，來做生活中每一件平凡的事。**

虎式靈學一直以來講求的是低調與平凡，因此懇請台灣北中南與海外四位長期以來對「知心坊」默默支持的平凡朋友代為寫序，謝謝您們。

二〇一四年十月一日　寫於黑鮪魚的故鄉——東港

他序一 創造自己的生命奇蹟

我信靈性世界、我信無形世界。

我與虎小蘭的相遇在二〇一四年九月。

一天在香港的書店閒逛，自然而然於一個靈性修養的書架前停了下來，有一股莫名的力量牽引著，無法再往前走一步，在書架前來來回回數次，心中納悶究竟是什麼事呢？此時我往下望，在最底層的第二層看到了一雙老虎的眼睛，祂的眼神進入了我的視線，好像要向我訴說什麼？連封面也沒有看清楚，翻開書就停不了了！當天晚上我一直看到天亮，對內容感到非常震憾！原來和香港相鄰的台灣有一位靈性工作者黃卓政先生（我尊稱為黃老師），與我一樣相信靈性的世界，更與靈性世界的菩薩做朋友、服務眾生，多麼令人嚮往。

做為理性教育工作者（老師）的我，從來沒有想過會透過電郵向作者表達謝意，感謝他寫出《靈界教我的那些事》，感恩他赤裸的道出閉關七日接受靈界的考驗，感恩

他孜孜不倦向讀者破解迷信的迷思。

就在當天晚上送出電郵後，睡夢中我看到了一位老虎的樣子，穿著唐裝衫，坐在一個古老紅木家具的客廳大殿觀察著我。我問：是虎小蘭嗎？祂發現我看到了祂，很快就離開了，而我亦從夢中醒了，真是一個奇怪的夢！隔天好巧黃老師同時給我回了電郵。

我與黃老師多次在電郵討論靈性的修練，我跟他說橫觀同齊，我算是經營得最辛苦了，生活壓力大得很，所幸丈夫愛護、子女乖巧，這也是每天辛勤的動力。黃老師不斷地鼓勵我，他說有福報的人常會受到考驗，我信！雖然生活辛苦，但是我對未來仍然充滿著希望！在虎小蘭一書中，黃老師體現了天人的感應、自律自省，不單是對修行人的挑戰，若不是肩負服務世人的責任，實在難以走下去。

新書中黃老師全篇貫徹一個宗旨：誠心懺悔、努力行善、堅持信念，我認為是《了凡四訓》的現代版。黃老師誠懇向讀者宣揚天人的感應，我信！因為我的家裡就有天人感應的例子。

家中小女去年投考小學，目標是上哥哥的學校一起念書，香港競爭亦是非常激烈，等了一年仍不成功，家裡擔心不已，怎麼辦呢？靜坐中看到供奉數年的狐媚祖靈向我道：「為什麼不尋求我們的協助呢？」試試誠心唸經，天天祈求，開學三個星期之後終於得到校長的親自接見，女兒成功入學，這可是先例啊！

可能是在神獸神靈間的相互牽引，要我們在黃老師的指導下堅信有形與無形世界的種種可能。先前心中想起了德蘭修女的話，想與學生分享但是卻想不起來，隔天黃老師來電，一語道破並邀請我「看自序」與寫序，看了不禁失笑，神靈的幽默如此，怎能叫我不支持呢？

以書中：人唯有不認命，不向命運低頭，才能夠創造自己的生命奇蹟！

Impossible？不，I'm possible！

樂觀奉獻的文教工作者　來自香港的劉曼行

他序二

散發正面前進的光芒

黃老師要邀請平凡人寫序，找我是再適合不過了，因為我就是平凡人中的平凡人，哈哈！

在寫序的同時，剛好發生高雄旗山天后宮的金虎爺小神尊，被一位失意落魄的父親偷走事件。因為他聽說虎爺對於賜財很靈驗喔！想要請回家中膜拜求財來養育兒女，後來勇於認錯的向廟方自首，廟方人員不但不予追究，反而送給他一尊小神尊讓他完成心願呢！

看到這段影片真是相當的感動，相較於目前某個宗教團體所引發的紛紛擾擾，旗山虎爺與宮廟領導者真正展現了宗教慈悲、忍辱、放下的胸襟與精神，兩者成了強烈的對比，

也讓小妮子對宗教的認識有了重新的觀點。

一直相信所有的神佛都是相當慈悲與願意度化世人，不過可以把神佛與宗教的精

神完全發揮出來的，或許不是那些自稱高上的修行者，而是名不經傳的鄉里小信徒。可以去實際協助人們的，也不一定是大佛大菩薩，反而是那些積極參與度世任務的小神明。

由於本身對修行與鬼神很有興趣，在機緣的安排之下，偶爾會南下跟隨虎爺見習。虎爺陪伴著我三年多來的人生，從迷惘的世界裡漸漸走了出來，如今有了較平順的生活，祂儼然已經成為了我的心靈導師與靈學顧問。在指導過程中一直強調人為努力的重要，無形神佛只是居於協助的角色，讓我覺得一點也沒有迷信的色彩，在生活中多了這麼一位可愛的神明陪伴，感覺還不錯呢！

曾經親眼見證一位得到惡性腫瘤的年輕學生，在祂的協助之下真的把生命繼續延續下去，連醫生都覺得有些不可思議。不過神佛的力量絕對不是無限擴張，正如書上所言，還是有很多無法改善的案例，但是至少在人們遇到困境而不知所措時，可以提供另一個突破的機會。

對於三年來接觸虎爺的感受就只有兩個：正派與低調。

這本書讀到〈我的人生旅程〉這一節時，已經感動到無法自已，再讀到後面的內

容，對於一些未曾接觸的知識更是十分驚奇與讚嘆。這是一本精彩豐富的書，一本正面實用的書，一本人人都應該擁有的書，閱讀了它就像是無形中得到一顆具有高能量的寶石，不斷地在人生過程中散發出正面前進的光芒。

知足感恩的工廠作業員　來自台北的陳玥羽

他序三 給失意的人前進的力量

聽到黃老師要出新書了，真是相當地高興。與虎爺結緣是在兩年前的一個網路書店，那一年因為生活上發生了很多的事情，人生十分地不順遂，心情也因而很悶快樂不起來，只好沉浸在網路的書籍中來尋找另一種解脫。

由於自己也喜歡接觸宗教信仰，與一些探討人生的不同方式，當我無意間看完了《靈界醫生虎小蘭》這本書之後，突然感受到另一種很特殊的意境，心情十分舒服，內心也有一股莫名的感動，於是迫不及待地從台中前往高雄與虎爺結緣。

虎爺對我們的協助真的可以如書名一樣，稱得上是一種神跡，主要來自於兩個方面：

實質上母親的精神狀況改善了很多，我的工作業績有所突破，生活也變得平順了很多。

精神上更明顯開啟了我的智慧，減少了心中的怨恨也改善了不佳的脾氣，也深刻體悟到人生就是要去接受與承受，來把一些因果了結。在了結因果的過程之中，用包容心、耐心與毅力去面對，用正面的態度去思考，把所有的不順都當作一種學習，如此人生的阻礙就會減少很多，心情也會比較平靜，好運自然就會靠近。

無形神佛的力量確實是存在的，有時真的會讓你有所深刻感受，而且感受到有點不可思議。

當在閱讀這本書時，眼眶總是泛著淚水，書裡頭描述的故事，就好像是自己人生的過程。相信這本書的出版將會為台灣的靈學甚至宗教界帶來另一波的震撼與熱潮，因為書中的內容不但相當地客觀、正面，更可以實際使用在協助改善生活上面，在台灣一些自由發揮的靈學書籍之中，可信度應該算是最高的。最重要的是書中不斷地在指引人們不可以放棄人生，一些精彩感動的內容將會帶給失意的人們一股相當大的前進力量，也會挽救許多正要放棄人生者。

感謝黃老師給我這個平凡人有機會寫序，讓我有幸參與台灣靈學的發展，更感恩虎爺為人們所付出的努力與協助。

自信喜樂的銀行專員　來自台中的劉芊沛

他序四　人生大動力

與黃老師及虎爺的認識來自於兩年多前，為了自己的婚姻與弟弟的健康問題，透過妹婿分享的書籍《靈界醫生虎小蘭》，而開啟了這個緣分。

不知是否是上天刻意的安排？當黃老師突然邀請我這位平凡人為他的新書寫序時，正是我的婚姻即將面臨結束的時候。

兩年前我的婚姻狀況已經很不好，當時會去尋找一些宮廟解因果，化燒大量金紙消災改運，並尋找一些命理師與心理醫生的協助，都沒有任何效果，反而愈來愈感到迷惘。

與黃老師初次見面時，直言命中應該會有兩段婚姻，但是如果人為方面願意去彼此努力改善的話，再運用一些靈學的協助力量，是可以突破命運的安排而讓婚姻持續下去。

於是在其協助之下，兩年來的婚姻生活真的得到了很大的改善，也逐漸走出婚姻

的困惑。

不過畢竟敵不過命運的安排，這陣子因為和丈夫在個性、金錢與小孩教育的觀念上，以及一些生活習慣的嚴重差異，讓我深感痛苦與挫折，而毅然決然地決定勇敢結束了這段婚姻。

當然過程之中有很多親友基於勸合不勸離的心態，希望我可以取消決定，但是我不想再欺騙自己了，也想要追求更美好的人生，於是經歷了接受、面對與放下三個階段，並在知心坊虎爺的協助指導之下，過程都來得比預期中順利圓滿，傷痛減至最低，心情也沒有太大的起伏，並給予丈夫深深的感謝與祝福。最重要的是最深愛的小孩得到最適當的安排，不斷地用正面的心態來處理婚姻問題，並把失敗的婚姻轉換成人生的一股相當大的動力。

這段婚姻的結果雖然是失敗的，但是過程卻是成功了，因為在其中我真正學習到了夫妻的相處之道就是：信任、溝通與尊重，或許在下一段婚姻或來世可以受用。

久等之下終於見到了黃老師第二本大作的完成，真的是很高興，裡面的內容更加地豐富、實用與正面，相信大家有緣讀完它之後，必定會對靈學有了一種全新陽光的看法，也會對自己的生活注入另一股全新的力量。

感謝與祝福之餘，也深切期盼黃老師能夠繼續為台灣的靈學奉獻努力，讓身陷低潮的人們，可以像我一樣擁有另一種突破逆境的力量，而不至於選擇放棄人生。

快樂自在的牙醫助理　來自高雄的黃佩蘭

目錄

自序 2

他序 5
序一劉曼行（香港）…… 5
序二陳玥羽（台北）…… 8
序三劉芊沛（台中）…… 11
序四黃佩蘭（高雄）…… 13

前言 18
人生絕對不可以放棄…… 18
拋開迷信觀念的束縛…… 23
突破逆境另一種力量…… 28

一 虎爺的心路歷程 32
導讀…… 34
1 我的人生旅程…… 35
2 虎爺的心路歷程…… 53
3 知心坊的成長過程…… 65

二 虎爺的愛心神跡 74
導讀…… 76
1 靈魂醫學的介紹…… 77
2 第一代虎式靈學…… 81
3 第二代虎式靈學…… 94
4 人生困擾的問題…… 101
5 靈界干擾的原因…… 164
6 靈學改善的方法…… 218
7 虎爺神跡的分享…… 252

三 虎爺的奇幻世界 304
導讀…… 306
靈魂的世界…… 307

1 手術中的世界……308
2 昏迷時的世界……315
3 往生後的世界……319
神佛的世界……342
1 文昌帝君的世界……343
2 福德正神的世界……351
3 註生娘娘的世界……360
鬼魂的世界……367
1 荒野墓地的世界……368
2 超拔法會的世界……370
3 普渡活動的世界……373
四 虎爺的智慧語錄……376
導讀……378
人生的智慧……379
1 改造今生命運的安排 擺脫前世因果的糾纏……380
2 人生最可怕的一件事——放棄自己 人生最愚蠢的一件事——結束生命……387
3 提升身邊正面的能量 改善周遭優質的磁場……392
4 追求完美的人生……398
5 知足無法常樂 認命就是放棄……402
修行的智慧……409
1 拜拜的迷思……410
2 燒香與燒金紙的迷思……418
3 修行人的迷思……423
4 祖先問題的迷思……433
生活的智慧……443
1 對於改名字的看法……444
2 台北捷殺事件、高雄氣爆事件、澎湖空難事件的看法……449
3 低潮與壓力……454

前言

人生絕對不可以放棄

如果可以再來一遍，我絕對不會選擇這麼做，人世間所有的苦難都不是苦，唯有無形世界的痛苦才是一種永恆的折磨。人生絕對沒有度不過的難關，只有放棄生命才會把自己帶向不可自拔的痛苦深淵。

這是我一生中，聽過最深刻發自內心感觸的一段話，言中之意，充滿著無限的無知與悔意，它是來自於一位自殺者的口中。

二〇一三年，因為要為幾位癌症病患進行靈療的工作，幾乎是高雄長庚、榮總、高醫、義大等幾家大醫院的常客，其中義大醫院因為硬體設備新穎、交通便利、環境優美，成為許多就醫者的最佳選擇，也因此讓我造訪的頻率最高。

六月分的某一天傍晚，與一位病人約好在此間醫院的9F病房會面，這間病房和一般大醫院的病房一樣，有著一整排的大玻璃窗，並有三個床位，他的床位是靠窗的邊床。

在諮詢靈療工作的進行當中，突然看到窗外遠方一棟大樓前有一個類似女子的黑影，不斷重複在大樓前面上下移動，而且眼神不斷地瞄向這邊，這種特殊的景象讓我起了雞毛疙瘩，於是順口問了旁邊一位年輕女家屬最近醫院是否發生了什麼事？

昨天傍晚有一位年輕的護士，在此跳樓自殺了——她的回答更加令我感到不安。

工作結束之後，從停車場開車回家的路上，必須經過這棟大樓前面，近距離的接觸更讓我感到渾身不自在，冥冥之中覺得會有什麼事發生？

隔了兩天的一個凌晨大約兩點，沉睡之中虎爺來到了我的夢中，把我帶到一個似曾相似的地方，那是大前天女護士自殺大樓前的草坪上。她是一位不到三十歲年輕貌美的護士，對我們訴說著她現在的痛苦與後悔，很對不起父母親也很想念他們，是因為感情失意與工作壓力，以及部分的家庭因素，讓她無法再去承受，而毅然選擇了自殺這條不歸路。在大前天的機緣之下遇到了虎爺，希望虎爺可以協助她走出目前所承受的痛苦，指引她一條明路。

接下來我們三位在一瞬間的時空轉換之下，來到了一個陌生的地方。

那是一個巨大的空間，眼前的這一幕令我們難以置信，好多的陰靈聚集在此，有的手腳殘缺，有的身體浮腫，有的皮膚腐爛、全身被火灼傷，有的頭部破裂、身軀截斷……

恐怖的景象令人感到渾身不自在，原來這裡不是所謂的枉死城，而是一些生前自殺者的管理空間，聽說稱為「解心結營」，這個地方相信大家在宗教的書籍上都沒有聽說過。

他們目前的身相，也就是在選擇跳樓、跳海、服藥、自焚、割腕、臥軌、燒炭、舉槍自盡……等自殺方式結束生命之後，所遺留下慘不忍睹的遺體殘缺情況。

然而繼續瞭解後面的狀況之後，才知道那些恐怖的景象其實還不算什麼呢！

終於知道為何叫做解心結營了？在裡面的每個陰靈都非常不安，極度痛苦得好像在思考著什麼，看他們的樣子，就好像在自己的小房間遺失了東西，卻總是找不到而百思不解，所引發的心靈撕裂感。旁邊還有一些類似人間宗教志工的天人，不時在為他們做一些開導與解說。

原來人類自殺之後，就必須來到這個地方，日夜不斷思考著自殺的原因，與解開人世間的一些情感糾纏、生活的困擾，承受極大的內心痛苦。當每天自殺的時間一到，又要到自殺現場不斷重複著自殺的動作，承受極大肉體上的痛苦。這也就是為什麼世間流傳著，總是有一些具有陰陽眼的人，會看到自殺者在自殺的現場一再重複著自殺的動作。

聽說在解心結營解開自己糾纏心結的時間是長久到無法去想像，而且即使在那些天人義工的輔導之下，有機緣去了結那些錯誤，離開了這個地方，仍然要到地獄承受不孝、殺人（自己）……等罪名的懲罰。

為了一時之間錯誤的念頭與行為，將要承受永無止盡的痛苦程序，這是何等的沉重？

一位在解心結營輔導那些自殺靈，來自地藏王菩薩世界的天人義工，語重心長的告訴了我們一些話，我想要把它忠實地轉達給世間的人們：

人生最可怕的一件事就是放棄自己；人生最愚蠢的一件事則是結束生命。選擇自殺後所承受的苦難是永無止盡的，而且心靈上撕裂掙扎的痛苦會比肉體上的傷痛來得

數千萬倍。人類是十分有智慧的生命體，要好好珍惜自己的生命，不要再有自殺的舉動了。

最後與我們同行的那位自殺女靈，在這趟虎爺帶領的機緣下，開啟了許多的智慧，也解開了一些心結，虎爺並為她引薦了一位天人輔導者，相信在這個緣分之下，可以比別人早日結束這些程序與懲罰。

她住在高雄的父母若是知道此事，應該可以在無法挽回的傷痛之中，得到些許彌補的慰藉。

拋開迷信觀念的束縛

相信多數的台灣人，從小父母與師長就教導著我們一件事——凡事不能迷信。然而在他們傳達我們這些觀念的同時，卻沒有正確與詳細地告訴我們，哪些事是迷信？迷信的意義究竟是什麼呢？導致根深蒂固的觀念，只要在宗教上涉及民間信仰或是道教就是迷信，接觸佛教、基督教就是很神聖的事；在生活中只要去接觸與眾不同、脫離世俗眼光的事就是迷信，而與學校有關、有了科學印證的事便不是迷信。

這些根深蒂固的觀念綑綁了我們的一生，也讓我們喪失了許多的機會，甚至是改變一生的良機。

不可否認的，過度迷信的確是一個很不好的現象，但是因為受到迷信觀念的束縛，而導致很多事不敢去嘗試，也未必是件好事。因此必須有一些方法與標準來判斷是否迷信？這也是一般人該具備的基本智慧。現在就將這些方法、標準與迷信的定義敘述如下：

就字面的意義而言，迷信有兩個方面的解釋：

1. 迷戀所相信的事情

迷戀所相信的事情，在心理學上來講，是一件相當正面的事，也就是所謂堅強穩固的信念，這是有助於去達成目標的實現。

有些事情已經有了實際經驗的證明，例如國父相信失敗為成功之母，堅持一定會成功，進而創立了中華民國。有的則是還處於未知的階段，例如歐美科學家深信火星上會有水，就會引發探索的動力，希望能夠造福人類。

以上這些都是屬於迷信的範圍，然而上述之事對自己與全人類而言，都是一種相當有意義的事，應該沒有人會加以反對吧！

2. 迷戀所信仰的宗教

宗教在社會上扮演著淨化人心的角色，更擁有一股穩定社會倫理與秩序的強大力量，其影響的程度在某些地區甚至高過於國家政府。因此擁有堅定的宗教信仰，不但可以協助自己度過挫折與低潮，更會為生活帶來一股正面的動力。

堅定信奉自己的宗教，包括要相信它的理論、描述的事情、與未來的景象。舉個例來說，佛教教導信徒要相信有極樂世界，然而有誰真正看過極樂世界呢？但是相信所有的佛教徒絕對都堅信有極樂世界這個地方。

上述的例子也是屬於迷信的範圍，但是這種迷信可以刺激人們正確地修行與善行，對社會而言是相當正面的一件事情，相信也沒有人會反對的。

然而這些未知的事情，只要涉及到民間信仰或一些脫離世俗眼光的事情，就會被人誤認為迷信，實在是很無奈與值得深思的一件事。

看得到的不一定是對的，看不到的也不一定是錯的。

就像是人類還無法全面窺視地球的時期，大家的觀念是天圓地方說，都認為地球是方的。當有哲學家提出地球是圓的理論時，輿論便予以嚴厲的指責，甚至斥之為怪力亂神，最後地球是圓的理論終於獲得航海家麥哲倫的證實。

因此迷信可否為自己與社會帶來一些正面的力量，完全在於判斷的標準，但是這些標準實在很難去拿捏，因此在此將迷信的標準稍微描述一下，讓大家做個參考：

1. 違背了一些基本的生活常識

生活中有一些淺顯易懂的基本常識，如果明顯違反這些常識，那就是迷信。例如發燒不去看醫生，反而求助於宗教神佛。

2. **違背了一些基本的生活條件**

維持生活必須有一些基本條件，如果明顯違反這些條件，那就是迷信。例如花費大筆金錢去改運。

3. **違背了一些基本的言行舉止**

生活中的言行舉止大概有一些正常的範圍，如果脫離這些範圍過多，那就是迷信。例如有些宗教唆使毆打自己的小孩。

4. **違背了一些基本的生命安全**

生活中必須注意自己的生命安全，如果明顯違反生命安全的動作，那就是迷信。例如有些宗教鼓勵集體自殺。

5. **違背了一些基本的倫理道德**

社會與家庭存在著一些基本的倫理道德，如果明顯違反了這些倫理道德，那就是迷信。例如有些宗教提倡男女合體同修。

6. **違背了一些基本的人身自由**

人類生存存在一些基本的人身自由，如果有所過分限制人身的自由，那就是迷信。

例如有些宗教採用配對結婚、限制居住等。

因此如果就寬鬆的定義而言，若是沒有違背以上的標準，皆沒有涉及所謂「迷信」的問題，也就是在可以嘗試的範圍內。

有了以上的判斷標準，就可以讓我們安心的拋開迷信觀念的束縛，為自己迎向更多的人生機會。

突破逆境另一種力量

一個民國六十五年次的中年女子，因為娘家的大哥不負責任，另結新歡之後完全拋下妻子與三個小孩不顧，嫂子也沒有謀生能力，獨自在外面與人同居。她為了不讓媽媽難過與不忍心那些孩子受苦，義無反顧地擔負起扶養這三個小孩的責任，由於自己也有兩個小孩，這些娘家的負擔造成了丈夫的漸漸不諒解，彼此冷戰不說話，相處如同仇人，先生也因而發生了外遇，導致婚姻幾乎要走到了盡頭。

然而無奈不僅如此，這些大哥的小孩不但沒有報恩之心，老是惹一些事情，並且對姑姑講話很不客氣。

而且姊妹們不但沒有在行動上協助她，反而冷言熱諷，讓她不勝唏噓。加上自己的身體不好，收入也不穩定，每天總是心情低落，人生似乎看不到未來，不知要如何繼續走下去？親情的糾纏與不忍心與娘家切割，讓她極度的痛苦。曾經求助於宗教與心理醫生，甚至服用藥物麻醉自己，都無法去改善她的這些困擾。

這是一個真實故事，相信這些類似的故事一直在你我身邊的親人與朋友，甚至自己身上出現。最後的答案也似乎都相同——「無奈與無解」。

我一直相信一件事——「人生是痛苦的」，並不是我的想法較為悲觀，而是我不願去欺騙自己。看到身邊的朋友，煩惱痛苦的事總是這麼多，而快樂的事卻少得可憐。

人生本來就是一連串痛苦經歷的累積，然而這些經歷卻可以帶給我們學習與成長的機會，在經過這些成長與磨練之後，把一項一項的痛苦轉換成真正的快樂，而這些快樂的累積就會變成我們幸福自在的人生。

看到上述朋友的情況，真的很替她難過。她是一個十分堅強的女人，曾經嘗試各種的方式，但是都無法協助她真正解決問題與改善狀況。

宗教信仰的寄託——或許可以暫時慰藉受傷的心靈，卻無法真正去解決問題。

心理醫師的解說——或許可以稍微解開思緒的糾纏，卻無法真正去改善狀況。

藥物醫學的治療——或許可以稍微穩定生理的狀況，卻無法真正去解開迷思。

嘗試了一連串人為方式的努力卻仍然無法改善自己的問題，而導致身心俱疲不知所措的同時，在適時的機緣之下——**《虎式靈學》提供了她突破逆境的另一種力量。**

如今那位中年女子，在虎式靈學協助的機緣之下，丈夫的外遇問題突然出現了一些狀況而結束，和丈夫的相處出現了很好的契機，整個家庭與親情的糾纏，也已經解開了近五成。

受過傷的婚姻生活或許仍然存在著一些陰影與疙瘩，但是相信這種經過溝通與磨合過的婚姻，將會走得更為踏實，離彼此的幸福也更近了……

她是如此的幸運，相信正處於人生低潮，與面臨生活挫折的您，也會有機會得到這份幸運，只要用心去看完這本書。

最後在進入這本書的內容之前，必須先忠實地來告知讀者書中內容的來源：

1. 靈界無形神佛直接傳達的訊息。（40％）
2. 配合知心坊虎爺問事諮詢的經驗。（30％）
3. 本身對於靈學方面的知識。（20％）
4. 坊間書籍與媒體的參考資料。（10％）

因為無形靈界的所有東西，很少人可以看見，即使有人擁有些微能力可以看到部分靈界的情形，也沒有人能夠有任何的證實方式，因此也就無法去論定它的對與錯。

所以裡面的內容您可以選擇信與不信，忠實地提供這些內容的來源，將有助於您去判斷相信與否的程度與接受度。

現在就讓我們暫時忘掉人世間的煩惱痛苦與紛紛擾擾，利用生命裡的一點點時間，一起進入另一個時空的短暫旅程，在裡頭來探討突破逆境的另一種力量，找出自己生活上過得不快樂的原因與改善方法，再回到多彩多姿的人世間，向自己與家人的幸福邁進……

一

虎爺的心路歷程

三虎宮

導讀

這個章節是先要把《虎式靈學》的基本要素介紹一遍，包括虎爺（天）、知心坊（地）與代言人——我（人），詳述其一些成長的心路歷程讓讀者有所大概瞭解，進而可以帶動後面閱讀的順暢。

這些真實的精彩坎坷過程，或許正同時發生在您的身上，令人感同身受，其中新鮮有趣的內容，也可以讓您得到一些閱讀的樂趣。

現在就讓我們以輕鬆愉悅又帶點新鮮好奇的心情，開始去探索人類以外另一個不為人知的世界……

我的人生旅程

如果說我的二十至四十歲人生，是一場沒有照著劇本演出的悲情劇，大家或許不會相信。因為誕生於一個小康家庭，擁有高大身材的基本外在條件，認真踏實地做人，再加上在中小學讀書時，連續九年都當班長的智慧，任誰也無法想像，我竟然會把這二十年最寶貴的人生階段，搞得這麼糟糕？而且是糟糕得一蹋糊塗，不堪回首與想像。

因此如果不去把它想像是一場上天別有特殊目的的計畫與安排，實在無法理解為什麼會如此？我實在很不喜歡用宗教上「三考五考」這個名詞來形容自己的遭遇，因為它會讓人把所有的挫折都歸咎於宗教方面，而不去努力思考在人為方面的突破。但是不這麼想，又無法去解開自己的迷思，因為似乎所有不順都發生在我的身上，有的甚至在電影情節中才能看到的劇情，也活生生在我這二十年人生之中無情地上演。

這二十年來承受生命中的風風雨雨，經歷了人生的十大考驗（健康、財富、感情、婚姻、事業、功名、父母、子女、手足、朋友），尤其在婚姻與財富方面，似乎超過了

我所能承受的極限。

二〇〇〇年，在婚姻出現了極大的問題，瀕臨破裂邊緣而不知要怎麼辦時，於一個大風雨的傍晚，與妻子發生爭執之後，被妻子從廚房拿著菜刀追到小Lobby。於是跑到潮州自家十二層頂樓，足足讓雨淋了一個多小時，淚水與雨水交錯之中思考著目前糾纏在妻子、兒女、父母、工作與經濟一團亂的繩索之中，如何把人生繼續走下去？低落的心情與不知所措的肉體，脆弱得隨時有可能從十二樓往下跳，結束目前所有的痛苦，不過我並沒有這樣做，也幸好沒有這麼做。

二〇一〇年，被財務問題逼迫到不知所措，在寒冷的深夜獨自來到東港海邊，坐在堤防上哭泣。想到年紀已經不小了，財務方面突然發生狀況而重新歸零，還出現債務上的一個大缺口，讓我想從頭來過的機會都沒有，人生似乎已經沒有活下去的勇氣與希望了。眼前渺茫的人生，激發一股讓我往海裡跳的念頭，但是我並沒有那麼做，那個漫長的夜晚一直在海邊坐到凌晨，因為想到了家人和小孩。

二〇〇八年，結束婚姻之後的第一段三年感情，當時所受的情傷並不亞於離婚時的傷痛。加上那陣子身體極端不適，時常頭昏頭痛、胸悶、全身痠痛、胃腸整天不舒服，似乎所有的病痛都集於一身，整個身體狀況就像一顆無時無刻處在癱軟洩氣狀態下的氣球。還有一些小孩因為進入了叛逆期所引發教養上的無力感，讓我真的不知所措。

在一個夏夜的週末，提著簡單的行李，獨自開車來到恆春一家旅館。這並不是一趟愜意的假期旅遊行程，而是帶了一些安眠藥與兩瓶威士忌，把自己鎖在旅館房間裡兩天，癱軟地躺在床上享受這些藥酒。面對眼前人生的不順與挫折，並沒有讓我萌起結束生命的念頭，而是想完全放空自己做個長眠，希望醒來之後所有的問題與煩惱都可以沒有了。

也許是我的想法太天真了，醒來之後只是把痛苦無限再延伸，而且那些藥與酒在我意志最消沉時，隨時有可能因為過量而結束生命，讓我的人生從此畫下了句點。

以下就把我一些「精彩坎坷」的人生，忠實地分享給大家知道，看完之後或許您會覺得自己目前的生活還不算太壞，甚至感到幸福。也可能有些遭遇正是您目前遇到的問題，會有種是不是在描述我的感覺？而引起內心的共鳴與傷痛……。

撕裂的婚姻

如果有人問我，這輩子做過最錯誤的一件事是什麼？我一定會毫不猶豫回答是認識了我的前妻。這個答案並不是代表我有多麼怨恨她，而是第一段婚姻實在為我帶來一生太大的傷害，幾乎毀掉了我大半的人生，至今仍籠罩在這個陰影之中，還沒有完全走出。也讓我深刻體會到，「成功男人背後一定會有個得力的女人」這句話。

但是那並不是代表我有所後悔，反而很珍惜上天與前妻給了我這個學習成長與了結因果的機會。雖然過程中的風風雨雨幾乎讓我無法去承受，不過還是一路撐了下來，而且我知道必須發自內心地給予前妻誠摯的祝福，才能夠讓事情有所圓滿。

當然一段失敗的婚姻，並不只是單方面的問題，一定是雙方都有所錯誤。她也有許多優點，只是過於激烈地表達方式，有些極為不合理而且接近失去理智，讓我幾乎無法去承受，也使我一再的受傷。

我也知道一個女人就算再怎麼不適合自己，畢竟曾經相愛過，攜手走過人生的一段路，也為自己辛苦地生下了兩個小孩。十年修得同船渡，百年修得共枕眠，彼此還是具有一份基本的感情，所以雙方再怎麼衝突，我也希望她過得好，畢竟總是孩子的媽。

我也知道這一切都是出自於因果的糾纏，必須具備正面的心態慢慢去了結這段因果。但是這種的糾纏方式，似乎超過我所能承受的範圍，一度讓我懷疑這世界上到底還有沒有天理？她所做的一切不合理的言行，讓我心灰意冷、無奈無助，甚至一度想要因此結束自己的生命。

她曾經在半夜一兩點，跑到父母家門口大馬路上咆哮大喊，數落父母的不是，讓一些鄰居開門看笑話，在當時民風純樸的鄉下小鎮，發生這種事真的讓父母的顏面盡失，幾乎無法再立足於鄉里。

她也曾經用明信片寫著一些不是事實的言詞，寄到服務的台北總公司毀謗我，讓我幾乎失去了工作，而且使我在公司的人格受到嚴重質疑。更諷刺的是離婚之後兩個小孩雖然跟她住，但是所有的生活及教育費用幾乎都是由我來承擔，如果真斷絕了我的經濟來源，到底對她是有什麼好處？她應該也會受到不小的影響，為了彼此的衝突而玉石俱焚值得嗎？真令人百思不解。

她更曾經為了小孩在學校的一些教育問題，跑到學校大鬧並且要到教育局告老師，

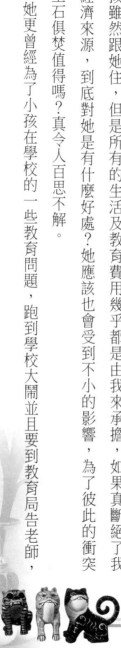

據我瞭解那位老師並不是完全像她所說的那樣。

一次又一次令人提心吊膽的舉動已經不勝枚舉了，我和我的家人長期就處在這種陰影之中。有一次聽朋友介紹高雄美濃的山上，有一位精通紫微斗數的師姊，可以去找她看看，於是就在一個空閒的下午與同事前往。

坐落在陰涼森林山坡上的一個中型道場令人感到心曠神怡，也讓我對此次的問事充滿著期待。由於不是假日，只有幾組人而已，輪到我的時候，師姊開口跟我說的第一件事就是，這輩子必須來清償一些感情婚姻債。正當我為她的神準感到驚訝時，她突然說目前妻子的所作所為都是沒有錯的，一切都是因果所致。

天啊！這輩子所做的一些違背天理之事，如果都用前世因果來解釋，就可以完全變成對的而不用受到懲罰。那麼所有的殺人犯都可以用前世因果來為自己脫罪了，社會還有何秩序可言呢？血氣方剛的我再也聽不下去，丟下問事金就走了出去。

因果是一個真實的東西，但是它的呈現是讓我們去學習改進自己偏差的言行，與為前世過錯贖罪的很好機會，絕對不是用來做為掩飾自己錯誤言行的藉口。

變調的感情

或許我這輩子就是注定要來清還一些感情債，這應該也是我今生最大的學習項目。有人說：金錢債易還、感情債難還，確實沒有錯。

這輩子並不會刻意去追求任何的男女感情，但是在前世今生的糾纏時空安排之下，它總是會悄悄的靠近，讓我來不及有所準備。剛開始或許是甜蜜與期待的，可是結局總是以悲劇收場，而讓自己屢次受了傷，如今我才知道，這種沒有結局的男女感情（包括婚姻）就是所謂的感情債。

我並沒有擁有學生時代的戀情，結婚前的人生第一段感情是發生在軍旅生涯結束後的第一份工作，對象是一位住在屏東市區小我三歲的純樸甜美女孩。第一段感情總是擁有太多的第一次美好回憶，也因此讓我在交往了一年多之後卻突然失去她時，幾乎可以用世界末日來形容，滿腦子都是她的身影，連睡覺睡到一半都會突然驚醒，那種心靈的傷痛並無法去形容，或許經歷過的人才能夠有所深刻感受。

我們都見過雙方的父母，她是在一次她們公司舉辦的東南亞旅遊行程中，被一位領隊所追求走，可能是因為她的個性外向，而領隊活潑陽光的形象被她所深深吸引。

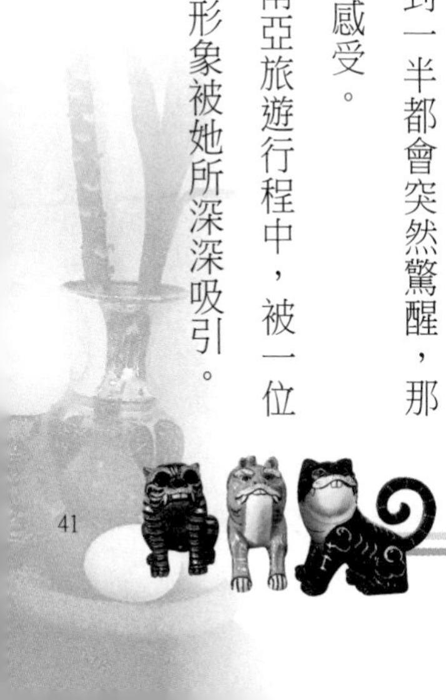

被無預警的拋棄之後，我曾經利用各種方式都無法挽回。家人看到我失志的模樣，嚴重影響到身體健康，於心不忍之下，還帶我去求一些偏激的神壇法術協助，最後還是都沒有效果。

這樣頹廢的狀況持續到半年後，在一家房屋仲介公司裡，前妻悄悄地走進了我的生命，情況終於慢慢改善了。原來治療情傷的最佳良方就是發生一段新的戀情，這句話真的是一點都沒有錯！只是隨後而來的婚姻並沒有帶給我幸福的生活，而是牽絆住大部分的人生，這一切就像是編劇寫好的劇本，任誰也無法去改變。

離婚之後，可能是被嚇到了，也可能真的是累了，一直不敢再去涉及男女感情，甚至有些逃避。但是該還的感情債還是要還，逃也逃不掉。

在我的職場工作達到巔峰的三十七歲那一年，一個住在高雄大樹（佛光山與義大世界的所在地，是個人文粹集、山明水秀的好地方）的勤奮陽光女人悄悄地走進了我的生命之中，似乎讓我措手不及。她與我前妻的年齡極為相似，同樣是五十七年次屬猴，而且都在農曆七月出生，大我幾個月，血型也同樣是O型。聽說農曆七月出生的女人命都比較硬，也難怪我的這一生幾乎要栽在這兩個女人之中。

彼此是在工作場所認識的，剛開始時對我真是出奇的好，讓我一度沉醉在好久未曾出現的幸福感情之中，以為找到了下半輩子可以共同牽手的女人。

這種擁有共同人生目標的滿足感，就在一年後的購屋意見衝突中開始出現了裂縫，然而剛開始發生這個裂縫時我們並沒有用心去修補，反而愈來愈大，最後終究無法收拾。當然彼此相處的一些衝突，雙方都有對錯，只是各執己見誰也不願去有效溝通與讓步，最後在無法再承受之下，我毅然選擇了一種特別的分手方式——不告而別。

在二〇一〇年的某一天，向公司請了一天假把東西全部搬離了共同的住處，並將鑰匙寄還給她，悄悄地離開彼此的生命之中，之前付出的東西全部不要了。

她也相當無情地沒有再聯絡，只是寄了一封信給我，信中的一句話一輩子可能都無法讓我忘記，而形成了一生中的陰影。

「不告而別是殺人不見血的最高手段」——其實我選擇這種方式並不是有所報復的意味，而是真的無力再次去承受結束感情之後所帶來傷痛，而欲使其自然地結束。然而我的想法是大錯特錯了，因為分手之後整整利用一年的時間來療傷，甚至有好一陣子都不敢踏入高雄大樹這個地方。

感情與婚姻是我這輩子最大的傷痛，也是獲得最多的學習機會，很珍惜上天賜給我這些機會，讓我可以去了結感情的因果債。

混亂的財富

屏東夏日夜晚椰子樹下的海風是會讓人有種舒暢陶醉的感覺，然而二〇〇一年的那一個夜晚，卻讓我嚐到了一生中最不自在的故鄉海風。近十位建築包商聚集於哥哥所開設的蝦池場，在哥哥的協助之下與我欠債的包商展開協調。面對之前賺過我的錢如今卻咄咄逼人的面孔與口氣，讓我突然間忘了自己到底是幹了什麼好事？

其實在一九九三年嚐到第一筆房產投資暴利的成功滋味之後，人小鬼大地向銀行借了一筆百餘萬的資金進行第二次投資，結果在仲介老闆處心積慮的設局之下，被嚴重套牢。最後在急於脫手的情況之下，與購買者及銀行發生了極大的糾紛，這個糾紛造成了往後十五年的人生，處在一種提心吊膽的不穩定經濟狀況之中，負債這個名詞一直伴隨在我的身旁。

一九九八年有個經濟上翻身的大好機會，當時與一位舊同事合夥開設了一家小型的營造廠與室內設計公司。雖然是初次創業，可是運氣出奇的好，承攬的工程絡繹不絕，而且都具有基本的利潤，那陣子也是我一生的存摺裡唯一擁有過七位數的時候。

這樣維持了兩年的好光景，就在二〇〇一年台灣第一次政黨輪替時開始出了狀況。因為政治因素加上世界經濟不景氣，導致許多大企業紛紛倒閉，當時台灣的經濟狀況與就業率盪到了谷底，因此接連有一些客戶找了一些荒唐的理由故意拖延或不給工程款。當財務缺口達到了百萬，再也無心撐下去，加上合夥對象的擺爛，於是一個人扛起了所有的債務，結束了公司的營業。不但把兩年所賺的存款完全賠了進去，還積欠著近十家廠商不少的債務，開始了往後三年與廠商們玩捉迷藏的躲債生活。

當時的社會信用卡發行風氣正盛，由於待的是五百大企業公司，因此可以申請好幾張額度蠻高的金卡，創業基金幾乎都是從信用貸款與信用卡借來的。此次的事業失敗讓我開始背負著沉重的卡債，舊債未清新債又起，讓我不知道要如何去承受？那陣子身上常常僅存數百塊錢，曾經每天只吃一餐，不知道有多少日子為了兒女的註冊費煩惱到不知所措。

三十歲左右喜歡上了算命，曾經有三處不同方式的算命師都不約而同指出，在我

三十八歲時人生會有個小巔峰。果真在三十五歲那一年進入了一家不錯的小公司，當時的景氣已經開始漸漸回升，建築業的暴利再度讓我的存款在三十七歲那一年又來到了近七位數。可是就在當時，繼上次的仲介公司老闆之後，生命之中第二位金錢上的魔鬼再度出現，在一位小型營造廠的老闆朋友的慫恿之下，把全部存款投入了他的工程。剛開始幾個工程也都有小賺，可是在二〇一〇年時的一件工程，卻出現了嚴重的狀況，讓所有的積蓄全部付之一炬，財務上又開始歸零（說歸零是好聽一點，其實當時還有一些舊債未還清），甚至還擁有一些負債。

二十八至四十二歲這十五年的財務人生，幾乎就是在貧窮、負債與事業失敗之中度過，生活在躲避、恐懼與失意的日子裡。這種金錢上的痛苦與婚姻上的痛苦是截然不同的，我知道這是上天給我最大的考驗，也瞭解這是人生中一個磨練的好機會，只是這些考驗與磨練真的是太不近人情了……

失控的身體

記得國三面臨聯考的前幾天，在操場上遇到了校長，校長對我說了一段話：你看起來好像無精打采，身體狀況不太好喔！要好好運動鍛鍊身體，將來才有體力成就大事。這段話至今仍印象深刻，卻也道盡了我一生的身體狀況。

我總是有個感覺，上天是不是沒有把我製造好，就把我丟到人世間了？因為從小身體總是很沒有元氣，其實也沒有任何的大病，但是隨時讓人家看起來就是一種無精打采的感覺。

身體的第一次真病是在即將結束軍旅生涯時，那時在訓練上讓脊椎受了傷，之後看過了無數的醫生與配合一些藥物治療都無法改善，常常疼痛到晚上都睡不著覺。直到一九九三年在一個機緣下接觸了一家神壇，當時在九天玄女的神力協助之下，竟然讓困擾多時的腳痛不藥而癒了。

往後的十幾年，就在胃痛、頭痛、肢體痠痛的交纏之下，度過了不是很自在身體的人生，但也沒有形成什麼大病。直到四十歲以後所有的疼痛開始加劇，有些疼痛讓我幾乎無法去忍受。

上天對我身體狀況的安排，似乎沒有讓我有所怨言與退縮，反而更加讓我珍惜身體與生命，想盡各種辦法去回復自己的健康，我知道這是前世因果呈現之下所要去學

習與克服的功課。

以上就是我四十二歲以前，將近二十年不堪入目的凌亂人生。雖然其中的挫折與考驗讓我在成長過程中，學到相當多的人生經驗，也開啟了不少的智慧，更在日後協助人們的工作上，有了更多的將心比心，但是也付出相當多的代價與承受不少的苦難。

這絕對不是一個正常的人生。正值二、三十歲青壯年期的您，如果在生活上遇到了一些阻礙與挫折，一定要想辦法去解決，絕對會有適時的貴人與機會出現，協助您度過難關，千萬千萬不能夠放棄，這並不是心理學上的理論用語，而是很真實的一些話。

轉變的人生

在經歷過以上這些殘破不堪的二十年人生之後，二〇一一年三月十一日的傍晚（正好是發生日本海嘯的那天），在高雄小港一個小山丘的天空上，突然看見了虎爺化作雲朵般的現身，傳遞了我一些訊息。

（大部分人的童年都有過一段記憶與夢想，躺在一片大草原上看著天空的雲朵，幻想與期待那些雲朵可以變成糖果、動物與自己喜歡的東西，然而那畢竟只是一種對雲浪漫的想像，是無法美夢成真。然而我看到了雲朵老虎那一幕，卻是真實的令人無法去想像。）

之後在我的身上，陸續發生一些奇蹟（或許也可以稱為神跡），不但得到了一筆百萬偏財把所有的債務還清，身體的病痛在沒有藉助藥物之下，一夕之間竟然痊癒了。還陸續快速擁有了一些與無形靈界溝通的能力與智慧，並且學到了一些方法，實際用於協助人們生活上。

不但財務、健康方面的問題解決了，其他方面也隨著磁場能量的影響漸漸好轉。小孩變得聽話懂事，工作也穩定順利，前妻不再干擾，破碎的婚姻出現了一個新的平衡點，人生所有的一切漸漸轉為平順。

但是這些奇蹟與平順並沒有帶給我任何物質上的享受，而是讓我找到了人生一個正確有意義的方向，豐富了我的精神與心靈。或許這些年來有讓我獲得了些許的名聲，但是那些名聲只是讓我生命中的責任更加沉重。

您們一定可以的

雖然我的中段人生如此地殘破不堪，但是從來沒有選擇過逃避；雖然我的年輕生活這麼地辛酸艱苦，卻從來沒有決定過放棄。

如今上天終於瞭解我內心的渴望與無助，並且賜予機會讓我化成行動去完成人生的道路，相信往後的道路依然是精彩，但是絕不是坎坷精彩，而是自在而豐富。

或許您目前的年紀還比我輕，那麼將擁有更多的機會與本錢，去扭轉開創精彩的人生。

雖然目前正遇到一些生活上的挫折與阻礙，也一定可以在您的勇氣與智慧之下去克服。

也許您已經年邁半百，仍處在人生失意與落寞之中，但是請不用沮喪消極，只要抱持著希望與信心，夢想仍未破滅。因為我知道因為您的不放棄，上天將會賜予一些意想不到的機會讓您去圓夢。

我這種年紀都可以做到了，您們也一定可以的！一起加油吧！

發願助人的工作

其實不可否認的，當時會選擇配合虎爺進行度世的工作，除了生活得到改善的靈驗而有所感恩回報之外，還是有一點被強迫的性質。想想誰願意犧牲正常的家庭生活，而去從事這種既累又吃力不討好的工作呢？

直到有一次面對一位平日靠打雜工維生的中年母親，帶來一位不正常的小男孩，他在知心坊裡恣意吵鬧，自己的排泄物在廁所裡搞得亂七八糟，甚至不禮貌地移動了虎爺的神尊。

這位母親無奈又無助地頻頻向我們道歉的同時，虎爺突然傳達了一段至今仍然令我非常感動的話，這段話使我深深地感受到神佛超大的慈悲心與急於度人的用心，也讓我從此發願要好好去配合為期八年的虎爺度世工作。

愈是落寞、卑賤與不正常的人，愈需要用心協助他們，請不要去鄙視並放棄他們，對他們講話要更加和顏悅色、輕聲細語，對他們的無理取鬧也要視而不見。服務大眾者應該要拋開自尊與一些原則，忍辱負重。

騎虎難下的處境

三年多來配合虎爺服務人們工作，雖然讓我成長很多，也獲得了一些寶貴支持的友誼，但是身心上已經是不堪負荷，非常非常地累了！

因此與虎爺商量決定休坊半年。

半年的休坊期間其實我過得並不輕鬆，因為出版社將第一本書改版重新發行，又造成了另一波的預約熱潮，讀者朋友期待的新書、迅速復坊的強大壓力…接踵而來。自己常向身邊的朋友自嘲，全台灣最適合使用（騎虎難下）這句成語來形容處境的人就是我了。

虎爺的心路歷程

虎爺在台灣的民間信仰中，相信是一個耳熟能詳的人物。祂總是躲在神桌的某個角落，往往當人們參拜完後發現還剩下一炷香而覺得納悶時，才會努力地去尋找到祂，有的甚至供養在連香都不易插到的神桌底下。

祂在宮廟裡總是扮演著不顯眼的角色，大家對其也侷限在「古錐」的印象，但是據我所知其實祂在宮廟裡卻是擔負著很大的工作量與責任，真是辛苦與委屈祂們了。就像是一個政府機關團體的基層人員，事情做的最多，可是大家往往只記得高層官員的名字。

其實我最喜歡的動物是猴子，並不是老虎。可是一九九九年的一個因緣際會，在一位師姊的指示之下，竟然雕了一尊半個手掌大的小虎爺開始供養（可以參閱《靈界醫生虎小蘭》一書）。當時完全不懂她的用意，如今終於明白，這尊小虎爺居然在十幾年後的今天，要在台灣擔負起協助人們突破逆境的重大任務。

經由與虎爺親密的接觸配合三年之後，我才知道原來神佛也有其刻苦辛酸的心路

歷程，這些精彩的過程，絕不亞於一般的童話故事。

與虎爺在一九九九年開啟了這段因緣，直到二〇一一年三月十一日的黃昏，在高雄小港大坪頂的小山丘天空上，親眼目睹了祂化身雲彩的現身與傳遞了一段訊息，才開始了往後幾年的配合。利用靈學的力量，來協助這些正處於人生低潮、失意而不知所措、生活面臨嚴重挫折的人們。

這段配合服務的工作預計將持續至民國二〇一八年底，計八年，近三千個日子。

一九九九年至二〇一一年這十二年期間，虎爺的人生並非一帆風順，命運也相當的坎坷，曾經一度被放棄供養、販賣，甚至流浪至荒野工寮，還曾經被人嚴重羞辱過。

不過這一切祂都熬過來了，因為祂知道日後將擔負起協助人們的重責大任，這些不愉快的過程與經驗，都是在磨練祂，讓祂學習與成長，更加的有智慧，並培養慈悲心與寬恕心。

此時我才知道，原來神佛在實行祂們在人間的度世任務之前，也是要在人間接受人性的摧殘與磨練，如此才能更親近的感受到人們的問題與痛苦。

這些經歷使得祂日後在聽人們傾訴問題時，總是可以將心比心，更加深切地去感受當事人的心境與瞭解問事者的處境，進而發揮慈悲心，利用自己所擁有的神明能力，去為人們改善與解決生活上的問題，並成為人們心靈寄託的一股力量。

二〇〇一年，正值台灣第一次政黨輪替，在新舊政黨交接的過渡期，剛好又遇到世界整體經濟的不景氣，於是台灣的經濟與社會活動跌到了谷底。正值青壯年的我當然也深受其害，第一次被公司裁員，當時所待的是一家股票上市的大公司。

然而當時的我卻把此種狀況怪罪在虎爺的身上，為什麼供養祂近三年了，情況卻變得如此糟糕？剛好有位保全朋友，對民間信仰的神明很有興趣，於是在「利益」的驅使之下，竟然把虎爺神尊以五千元賣給了他，一年之後突然感到不捨，又用一萬元雙倍的價格將祂贖回來。

替虎爺（贖身）之後，因為父親不願意讓我將其供養在自家樓上的神桌，當時我的工作又正好在山地門附近興建中的南二高工程擔任橋樑工程師，於是就順便把祂丟棄在工寮，只有早晚上下班點個香拜拜。那是一個方圓一公里內沒有任何住家的荒野，如果不是神明的話，相信任何人晚上單獨處在這個地方都會感到害怕，每次看到祂時，旁邊總是佈滿了一些菸蒂、橘子皮和狗大便。有一次更被一位同事帶著一位泰勞，把

祂拿起來做一些很過分動作的把玩，甚至還摔到地上。

面對這一連串的委屈，當時只看到虎爺的容貌有些黯淡，卻絲毫感受不到祂的不高興。

虎爺升官了

因為第一本書名叫做《靈界醫生虎小蘭》，於是很多人都會對這個名稱感到好奇，問我為什麼要叫做虎小蘭呢？甚至還有一些人不知真的感到疑問或是帶著有點玩笑性質地問著，虎小蘭是男生還是女生啊！剛好藉這本書出版的機會，稍微將這個情況解釋一下。

在二〇一三年七月一日以前，知心坊的虎爺其實只是個神仙還未具有神職，因此並無法冠用民間信仰中神佛的稱號，只能使用神仙的名字，一般神仙的名字總是會具有幾許清風俠骨風味，所以祂為自己取了略有女性溫柔味道的名字——虎小蘭。或許是不想讓自己背負著一般老虎凶猛的惡名，並使人們對祂保有一種親切感而故意這樣做的吧！

直到七月前，突然感到虎爺的容貌漸漸地在改變，有一位也是具有特殊能力的朋友，一次來到知心坊突然開口說，你們家的虎爺變老了。不久之後我就得到一個訊息——虎爺升官了，正式成為負有職務的神明，名稱為天虎大將軍。

七月一日晚上突然看到了虎爺的身上多了官服官帽，容貌雖然變老了，卻是更為意氣風發，所謂的新官上任三把火。那陣子知心坊處理的問題，有所靈驗地增多了許多，上天也因為虎爺正式成為神明，多派遣了一些虎兵虎將們來協助祂。

虎爺受了傷

神明也是天人，只是祂們有些負有一些神職與度化六道眾生的任務。既然是天人也就是尚未脫離六道輪迴，仍然保有一些基本的七情六慾，所具有的能力也並非無限，因此除了有時會見到虎爺的喜怒哀樂之外，在協助人們處理問題的過程之中偶爾也會受傷。因為與虎爺長期配合，虎爺若是受了傷也會導致我的身體有所不適，或許這也是神佛代言人所必須去共同承受的苦痛。

基本上虎爺的能力都會勝過一些陰靈，因此在處理陰靈的過程中，尚未見過虎爺

受傷。反而虎爺的受傷都是來自於一些神靈與魔靈，神魔誓不兩立是大家可以理解的事，但是神明之間也會相互爭執，這應該是一般人所料想不到的吧！

有個五十七年次住台南的女性朋友，來問自己所修行場所的問題，因為道場人為的因素讓自己感到很不自在，甚至會畏懼，也有愈修運勢愈差的感覺，到底還適合繼續接觸嗎?經由虎爺查明瞭解之後，發現此家道場的領導者言行已經有了嚴重偏差，導致道場中神佛也產生正神離去陰邪進入的現象，於是將情形據實的回覆給她參考，並建議不要再去。

隔天該道場的神佛便來找虎爺興師問罪，讓虎爺的心靈嚴重地受傷，那幾天我的情緒也是莫名其妙地低落。

而虎爺受傷最嚴重的是在一次到桃園與魔靈戰爭。二〇一三年秋，有一次突然有好幾天都收不到任何的訊息，瞬間與虎爺斷了線，身體也異常地不適，詢問虎兵虎將們也沒有人知道其去處。過了幾天虎爺終於出現了，拖著看似疲憊的身軀，身上隱約見到一些傷痕，原來前幾天是帶著兵將們到桃園進行一場與魔界的大戰爭。

那是一位二十歲出頭住在高雄的年輕女生，一直是位聽話乖巧的小孩，研究所畢業之後交了一位男朋友，瞬間突然變了樣，叛逆到不聽任何人的話，還與男朋友離家出走不知去向，怪異的情形令人百思不解。母親在傷心難過之餘，來知心坊求助虎爺，虎爺查明原因之後發現此女目前與男朋友住在桃園附近，並且被兩位魔靈所控制，可以找回回復的機率不會超過五成，但是念在天下父母心的同理心之下，還是願意去嘗試溝通看看。

想必那一夜與魔靈溝通對抗的狀況是十分慘烈，由虎爺身上的傷可以得知。其實魔靈的能力有很多是和神靈一樣，甚至高過神靈，只是祂們的方向走偏了。

那一次我所難過的並不是虎爺受了傷，而是當他受傷之後，竟然躲起來默默地去療傷，並不想讓大家為祂的傷勢難過，這種精神十分令人感動，並且值得大家去學習。

虎爺在流淚

神明也會掉眼淚，您相信嗎？

第一次見到虎爺落淚是在二〇一三年的春天，一位媽媽因為兒子性別與健康的問題，焦急得不知所措，虎爺被偉大的母愛所感動而掉下了眼淚，那是確確實實來自神

明的眼淚。

往後又陸續見到虎爺掉了幾次眼淚，一次是一位來自嘉義的中年男子，為了母親行動上不便，四處奔走求醫所顯露出的孝心所感動。

另外還有一次是一位住台中的年輕女孩，因為她男朋友工作受了重傷，擔心到日益消瘦，所展露出的堅定愛情所感動。

虎爺的眼淚並不是代表祂的脆弱，而是被人們那種誠心與愛所感動，落下了神仙憐憫之心的眼淚。

虎爺不生氣

神明雖然仍然具有基本的七情六慾，但是總是比人類多了一些修養與肚量，也少了一些世俗的壞習慣。如果一位神明總是那麼愛發脾氣，或者時常口出不慈悲之言，那麼和人類有何兩樣呢？

在經過幾年的相處之後，發現虎爺的脾氣其實是相當溫和，並不像人們心中所想像的老虎那麼凶猛，而且具有一般人難以做到的忍辱心與慈悲心。

有好幾次有人很緊迫的要插隊拜託虎爺查事情，當虎爺查出情況不佳而據實並且無代價的予以回覆參考時，問事者因為看到訊息結果不是心中所想要的，就連一句謝謝的話都沒有，尤其是在男女感情的問題上面。

虎爺卻一點也不生氣，而且時常會說：有問題纏身的人，思考與言行總是會比較紊亂不自在，而且令人同情。我們要將心比心地去體諒他們，並且盡量提供必要的協助，不需要去在意對方不合理的對待，與奢求任何形式的回報。

另外也曾經有人在朋友的帶領之下來諮詢問事，卻突然在知心坊大聲咆哮，並且做出一些不禮貌與對虎爺不尊敬的事。換作一般人相信早就把他們趕出去了，可是虎爺並沒有這麼做，而是思考用什麼方式來進入引導他，最後也終於有了成效。

虎爺總是會說：愈不正常與困苦的人愈需要我們的同情協助，因為那並不是他們願意這樣，要用同理心去對待他們。協助人們的工作是不該有任何情緒化反應，否則失去的可能是一個度化人們的機會。

我真的從來沒有見過虎爺對問事求助者生氣過。

虎爺討救兵

在經過三年來的問事諮詢工作，自己的身心已經非常疲憊，而且虎爺的能力也是需要有所突破，必須做個休息、調整與再精進，因此決定於二〇一四年八月至十月休坊三個月。

可是到了十月分時，虎爺一直沒有指示復坊的準備動作，正在感到納悶之時，於十月十日晚上突然指示要到兩間大廟宇，請回兩尊虎爺分靈來協助明年知心坊虎爺的渡世工作，並且各司所長的分工合作，而復坊的日期也因此要延至二〇一五年一月。

原因有兩個：一方面是虎爺在經過三年的工作之後，身體方面略有受傷，元氣上也有所損失，在經過三個月的調養仍然無法完全回復。另一方面則是自從二〇一三年第一本書出版之後，全台預約問事諮詢的人數大增，問題的型式也更加多樣化，工作量與能力已經超過了虎爺本身的負荷。

這兩尊新虎爺分別為：

嘉義新港奉天宮的黑虎大將軍（負責婚姻、感情、家庭）

高雄旗山天后宮的金虎大將軍（負責財富、事業、功名）

再加上原本的虎小蘭：

天虎大將軍（負責健康、修行）

原本的無形宮名也由小虎宮正式更改為三虎宮。

每尊虎爺所喜歡人們供養的東西有所不同，旗山金虎爺偏好半熟豬肉，新港黑虎爺則喜歡喝厚酒，至於原本的天虎爺則愛好漂亮的花。

虎爺不蓋廟

台灣一些佛道教道場，剛開始時都是從小地方進行濟世度人的工作，道場的神佛也都極欲展現神威，讓信徒愈來愈多，相對的奉獻捐款也就會不斷地湧入。然後不知道是神佛的指示還是人為的因素？道場管理者總是會把這些錢優先用來擴大道場場地、建造華麗莊嚴的寺廟，以展現其宗教的宏大。造成一些寺廟的硬體設備不斷地擴張，使用效率不足，而形成了一種資源上的浪費，有的甚至還有相互較量的意思，此種狀況並非適當。

有些人來到知心坊會不經意地談到，虎爺如此的服務下去將來一定會要求建廟。

想不到虎爺的回答竟然是：所有信眾的供養奉獻金全部都要運用在宮務與慈善事項，不可以使用在經費龐大無限擴張的建築硬體上面，現在及以後的服務道場都只要足夠的使用空間即可。將來不需要蓋廟，將蓋廟的錢用來協助貧困的人不是更有意義嗎？

以上就是虎爺精彩生動的心路歷程，或許大家是以聽故事的角度來閱讀，但是內容卻都是虎爺認真用心的成長辛酸與血淚過程。

想想！連可以盡情在天堂逍遙享受的神明都要如此努力了，何況是尚需在人世間磨練精進、追求美好來生的人們呢？大家一起加油吧！

知心坊的成長過程

知心坊就是虎爺服務人們的硬體場所。那麼知心坊的名稱是怎麼來的呢?當初取名為知心坊的用意，是要讓人們在遇到人生的低潮與生活的壓力時，可以找到一個另類的小空間來度過。在這個空間裡可以暫時放空自己的思考，沉澱自己的心靈，藉由靈學的力量來整理思緒與穩定情緒，找個適當的方向重新出發。

因為知道您目前徬徨與不安的心情，要來協助你度過人生的瓶頸、走出迷惘，站起來重新出發，故取名為「知心坊」。

它於二〇一一年成立於高雄鳳山，不同於一般的神壇、心理諮商中心、命理館或宗教集會所，是一個現代化陳設的小空間。提供了讓人們遇到問題時，可以來這裡喝個咖啡、泡個茶、吃份小點心，甚至喝點小酒放鬆心情、抒發情緒，再經由靈學方面的協助，讓問題得到適當的答案或解決，然後帶著滿意的收穫與愉快的心情回家。

來到這個地方，大家的對待都是平等，沒有貴賤貧富之分。不會因為你的落寞失意與條件缺陷而輕視取笑你，更不會因為你是達官貴人，就對你特別地好。

許多人來過「虎小蘭」知心坊，會再來第二次，甚至把它當作自己的另一個家。因為來到這裡除了可以得到你的需求之外，沉浸在這個小空間，沉澱心情、淨化心靈、整理思緒，如果願意的話，還可以順便把自己的小故事與他人分享。

但是這不是一個團體，緣起緣滅，人生旅途中，我們會因為曾經在此短暫的相逢，而使得人生更加的豐富。說不定往後在其他的靈界空間裡相遇，我們會因為曾經有過這個善緣，能夠協助彼此的成長。歡迎各位來到這裡，也十分珍惜這段得之不易的緣分。

知心坊在許多朋友的信任與支持之下，至今可以繼續存在並且日益精進。但是我們想要成長卻不想壯大，只想以低調與平凡的方式為台灣靈學做點奉獻，並為改善人們生活上的問題提供一些協助。

因此知心坊始終堅持兩大原則：

不強制收費——強制收費會因而得利。

不發展組織——發展組織會因而得名。

由一些以往的經驗與例子，只要任何的宗教團體或慈善組織涉及到名利就會有所變質，於是失去剛開始成立時，所設下協助人們與度化世人的目的及理想，甚至產生一些人為糾紛，這是大家所不願見到，也是我們相當堅持的理由。

知心坊三年多來的成長過程並非一帆風順，歷經了一些風風雨雨的考驗，也開創了台灣諮詢問事的一些先例創舉，這些都不是在原本預期之內。

夜間諮詢問事先例

二〇一一年冬的某一天深夜十二點，手機的 Line 突然咚咚聲不斷，那種不尋常的連續響聲，使得正在熟睡中的我強烈感覺似乎有什麼事即將發生，於是不由自主地起來瞄了一下手機，是一位七十四年次叫做小貞的朋友。

黃老師，我現在人在澄清湖畔。我真的很痛苦，不知道該怎麼辦？好累！好累！真的撐不下去了。我喝了好多酒，好想要離開了，我對不起我的家人，老師對不起……

一看到時間是半夜十二點，一個女孩子獨自在湖邊，喝了酒，意志又是那麼的消沉，讓人無法去想像下一秒會發生什麼事情？頓時睡意全消地趕緊與她密集通訊。

經過了幾十分鐘之後，依然無法從文字上去撫平她不安的情緒，打消輕生的念頭，

於是以半拖延的方式趕緊驅車趕到澄清湖。由於我對這個地方很熟悉，不久便找到她了，想說人為的話聽不下去，那麼是否可以請神佛來開導呢？接著就想辦法帶她至知心坊，並請求虎爺破例於夜間開壇辦事。

小貞是因為父親經商失敗，家中經濟陷入困境，父母又時常爭吵，父親甚至偶爾會毆打她和媽媽，導致不知要如何去面對家庭的事情？最近又和交往多年的男朋友分手，失戀的傷痛，讓她再也無力支撐下去，而萌生輕生的念頭。

經過虎爺的一連串開示之後，她真的有聽進去了。
軟化了激動的情緒，打消了自行結束生命的想法，擦乾了眼淚，抱著新的希望走出知心坊，我們也終於可以喘了一口氣。

這是知心坊的第一次夜間諮詢問事經驗，應該也是台灣的首例吧！

陰靈諮詢問事先例

知心坊從事諮詢工作以來，一直有陰靈來求助虎爺協助申冤，也有命案受害者來請求虎爺協助尋找凶手。但是因為茲事體大，加上自己本身略為畏懼，在此方面始終沒有積極地去進行而導致無功而返。

不過在二〇一一年七夕前天的晚上，一位住在台南永康七十一年次的林小姐傳Line來說，最近時常會對男朋友莫名其妙的發脾氣，而且心神很不安寧，欲請虎爺瞭解一下原因。虎爺經過瞭解之後發現其目前的靈體受到外在因素影響十分浮動，而答應她在隔天深夜由虎爺親自前往台南的住處，為其調整靈體。

虎爺答應前去的當天晚上，當諮詢工作結束之後，待在書桌之前做短暫的寫作。突然間她又傳Line來說，眼前突然出現一位女陰靈，知道虎爺今晚要來，要請她代為傳達虎爺一件事。（因為林小姐本身也略具有靈異體質）

我一方面請林小姐繼續問女陰靈有什麼事呢？一方面請示虎爺狀況，以便相互印證。

虎爺的訊息是：那位女陰靈是一位四十幾歲的年輕媽媽，因為丈夫的不負責任拋下她們而離去，留下母女倆相依為命的住在台南市區。三年前那位陰靈媽媽突然因病去世，留下一個二十幾歲的女兒獨自生活，因為放心不下女兒，每年到了農曆七月都會回家探望女兒，可是今年卻找不到女兒。而且知道自己即將前去投胎，這次可能是最後一面了，因此十分的焦急與難過。

曾經求助於當地的土地公與一些神明，都沒有神明願意幫她，得知虎爺今晚要來，想要博得一絲的機會請求虎爺協助。

當接收完虎爺的訊息之後，立即收到林小姐的來電，她說女陰靈好像是要拜託找人之類的，聽完之後有點驚訝！因為訊息大致符合，於是就開始著手此事。

虎爺經過了一天的尋找，終於發現她的女兒交了一個男朋友，隨著男朋友搬到高雄前鎮居住，男朋友的條件還不錯，對她也很好。

七月十日深夜，虎爺、我，還有那位陰靈媽媽一起去了女兒的住處，當她看到女兒時當場大哭，虎爺和我也感動得掉下了眼淚。

於是母女立即在夢中相會，在她答謝了我們之後，這件事就這樣落幕了。隔天早上林小姐又傳 Line 來，說陰靈媽媽有去向她致謝，並答應會稍微協助其感情順利做為報答。

不同空間的有情眾生，想要相聚都如此的困難，而我們能夠在這個時空，天天和自己的家人相處在一起，是何等幸福的一件事啊！是應該要好好的珍惜。

知心坊的成長過程中，雖然遇到了一些阻礙與挫折，所幸都不是很大，也由於我們勇敢溫和地去面對，而能夠一一地化解與度過。也發生了一些故事，這些故事在知心坊的成長過程中都將有所貢獻。

小兒麻痺朋友堅持爬上五樓

知心坊成立以來，已經經歷了兩個地點的更換，兩個地點都是在高雄鳳山，第二個地點是位於澄清湖前一處高級重劃區，一棟五樓三角窗透天厝的最頂樓。這棟建築的前方是一處公園，視野很好、靈氣極佳，但是由於是透天厝，所以沒有電梯，使得大家來到此處都需要爬樓梯運動一下，一口氣要爬到五樓，也因此造成了一些老人與傷殘者的不便。

那是一位年輕的小兒麻痺患者，由於看到前本書中「身障」的那一段內容，深受感動而撼動其久未浮現的希望，因此堅持要自己爬上五樓看看虎小蘭，並接受問事諮詢。

在親人的加油之下，歷經了十數分鐘之後，終於到達了樓上，親眼見到與參拜書

中描述的虎小蘭，並接受長達近三個小時的諮詢與處理，過程中數度不由自主地落淚。

離開時除了親自送到門口並予以深深祝福之外，感覺他下樓的速度變得好快，而且臉上泛溢著微笑與希望，我和助理也被他的勇氣與精神所感動，眼中泛滿了淚水。

非常特別的給虎爺祝壽方式

農曆六月六日是民間信仰中虎爺的聖誕。由於知心坊一直強調平凡與低調，所以在虎爺的指示之下，二〇一四年的虎爺聖誕並沒有舉辦任何祝壽活動，而且委婉拒絕了所有想要來祝壽的人，只安排了一位媽媽帶了一位在虎爺協助之下，迅速復原的罹患癌症年輕兒子來代表慶祝。

拜壽的活動在當晚八點進行，當儀式進行了一半在陽台化燒了少許金紙。突然間消防車、救護車與警車的汽笛警示聲，由遠而近隱約而來，我們都以為附近哪裡發生了火災呢?相互祈禱一切可以平安無事。

突然間發現汽笛聲慢慢停止了，朋友往樓下一望，天啊!所有的車輛都聚集在樓下，樓下好多人一直往陽台上看。這時候我們才回神過來，原來火災的現場就是知心坊的陽台？只因為燒金紙的白煙就前去檢舉。

消防人員上樓做個資料登記與照個相回去備案交差後，這件事就這樣落幕了，有趣的是消防隊員臨走前還向虎爺行雙手合掌禮。

好特別的虎爺聖誕祝壽方式啊！竟然勞動高雄市政府派出三輛大小型消防車、兩輛警車與一輛救護車來參與祝壽的活動，還真是前所未見。

相信這絕對不是虎爺的安排，那一晚虎爺和我都相當地難過、徹夜難眠，心情一直無法平復。因為我們的疏忽而導致昨晚讓政府浪費了一些國家資源，如果當時在其他的地方發生了火災，而趕不及過去救災該怎麼辦呢？另外，知心坊本身從事的是協助人們的工作，卻反而影響了鄰居的生活，這些都是需要深刻地檢討與改進！

以上就是知心坊三年多來的成長過程，雖然經歷了無數不為人知的血淚辛酸，但也豐富了人們的生活空間。希望在大家支持與鼓勵的正面能量影響之下，能夠更加健全，繼續向前邁進，可以協助更多迷惘的人，並且陪伴著大家一起成長。

十分珍惜你（妳）的每一段緣分，不分富貴貧賤；用心面對你（妳）的每一項問題，無論大小緩急。

二

虎爺的愛心神跡

三虎宮

導讀

這個章節會將《虎式靈學》的內容與經驗，做個完整詳細的介紹，是本書最精華的部分。讀者若是可以用心把它閱讀完，將會對帶點神祕色彩的靈學，有個正面的瞭解與觀感，並且增加一些知識，或許還可以為困擾自己已久的人生問題，在其中找到一些突破性的答案。

來吧！現在就讓我們暫時忘掉充滿煩惱與壓力的現實世界，夏日的午後，悠閒地躺在椰子樹下的草坪上，或是陽光略為投射房間溫暖的床上，一起進入靈學的領域，為自己探索一個不一樣的人生與未來……

靈魂醫學介紹

在介紹「靈魂醫學」以前，先來談談何謂「靈學」？

如果我現在跟你說虎爺就站在你的身邊，你一定不會相信，於是我再說虎爺知道你的身上帶有三千塊錢喔！果真是如此的話，你就會相信虎爺真的站在身邊了。若是我再說，虎爺說祂會去協助讓你長期的失眠狀況獲得改善，而回到家之後今晚的睡眠卻是異如往常的一覺到天亮，你就會對虎爺的無形力量更深信不疑了。

簡單來說，靈學就是這個樣子而已！一定要親自有所超乎常理的感受，才會去相信那些看不見的另一個空間無形事物。

大家聽到靈學這門學問，即使不會馬上聯想到怪力亂神，也大都會感受到一種神祕的色彩，這種感覺並非無中生有，也可以去理解。因為靈學的內容皆是來自於看不見的無形空間，在眼見為憑的教育之下，看不見的東西自然令人難以去相信與接受，而且其中許多超出地球物理定律的現象，更會讓人們感到無法理解而認為是迷信。

可能是受到某些暢銷靈學書籍的影響，近年來台灣掀起了一股靈學熱，因而靈學漸漸地被人們所重視，並對社會做出一些貢獻，也因為下列一些因素，讓人們逐漸以健康正面的心態來面對它：

1. 一些醫學界、科學界與教育界的知名人物，已經開始在研究靈學，並發表一些結論與看法。
2. 許多在醫學上與生活中無法解決的問題，藉助靈學的方式之後，可以得到實質的改善與協助。
3. 靈學在當今社會漸漸盛行，靈學書籍的暢銷，引起許多有興趣者廣泛的接觸研究。
4. 有些人們所重視的宗教修行問題，藉由靈學力量的協助，可以獲得相當程度的突破。

靈學即是靈界裡產生的種種現象所形成的一門學術，必須具備兩個基本要素：靈界（環境）與靈體（成員）。

靈學並不是心理學、命理學、玄學、醫學與宗教學，但是卻都有涉及其領域，它是一門獨立的學術，也是一項很健康的學問，如果能夠正確、正派與正面地去使用它，所得到的效益可能會大於前述的一些學問。

口說無憑的靈學，人們往往會在下列的情況之下才會去相信與接受它：

1. 親自感受

如果有人跟你說你的身邊跟隨著一個鬼魂，祂時常會干擾你的錢財，你一定不會相信。可是他又跟你說，那位鬼靈前天有把你的一筆錢藏起來了，而前天你真的無緣無故的遺失了一筆錢，那麼就會相信他所說之言了。

2. 親身經歷

有人在半夜上廁所時，突然間看到一個輪廓很清楚的鬼魂，也有人進入神壇時，會突然被神靈所附體而不由自主的表現一些肢體動作。當人們親自經歷這些異象的事情時，才會相信靈界的存在與其中的種種現象。

3. 發生靈驗

有人頭痛困擾了很久，利用醫學的方式總是醫不好，有一天藉助無形神佛的力量讓長期頭痛不藥而癒了，那時才會去相信靈界裡真的存在某種超乎想像的力量。

4. 多人提及

有一天經由某個神佛代言人告知，家中的某個祖墳有問題，改天又在某家神壇也告知同樣的訊息，甚至去到某處命理館也主動提及此事，經過多人不約而同地提及相同的事情，那麼就會去相信靈學裡的一些訊息了。

靈魂醫學即是使用與靈魂有關的方式，去協助改善或解決人類生活困擾與人生問題的一門學術，而這種方式大部分與前世因果有關。這種學術是屬於靈學的範圍，利用問事、卜卦、催眠、靈療、法術……等各種不同的方式去協助改善人們的問題，已經普遍運用在社會上，並且得到一些成效，為社會奉獻許多成長的動力。

靈魂醫學的最大特色是進入前世與無形靈界探索原因，因此更能根治一些問題，而且不只侷限於健康方面的困擾，而是適用於整個生活與人生方面的問題。

當你有心去接觸與探索靈魂醫學的這塊領域時，或許一些困擾已久的問題，正在慢慢地出現一些契機，進而獲得改善與突破，甚至會因而打開了你的人生視野，提升心靈的層次，進入靈魂永恆不滅的另一種境界。

第一代虎式靈學

虎式靈學在二〇一一年一月一日，由虎爺（虎小蘭）創立，並於當年年中正式實際運用在協助人們的工作上面，如今已經四年多了。

二〇一四年下半年，因為需要做個調整與休息，所以暫停了服務，也順便神跡般（下一節會提及）誕生了新的虎式靈學，稱為第二代虎式靈學，因此我們將二〇一一～二〇一四年這四年的虎式靈學稱為第一代虎式靈學。

我一直相信一件事，**所有的神佛，祂們都具備自己苦心修練起來的基本神佛能力，不過要用於服務世人、度化眾生的工作，也是需要經驗的累績。**就像是本身資質優秀的醫生，如果沒有靠實際經驗的累積，還是無法成為優秀的名醫。

虎爺也是如此，祂在自己具備的基本無形能力之外，也不斷地在學習與成長，由經驗中去增加能力，希望可以協助更多的人。唯一不同的是祂多了一份慈悲心與正氣感，也擁有了與眾不凡的慧根，因此進步很迅速，發生了許多神跡與奇蹟般的案例。

何謂第一代虎式靈學？即是將人生的問題分為七大項，去找出七種靈界相關干擾的因素，並利用靈學七項方法去改善，再配合與自己的靈體溝通做為輔助，來改善目前生活上的問題，繼續朝幸福自在的人生邁進。

而它於人世間的有形服務場所，名稱就叫做知心坊。

四年多來，知心坊共進行了五百多個諮詢案例。現在將第一代虎式靈學案例的一些數據分析如下，提供給讀者做參考。

相信這些數據的重要性，將對虎式靈學日後協助人們的工作與台灣的靈學發展，帶來一些正面的影響。

在提供這些數據之前，必須說明兩個原則：

1. 數據皆以大概來表示，並非完全精確。
2. 不會誇大數據，因為如此將帶給我們更大的壓力，而導致日後的惡性循環。

一、問題的比例

健康：25%

財富：20%

事業：15%

功名：5%

感情：5%

婚姻：10%

家庭：10%

修行：10%

由以上的數據可以得知，健康仍是人們最大的問題，身體的病痛困擾了絕大多數的人，沒有健康就會失去所有的一切，擁有了健康才可以利用時間這項工具再去獲得其他的東西。

財富問題則是屈居第二位，錢財雖然是身外之物，卻是人生很重要的東西，因為它可以去購買絕大部分的物品。所謂的錢不是萬能，但是沒錢是萬萬不能，這些話或許聽起來有些俗氣，但是事實就是如此。

至於功名與感情的詢問人數為何較少呢？因為會產生這兩個問題的年齡層，幾乎都是仍然在學的學生，或是剛出社會的年輕人，這些人一般比較不會也不敢獨自去接

觸神佛問事的方式。另外感情的問題，有時總是比較讓人難以啟齒，也是造成問事比例降低的原因。

二、性別的比例

男生：30 %

女生：70 %

由以上的數據得知，男女生採用神佛問事方式去解決問題的比例是有點懸殊，而且一些網路公開發文的回應者，也絕大多數是女性，這點倒是令人很納悶？思考了幾個可能的原因分析如下：

1. 當今社會型態造成男女遇到問題時的解決方式不同。
2. 女性對於神佛的信仰接受程度比較高。
3. 女性比較會對身邊的人傳達訴說一些自己經歷過的事。
4. 神佛代言人的性別對問事者的性別也有些許的影響。

三、年齡的分布

女生：10 歲以下 5 %

11～20歲5％

21～30歲10％

31～40歲40％

41～50歲20％

51～60歲15％

60～70歲4％

70歲以上1％

男生：

10歲以下5％

11～20歲5％

21～30歲15％

31～40歲35％

41～50歲30％

51～60歲5％

60～70歲5％

70歲以上 0%

由以上的數據可以看出一些關於年齡層的問事狀況，分析如下：

1. 無論是女性或是男性，問事年齡層幾乎都集中在三十至四十歲這段期間。因為這些年齡的人，正值人生的精華壯年期，把大部分的時間用來創造事業、追求財富，在人心險惡的現實社會中，難免會產生很多的問題。再加上又要養兒育女，時間上的不足而疏於照顧家庭，衍生一些婚姻與家庭上的問題。還有三十五歲以後身體會開始走下坡，也會產生一些健康上的問題，因此此階段的男女真是問題重重。

2. 有一個年齡層的男女人數差異比較大，就是五十一至六十歲的男性幾乎很少來尋求靈學力量的協助，而此年齡層的女性則佔有很大的比例。

可能的原因是此年齡層的中年婦女大部分已經離開了職場，擁有比較多的空閒時間來接觸，還有五十幾歲的婦女在健康方面總是會出現一些比較大的問題，而孩子也幾乎是在大學與初就業階段，會為孩子的學業與就業前途擔心。另外一個很大的原因就是此年齡層的婦女有很多都在接觸宗教修行，在修行這條道路上會產生許多的迷思。

四、改善的比例

依據客觀評估的結果，目前第一代虎式靈學，接受諮詢問事服務的五百多個案例裡，約有60％有回報狀況，沒有回報狀況40％，其改善的情形並無法去得知，至於有回報狀況的60％裡，改善（靈驗）的比例如下：

1. 完全改善：20％。
2. 改善過半：30％。
3. 略有改善：30％。
4. 毫無改善：20％。

由以上的數據來看，雖然改善程度超過五成的人數大概有一半，但是還是有很大部分的人改善狀況仍然有限，如果把未回報狀況的40％也視為改善狀況有限的部分，那麼沒有獲得相當程度改善效果的人數就不少了。

所以在此必須再三地強調，虎式靈學是一門新的學術，仍在發展之中，我們不誇大成效，只是依照虎爺指示的方式去進行，並沒有完全的把握。因此仍需要在經驗之中累積能力，並不斷地學習、改進與成長，才能夠協助更多的人。

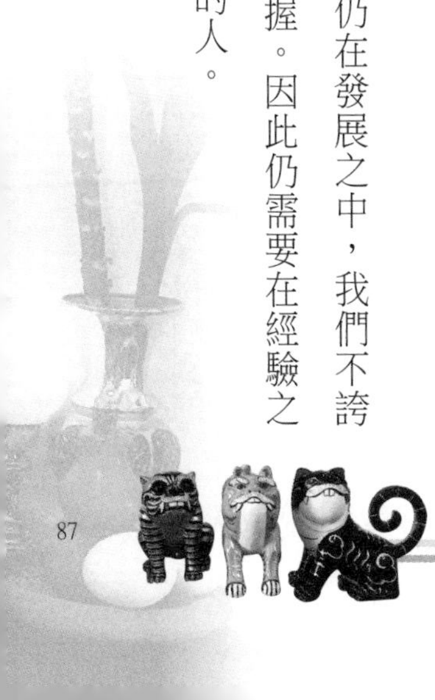

現在將改善效果不佳的可能原因分析如下，供讀者參考，將來若是有緣接觸到的話，可以知道需要注意哪些事情？才能夠把改善的效果提升到最高而不虛此行。

改善效果不佳的原因分析

1. 人為配合事項沒有確實去實行

當虎爺查出問題的原因，並提出改善的方法之後，有部分的人對於一些人為該配合事項並沒有確實去實行，導致無法達到其效果。

例如有一位七十年次住在桃園的女性朋友，在感情問題上一直不順遂，經虎爺查明之後是深受一位無形冤親的嚴重干擾，只要將其冤親排除之後，感情應該可以順遂很多。於是在與其冤親做了長時間溝通之後，冤親終於願意以三個條件交換，並約定完成三個條件之後即願意離去不再干擾。

經過了四個月之後，那位朋友打電話來詢問，感情之事似乎沒有好轉與改善，於是再經過瞭解之後，才發現同時期處理的冤親早都已經離去，只有她的冤親仍留在知心坊不走。原來三個條件之中有一項必須做滿三十件善事迴向給祂，她卻一直沒有去進行，導致冤親沒有離去而繼續干擾。

2. 對神佛的信心不足有所質疑

神佛是需要人們對祂的信任，才會毫無所求地為人們付出。其實不只是神佛如此，人之常情也是這樣，當你去拜託別人協助處理事情，若是沒有信任他的能力，相對的他也會降低協助你的意願。

有位六十七年次住高雄的男性朋友，不知是否問過太多神壇，導致自己都迷亂了，不知何者為真何者是假？甚至已經有魔靈跟隨在旁伺機而入，在財務方面搞得負債累累，產生了極大的問題。在一個機緣之下找上了虎爺，經過虎爺查明原因，並指示一些改善的方法之後，答應要協助度過經濟難關，他也樂得而歸。

可是過了十幾天，突然接到虎爺的一個訊息，對此事將不再提供協助。原因是他回家之後一直對虎爺不信任，也對虎爺的能力感到嚴重懷疑，心想別的大神明對他的事都沒有辦法了，虎爺會有能力處理嗎？甚至又對朋友說虎爺只是個小神明，並沒有任何的能力，最後虎爺終於忍痛放棄他了。

3. 時間差距與數量多寡認知上的誤差

時間差距與數量多寡的認知問題，是目前比較無法去克服的部分，這也是神佛在傳達訊息時一個普遍的迷思。依據我們的經驗，只要是虎爺提供的訊息，有近八成以上幾乎都會發生，但是時間上總是會有個誤差，數量上有時也不如人們所想像，所以造成了問事者無法感受到靈驗的改善。神佛在答覆人們問題時，有些項目的回答比較含糊不明確，不知這是在為祂們自己預留後路，還是所謂的天機不可洩漏或是有其他特殊原因，也因此會造成神佛與問事者一些認知上的差距。

例如虎爺指示某人在四十二歲左右會得到一筆大財，但是這個四十二歲左右有可能延至四十三、四十四、甚至四十五歲才發生，而且一百萬就是祂所說的大財，一般人總是會認為一千萬甚至更多才是大財，一百萬在現在人的眼中或許已經沒有什麼了。

有個七十四年次住高雄的男性朋友，工作上一直不穩定，去年初經由虎爺指示在去年中會遇到一位事業上的貴人，結果去年十月至一家中型公司應徵，應徵的主管很欣賞他，於是就錄用他開始上班了，一個月五萬元的薪水在南部已經是很不錯了，至今在公司裡做得不錯，也順利當上了小主管。今年年中再度來到知心坊詢問虎爺，為何所說的貴人還沒出現呢？虎爺回答說那位錄用你的主管就是啊！於是他才恍然大悟。

人們總以為要提供你很多的錢財或是很大的機會，甚至要對你非常好，才是所謂的貴人，這就是認知上的差距而導致沒有明顯感受到靈驗。

4. 新的外來負面因素介入

依據我們的經驗所觀察，會來知心坊接受諮詢者，有很大的比例會再到別的神壇問事或採用其他的問事方法，也會對一些神佛的飾品有所喜愛，因為他們對此區塊有所興趣與認同。關於這些我們並不反對，虎爺的理念是只要對生活有機會去改善的各種方式，在不涉及迷信之下，都可以勇敢的去做嘗試，不必考慮的忠誠度問題。但是有的人是逢廟必問，把問事當作是生活的一部分，這樣的話可能就有所本末倒置，不是我們所樂見的。

在知心坊接受諮詢處理，初步略見改善的成效時，可能會因為又受到其他新的外來因素干擾，而導至效果盡失，見不到改善的成果。

曾經有位五十四年次住台中的大姊朋友，經過虎爺諮詢處理之後，事業上明顯見到改善的成效，可是半年之後卻又發生了困難。經由虎爺瞭解查明之後，發現其身上

出現了有股蠻強的負面能量，於是請她想想這陣子是否身上有多出什麼東西，或做了什麼特殊之事？她終於回想起來在一個月前於高雄的一家神壇，網購一串經由高強神佛加持過的手珠，帶了之後就覺得開始不順。經由虎爺再度查明之後，才發現那串手珠有很強的負面能量，因為那家神壇的住持言行發生嚴重偏差，導致正神已經離去陰邪隨之進入，經由陰邪加持過的東西，負面的能量當然是很強。

於是請她拿下手珠經由虎爺做個適當的處理之後，事業難關終於順利的度過，也慢慢地回復正常漸入佳境。

5. 改善應驗之後未心懷感恩的心態

問題在經由神佛力量協助而得到靈驗的改善時，必須要心懷感恩的心態，如此神佛的力量才會繼續予以協助。就像你借錢協助朋友度過難關，朋友不但沒有歸還你，還在外面說三道四，一點都不知道感恩，這樣下次他要找你借錢，你還會借他嗎？答案應該是不會。

神佛並不需要人們用金錢等物質去回報祂，也不用犧牲正常的生活方式去供養祂，要的只是一顆發自內心感恩的心，因為眾人誠心的感恩會累積成一股相當大的能量，有助於神佛去提升自己的靈性與能力，來完成協助人們的宏願。

有個五十七年次住屏東的女性朋友，因罹患末期的大腸癌，醫生暗示已經剩下三個月不到的生命了，在虎爺的全力協助之下，奇蹟似的延續了一年的生命。可是這一年來她具備能力到外地遊山玩水，都不曾到過距離不遠的虎爺神尊面前上個香表達感恩之意。不久前身體又發生了嚴重的狀況，再度請虎爺幫忙時，虎爺卻以這次的能力可能無法勝任的話婉轉地回復她。雖然虎爺話說如此，可是我知道真正的原因是她並沒有心懷感恩之心，並不是虎爺不慈悲，而是神佛的資源也不是無限上綱，必須把力量用在有感恩之心並且更加需要協助的人身上。

宇宙萬物總是不斷地在變化與進步，絕對不會有任何喘息的時間。虎式靈學亦是如此，第一代的結束隨之而來的便是更加嚴謹的第二代，持續協助世人的工作，將會於下一節完整的介紹。

第二代虎式靈學

二〇一四年九月初開始，夜晚睡眠時間，就好像在報名為期一個月的靈學證照課程，每天晚上虎爺都會來傳授我一些靈學上的新知識。認識我的人都知道，我是一個生活作息正常，相當愛睡覺的人(因為我相信睡覺是補充能量一個很好的方法)，也因此讓我擁有充裕的時間去完整學習這些靈學課程。

在學習的過程之中，一些新的觀念與知識，深深地打破了傳統的認知與思維，讓我十分的震撼！在震撼的同時，我也開始有所恐懼，一些理論與見解雖然很有道理，但是卻是如此另類。於是對於真實性開始起了些許的懷疑？內心也不斷地掙扎著要不要寫在新書上，將其公諸於世。

就在我心靈感到不安的同時，九月二十一日深夜，虎爺再度來到了夢中，只傳達了簡單的幾句話就離開了。

三個星期的知識傳授已經結束，這些都是很真實的內容，也是在台灣一個很專門與獨一無二的學術，稱之為「第二代虎式靈學」。

因為你謙虛的個性十分符合我們的磁場，而且我們斷定你的將來不會因為得名獲利而為非作歹，因此很放心地交付給你。希望你能夠將它發揚光大，利用它來協助世人，並且日後有機緣傳授給有緣人與有心人。

為了消除質疑心，並增加服務人們的信心，九月二十七日會安排你去一趟花蓮，屆時會居住在一間現代的道場。

九月二十八日凌晨兩點於道場門外的馬路上，會見到一個老人，戴著一頂帽子，手上牽著一隻黃白相間的小狗路過，若是見到那位老人必須向他打個招呼，那隻小狗則會向你大叫三聲，牠就是我的化身。如果你確實見到此景，那就代表我所言非假，就要完全相信這些理論與知識，並且趕快回房睡覺，我們會在丑時兩個小時內將精華再複習一遍。

若是所言的現象沒有發生，那麼你就當作這三個星期在夢中的所言所語，皆是一派胡言罷了。

虎爺傳達完這些話之後，我的夢也醒了，完全無法再睡著，於是一直清醒著回想昨晚之事到天亮。下午三點多，第一件神奇的事終於發生了，故鄉的一位好朋友打了

電話給我，問我這個星期六、日（九月二十七至二十八日），車城某個宮壇要去花蓮兩天一夜的朝聖會靈，包了一台遊覽車，因為人數還缺兩位，她的身體又不好，可不可以陪她去？沿路照顧她順便把遊覽車的人數補滿。

如果昨晚之事還沒有發生，我可能會拒絕，但是收到了虎爺昨晚的訊息，毫不考慮地一口氣就答應了，因為不得不去相信這一切都是虎爺巧妙的安排。

沿途的風光是相當美麗的，可能是好久沒有到花東旅遊了。但是我卻無心去戀棧那些風景，因為整個人心繫著晚上的事，是否得到印證將嚴重影響著虎爺協助人們工作的延續！

晚上落腳處是在花蓮山腳下一間佔地很大的道場，正如虎爺所描述的，住的是一棟現代的廂房。隨著時間漸漸地逼近，到了晚上十二點，忐忑不安的心情，讓我在臉書發了一篇文章來緩和自己，得到了一些晚睡朋友的關心與詢問，如今終於可以在書上公布當時的答案了。

時間終於到了，站在道場門口，親眼目睹了一生中眼前難以置信的一幕，事情幾乎完全地應驗了。更不可思議的是那隻小狗的外表與毛色，簡直就和虎爺的神尊一模一樣。唯一的出入是，我以為那位老人是類似電視劇中的仙人模樣，結果是一個貌似拾荒的老人，而且小狗不只叫了三聲，而是一直叫不停。這也似乎代表著，第二代虎式靈學內容雖然是真實的，但也並非完美無缺，仍然有改善精進的空間。回到廂房，正如虎爺所言，深夜來夢中把精華再複習一遍，這件事情就此做個圓滿的落幕。

經過昨晚難以置信的一夜，更加使我相信虎爺默默協助人們的能力與決心，也讓我加深了自己的使命感。一定要好好配合虎爺協助人們的工作，戒懼謹慎不可馬虎，利用第二代虎式靈學來協助人們改善生活上的問題，與指引人生的方向。

何謂第二代虎式靈學？即是把原有的人生七大問題，增加修行這個項目，變成人生八大困擾問題。而原有的靈界七項原因，則把它整理歸納成四大類原因，變成靈界四項干擾原因。再將原有的靈學七種方法，增加調整磁場一項，變成靈學八種改善方法。最後將與自己靈體溝通的輔助方法，直接納入靈學八種方法裡面。

因此第二代虎式靈學就是將人生的八大困擾問題，去找出相關的靈界四項干擾原因，再利用靈學八種改善方法去解決。

天地間的平衡法則

虎式靈學特別重視與強調天地間的平衡法則，天下沒有白吃的午餐，也絕對不會有不勞而獲的事情。神佛代言人的角色只是能夠協助去溝通一些事情，讓事情得以圓滿解決，絕對沒有能力在沒有平衡的因素之下，去改變個人及天地間的任何事情，如果可以藉由神佛代言人憑空去改變個人的命運，那麼他一定要代為承受一些問事者的因果與業障。

試想如果沒有任何的利益可圖，他會為你去犧牲自己嗎？他的能量又能負荷幾次的因果業障呢？這也就是有些胡作非為、自以為是的神佛代言人，最後自己的健康、財運、婚姻與家庭方面，幾乎都會有所阻礙，甚至沒有好下場的原因。

那麼平衡的力量究竟有哪些呢？以來自下面三種力量最為重要：願力、悔力與善力。任何解決問題的方式都必須擁有這三種力量來平衡，沒有任何例外。

1. 願力

願力就是發願的力量。發願的力量是最大，不過一定要出自真誠的內心，若只是為了某種目的而隨興說說而已，不但無法具有任何力量，反而可能會讓自己承擔違背誓言的罪刑。誠心感動的發願心，是足以去撼動天地，就像是大家所熟知的藏王菩薩的願言──「地獄不空，誓不成佛」。因此願力是可以發揮相當大的力量，來平衡無形空間因為前世因果所帶來的干擾。

發願的對象千萬不可以己私為出發點，若是能夠為了他人發願，甚至為了困苦眾生發願，那麼這種願力將是更大了。

2. 善力

善力就是善行的力量，是平衡力量裡一個很大的要素，因為方法最為簡單，在日常生活中唾手可行。善行的力量不但可以去平衡靈界裡的一些干擾因素，還可以提升自己的能量，為自己帶來好運。

行善的方法與方向，許多書籍裡都有描述，於此不再贅述。只是要再三強調，善行是可以去轉移的，但是不可以進行買賣。因此可以將此善行的能量轉移給他人而達到平衡的作用，這種能量幾乎所有六道眾生都需要，因此也是一種最實際的力量。

3. 悔力

悔力就是懺悔的力量，是一般人最容易忽視的一種力量，悔力是比善力還要來得大，因為懺悔過失比行善來得不容易。如果可以發自誠心地懺悔，所產生的能量是足以讓先前的罪惡煙消雲散，就如同在黑暗的深谷之中，只要有一盞燈光，就可以照亮千年幽暗，因此悔力是靈界一些干擾因素很大的平衡力量。

再次強調這種力量真的是相當大，曾經目睹一位年輕媽媽，對婆婆總是百般的不耐煩，甚至接近了忤逆的程度。在經過虎爺說明開導之後，突然間對於她對婆婆的言行感到深深的後悔，因為是發自內心的懺悔，當時知心坊裡突然散發出一股類似神佛降臨時的能量，可見懺悔的力量是大到足以成神成佛的。

希望藉由以上不可思議神跡的實際印證，加上更加完整的內容，以及強烈的服務使命，再配合一些有心與認同朋友的溫暖協助力量，可以將第二代虎式靈學更實際運用於社會上，來協助更多的有緣人。

人生困擾的問題

人生就是一個付出、學習與成長的過程，在這些過程之中難免會發生大大小小的問題，來困擾著我們的人生與阻礙我們的生活。

有了問題才可以有機會去學習，有了學習的機會才能夠有所成長，能夠成長了才具有能力去付出，可以去付出自然會讓自己的身體獲得健康、心理可以快樂、靈體有所精進，進而獲得一個有意義的人生。

因此人生的過程中，問題的發生是必然的，當遇到問題時不必有所埋怨與慌張，應該要用勇氣與智慧去面對，把問題改善或解決，並從中獲取經驗來讓自己更加成長，才是最重要的事，天下絕對沒有解決不了的問題。

人生可能發生的問題有八項，稱為人生八大困擾的問題，這八大問題隨時像蒼蠅般的在自己身邊不斷地打轉，讓生活遇到挫折與阻礙。若是人們認真去做個瞭解，或許可以正確地得知自己的問題所在，再利用一些方式去找出原因，並尋求改善的方法，讓人生可以順利地向前邁進。

人生八大困擾的問題如下：

健康
財富
感情
婚姻
事業
功名
家庭
修行

一、健康

健康的重要性相信大家都知道，沒有了健康就會缺乏生存的動力，失去人生的希望，更會影響到周遭的人，甚至還會因此結束了生命，因為影響之大所以將它列於八大問題的首位。

健康上有所不適，主要是來自於前世因果的反映與今生行為的偏差，有些並非人們可以去掌控。但是一定要相信一件事，產生任何健康問題一定有其背後的原因，找出原因之後再對症下藥，將可以有恢復與改善的希望。

而且上天讓人們產生健康上的問題絕對不是要去懲罰人們，祂們也希望這個地球上可以擁有一群身心健康的人類，來使宇宙萬物不斷地進步，以便達到祂們所欲建立的理想世界。因此絕對會保留許多的空間，讓人們去恢復疾病、創造健康。

一般人的觀念總是將健康侷限於肉體方面，其實還要包括心理與靈體，唯有身、心、靈三個方面都可以達到健康的狀態，才是一個真正健康的人生。

人們經常遇到的健康問題大概有下列幾種：

癌症的問題

癌症已經是一種很普遍的疾病，隨著罹癌人數不斷攀高，隨時有可能發生在周遭親友與自己的身上。癌症的發生並不侷限於老年人，與年紀也沒有相對的關係，但是大部分還是會集中發生在五、六十歲的中老年人身上。

罹癌除了要克服極大的心理因素之外，親人照顧的問題與臨終前的疼痛也是會令人難以去承受。尤其是一些癌症末期所產生的疼痛感，真的會讓患者本身與親人造成心靈上無比的撕裂，那種對親人的不忍心感甚至反而希望其趕快結束生命，以免繼續承受折磨的念頭會油然而生。

隨著醫藥的進步，癌症並非無法醫治，有不少嚴重的患者已經創造了許多抗癌的奇蹟，而早期發現治療與病情仍不是十分嚴重者，繼續延續生命的案例更是比比皆是。所以自己遭逢罹癌時，除了必經的心理衝擊之外，一定要冷靜下來，並配合三種方法與藉助三種力量，可以過關的機率是相當高。

抗癌的三種主要方法：

1. 配合醫藥治療的方式。
2. 尋求一些民間的偏方。
3. 藉助無形神佛的能力。

抗癌的三種主要力量

1. 自己樂觀的力量。

2. 親人關懷的力量。

3. 宗教慰藉的力量。

失眠的問題

失眠不是病但是發生時卻是會要人命，失眠的隔天一定會造成精神狀態不佳、情緒浮躁、身體不適……等狀況，偶爾失眠或許還不至於會感覺到對生活有重大的影響，可是長期的失眠就會讓活動力嚴重降低，影響到工作與生活。而且身體器官長期無法有效的休息，勢必引發一些其他的疾病，若是一直無法有效去改善，終究還是有可能導致死亡的發生，不可不注意。

失眠的狀況當然與年齡有絕對的關係，但是隨著生活壓力的增加、飲用食物的毒害、資訊設備的發達……等，失眠似乎已經不再是老年人的專利，而是各個階段的人們都有可能面對的問題。

失眠的原因：

1. 醫學上的疾病所造成。
2. 壓力過大與煩惱過多。

3. 靈體因素的干擾影響。

4. 外靈因素的干擾影響。

5. 磁場能量的干擾影響。

痠痛的問題

身體上大大小小的痠痛除了會產生一些肉體上的痛苦之外，也容易造成元氣的損失，影響生活的動力。雖然不像心臟病、糖尿病一樣，可能立即危害到生命，但也造成了不少人的困擾。

有些痠痛的情況有著很明確的原因，只要按照醫藥指示的方式加以持續配合治療，大多會有很顯著的改善。但是有些痠痛真的是找不出任何明確原因，因此只能服用止痛劑與塗抹一些外用藥品，急亂就章地短暫做些舒緩，並無法有效根治，日積月累導致病情愈來愈嚴重。還有少數人全身上下從頭到尾，無處無時不充滿著痠痛，尤其是上了年紀的婦女，此時似乎只能聽天由命而不知所措了。

常見的痠痛種類有頭痛、腰痛、四肢痠痛、頸背痠痛、脊椎痠痛……等，其中又以頭痛最令多數人困擾。頭痛的問題只要一產生，往往會讓自己的生活與工作效率降

低，長期頭痛更會使思考轉向負面，甚至讓自己的人生停擺，因此讓許多人不知所措。

以靈學的角度而言，痠痛大部分是出自於意外傷害與因果病兩大原因。意外傷害所造成的痠痛必須依照醫學方式去治療，靈學的方法只能站在輔助加速復原的角色。而因果病所產生的痠痛問題，則需要藉助無形神佛的能力去找出靈界原因，然後配合一些改善處理方法，再尋求有緣無形神佛力量協助，應該是會有很大的改善空間。

疾病的問題

疾病是健康問題的主要項目，醫學上一些重大明確的疾病會為自己的人生帶來不便，也會影響到親人的生活，嚴重時甚至可能隨時結束生命，小的疾病也會讓自己人生的奮鬥過程中產生一些阻礙。

當人們出現了疾病就會失去健康，降低了生存的動力，社會的成長與進步也會因此受到阻礙，這並非無形神佛所樂意見到的事。因此在人們利用先進的醫學方式來維護健康之時，上天也賜予無形神佛一些特殊的力量，來協助人們回復健康，讓社會繼續前進成長。

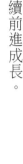

疾病的產生一定會有其原因，以靈界的角度而言，疾病的產生大都來自於前世言行的影響，也就是所謂的因果病，所以在使用醫藥方式治療的同時，若是可以利用靈學的方式去做輔助，改善與治癒的機會其實是相當高的。不過並非所有的疾病都是來自於前世的影響，有的則是自己的飲食、睡眠……等不佳的生活習慣所造成。

發生疾病的原因：

1. 前世言行偏差的反映。
2. 前世靈體記憶的延續。
3. 今生生活習慣的失調。
4. 外靈外力因素的干擾。
5. 人生生命關卡的呈現。
6. 能量磁場異常的影響。

身障的問題

身障包含了身體與心理的障礙，這種狀況不知道撕裂了多少人們無辜脆弱的心，也阻斷了無數家庭的親情與幸福。每當看到身邊有身障的朋友出現，那種發自內心的憐憫卻又無法去協助他們的心情，真的會令人感到很無助。

有著身障的親人，自己在體力上與心理上承受的痛苦及壓力，絕不亞於身障者自己。有時甚至要用自己一輩子的時間來陪伴他們，卻又看不到任何的希望，一切只能夠望天興嘆，相信那種無奈的滋味沒有親自經歷過的人是無法去體會。

然而以靈界的角度而言，身障的問題絕大部分並非如人們想像中的灰暗，反而是擁有一股強烈溫暖的能量，來為人類的生命注入新的活力與希望。

身障的原因：

1. 前世錯誤言行所呈現的結果，但也是給自己一個學習與贖罪的好機會。
2. 靈體為了提升自己，自願以此種極為殘酷的方式來接受考驗，讓自己快速的精進成長。
3. 利用讓自己身障此種方式來協助他人的成長，順便趁此機會了結彼此之間的因果關係。

以上三種原因都是十分正面的事情，雖然今生自己與親人會承受比別人更多的痛苦，但卻是一個不是人人都可以擁有的良機，也是要有所福報與因緣俱足。

身障有先天具有與後天造成兩種情形，先天具有的以第二種最多，而後天造成的集中出現在第一種。

第一種的情況，前世的錯誤雖然已經造成，今生也要有所承擔，但是有此機會來贖罪與學習是很難得的殊緣，罪業還清與完成學習之後，將可以使自己前往更美好的境界。

第二種的情況，靈體選擇了折磨肉體的這種方式來磨練自己，事情圓滿之後將會讓自己擁有超越的境界，也會使得身旁協助照顧的人有所成長而功德圓滿。

至於第三種情況，既能夠協助他人的成長，讓他們更加提升精進自己，也可以了結彼此之間的一段因果，是一件兩全其美的事情。

所以身障的朋友，千萬不要失意與沮喪，好好把握此生的這個機會，與家人親友心喜地完成這個任務，未來絕對是會比別人擁有更多的幸福與自在……

二、財富

有人說錢可以買到房子，卻買不到家庭；也有人說錢可以買到婚姻，卻買不到愛情。

理論上確實是如此，但是就現實生活上來看，一個完整的家庭，若是沒有藉由錢的因素來買一間房子共同居住，是很難獲得真正的溫暖；一段堅定的愛情，若是沒有藉由錢的因素來經營婚姻，也是很難得到永久的幸福。

這也就和常常會聽到的一句話：錢並非萬能，但是沒錢卻是萬萬不能，是同樣的道理。

說得更誇張一點，財富可以讓瀕臨破碎的家庭破鏡重圓，也可以讓一些疾病不藥而癒，更可以去解救一些瀕臨死亡邊緣的生命。

人生要追求的是身、心、靈之健全，身體可以健康自在、心理可以快樂所欲、靈體可以樂善精進，然而要達到上述的目的，不可諱言地必須藉由財富的媒介來達成。

人生最快樂的事，莫過於是對自己所愛的人，可以完全自在地付出，這些付出的主要內容當然包括了物質方面。因此追求財富是一件十分正確、健康與重要的事情，也是人生努力的主要方向與目標，只是必須使用正當非投機的手段、創造非競爭的方式來進行。

因為財富對人們是相當重要的東西，造成大家汲汲於求，也因此產生了很多的問題，形成了很多的困擾，這些困擾甚至會讓人們無法去突破因而結束了自己的生命。這也可以由知心坊諮詢項目的比例中，健康與財富的問題會並列首位可以印證之。

貧窮的問題

貧窮的人生會為自己的生活帶來諸多的阻礙，也會讓自己過得不快樂，更會影響到周遭的親人。貧窮雖然不是一種恥辱與罪惡，但是的確是一種不好的狀態，因此必須要想辦法來脫離貧窮，即使不必坐擁金山銀山，至少要讓自己與親人的生活不致匱乏。

然而人們都想要讓自己的人生遠離貧窮、追求富裕，但是認真努力、嘗試各種方法之後，卻還是有絕大多數的人無法如願，人生仍然處在時時刻刻與金錢賽跑的情況，成為所謂的月光族。會造成貧窮的狀態一定有其明確的原因，因此必須要來探討貧窮的原因，才能夠得到脫離貧窮的方法。

貧窮的原因：

1. 前世言行偏差的反映。

2. 今生言行偏差的承受。
3. 外靈外力因素的干擾。
4. 身邊磁場能量的影響。
5. 神佛特定目的的考驗。

脫離貧窮的方法：

1. 磁場能量的提升。
2. 努力認真的工作。
3. 錯誤習慣的改進。
4. 排除外靈的干擾。
5. 藉助神佛的力量。

破財的問題

破財一直是每個人十分頭痛的問題。因為只要是健全具有行動力的成年人，幾乎都會擁有或多或少的進財能力，然而不管用任何方式所得來的財富，是否能夠真正累

積成自己的有形資產呢？還是只是個左手進右手出的金錢轉運站。

當自己獲得的財富，因為經常會有些突發的事件導致大量的財富流失，或是長期的某項金錢支出，就會形成破財的現象。

破財的方式：

1. 意外：發生意外之後賠償對方、修理物品費用。
2. 疾病：身體生病的一些醫療費用。
3. 遺失：遺失金錢或物品所損失的財富。
4. 親友：親友借貸、婚喪喜慶的費用。
5. 養育：養育父母、子女與親人的費用。
6. 官司：官司纏訟所支付的費用。
7. 稅金：政府稅金的支出。
8. 博弈：賭博所損失的財富。

以靈界的角度而言，今生會容易破財的原因，以業障（盜業）所導致的原因最大，前世一些金錢上的偏差行為，導致今生必須來承受並加以學習。所以只要不是自己的東西，千萬不可起了貪念而佔為己有，甚至處心積慮用不擇手段去得到它，這些行為都會導致往後極大的苦難。另外還有像因果、考驗、外靈干擾、能量不足……等因素，都有可能造成破財的現象。

財運的問題

許多人都會想要知道自己的財運如何？其實每個人當然都想要聽到自己擁有很好的財運，可是事實並非如此。不是每個人的財運都很好，即使財運好的人也不是任何時間都很好，財運不好的人也不是永遠都是不好。

財運的性質：

1. 數量性：人們一生下來就會帶來某個數量的財富，這些數量因人而異。
2. 時間性：財富會配合人們運勢高低的時間而出現。
3. 阻礙性：財富會因為某些外力因素的阻礙而延後出現，也會因為某些外力因素協助而提早出現。
4. 變化性：財富的數量會因為今生人們的言行作為增加或減少。

求財的問題

人為財死、鳥為食亡，殺頭生意有人做、賠錢生意沒人做，這些熟悉的話語表達了人們只要可以獲得大量的錢財，即使違法或具有生命危險的事還是在所不惜、值得一試，在在說明了財富的重要性。

前面所述，財富是成就自己健全人生的最重要媒介，因此造成了許多人汲汲於求，求財大概是當今一般人最想做的事了。

求取財富並不是一件可恥的事，反而是一件很健康的事情，不過必須遵守下列兩項原則，可以比較容易吸引財富的到來，得到了錢財也會比較確實。

求財的原則：

1. 正當非投機的手段：

財富一定要使用正當的手段去獲得，如此才可以使用得心安理得，靠違法或投機取巧所獲得的財富，不但會造成他人的傷害，這種財富也絕對很容易再失去。

2. 創造非競爭的方式：

獲得財富最好使用創造的方式，而不是靠競爭去贏取別人的財富，宇宙之間的資源是源源不絕，絕對足夠每個人去追求與使用。使用競爭的方式去取得財富，相對的也會造成另一方的傷害，這種財富的數量也會有所侷限，唯有靠創造獲得的財富，才會有無限的成長空間，更不會去影響他人的生計。

求財的方式：

1. 向親人求：

向親人借貸，有些親人會基於親情借予或給予錢財，這是一種成功可能性較高的求財方式。

2. 向朋友求：

向朋友借貸，有些朋友會基於友情借予錢財，這是應付難關時一種可行的方式。

3. 向神佛求：

請求神佛賜予財富，有能力的神佛會視其言行狀況與誠心度適時給予財富，是最常見的求財方式。

4. 向鬼魔求：

有些鬼魔確實有些許的能力，可以轉移一些錢財給人們，但是通常需要一些不合

理條件的交換，到頭來可能會得不償失，甚至騎虎難下，故不是一種好的求財方式。

5. 向自己求：

自己不斷地改過行善，提升身邊的能量，自然會吸引財富的靠近。

求財的來源：

1. 讓今生注定擁有的財富提早出現：

與生俱來的財富總數量並沒有改變，只是運用一些力量讓它提早出現，就像是保單借款一樣。

2. 增加了原本命中沒有擁有的財富：

運用一些力量來增加自己與生俱來以外的財富，就像是得到沒有預定在薪水之內的額外工作獎金。

3. 暫時轉移了他人的財富來給自己：

運用一些力量將他人擁有的財富暫時轉移至自己的身上，日後必須歸還，就像是跟親友借錢一樣。

以上為三種求財的來源，其中以第二種是最為標準也是最好的求財原理。以靈學的角度而言，本身的善行與良好修為，確實可以為自己帶來今生注定之外的額外財富。

三、感情

緣分是一本書——翻得不經意就會錯過，讀得太認真又會流淚。

男女之間的感情，就是一段不經意巧遇的緣分，但是往往會因為雙方過於認真，而造成了彼此的傷心流淚。

愛情甜美的滋味，是十分令人陶醉與回味，但是每一段男女感情並不一定都會有所結果，如果走到了盡頭，會讓許多當事者難過與心碎。也因為男女感情的對象大部分是來自於年輕人，心智尚未成熟，社會歷練也不足，當發生問題時往往不知所措，而容易產生思想與言行上的偏差，造成了無法彌補的傷害。

即使可以圓滿地去解決感情的問題，也需要長時間來撫平傷口，存在心中的陰影有可能一輩子都揮之不去。

因此雖然感情的問題是在知心坊的諮詢項目裡，比例較低的一個項目，但是需要很慎重的來面對每一個問題。因為如果一不經意的失誤與疏忽，都可能影響年輕人的

一生，甚至造成無可彌補的傷害。

姻緣的問題

姻緣會在何時出現？是想要擁有婚姻的未婚男女或離婚者，很想要去瞭解的一個問題。許多人到了適婚年齡卻還沒有結婚對象出現，或者是離婚之後很想再擁有另一段全新的感情，卻遲遲沒有遇到走入自己生命之中的異性，總是會百思不解，在一些親友的催促之下也會備感壓力，讓生活陷入憂鬱。

每個人的姻緣幾乎都是來自前世因果的安排，但是並非所有人都可以在此世擁有婚姻。婚姻是標準的因果關係（也就是相欠債），因此有少數的人，今生並未具有婚姻的債務需要了結，也就不會出現姻緣的對象，而造成了不婚的情形。

不婚者極度想要擁有姻緣，是可以誠心地向神佛祈求而得到婚姻。只是以靈學的角度而言，沒有因果的糾纏有助於自己的修行與靈體提升，是一般人不容易擁有的狀況，想要得到都不可求了，卻由於想要享受人世間組織家庭的幸福滋味，而讓自己再度陷入因果之中，或許並非適當。

不過大部分的人都會擁有至少一段的婚姻，藉由婚姻去建立家庭才是社會進步的一股動力，也是造物者所樂見的事，所以最好不要擁有逃避婚姻的想法。

姻緣的安排也具有一些性質，這些性質讓人產生了一些婚姻上的困擾，若是對這些性質去做個瞭解，或許可以釋懷一些有關姻緣的困擾。

姻緣的性質：

1. 時間性

時間性即是姻緣出現的早晚，大部分人的姻緣還是會落在所謂的適婚年齡，一般的適婚年齡是指二十六至三十五歲，二十五歲之前就叫做早婚，三十六歲以後則稱為晚婚。

2. 深淺性

深淺性即是緣分的大小，彼此的緣分夠深，當到達了成為夫妻的標準，就有機會成為夫妻。若是雙方具有緣分但卻是很淺，達不到成為夫妻的標準，就沒有辦法成為夫妻，彼此交往到一個程度就會因故而分手，也就是所謂感情上的孽緣。

3. 長短性

長短性即是姻緣維繫的時間，雖然具有夫妻的姻緣，不過緣分太短的話，一定會造成婚姻的結束，結束的方式最常見的是離婚，也可能是喪偶。彼此的緣分夠長的話，今生就會白頭偕老。

4. 數量性

數量性即是姻緣的次數，大部分人的婚姻只有一次，不過還是有不少人的婚姻可以有兩次，也就是再婚。甚至還有人擁有多次的婚姻，像美國印第安那州就有一名婦女，因為極度嚮往婚姻，一生結婚二十三次，令人感到不可思議。

5. 階段性

階段性則是姻緣的分合狀況，有些姻緣在婚姻的過程中會暫時減弱，但是一段時間之後又會再度增強，而形成了婚姻的階段性。這也就是有些夫妻離婚之後會由於一些因素而再度結婚，有的夫妻甚至結離多次，同樣令人感到不可思議。

對象合適的問題

是否會得到好的姻緣？是一些想要擁有婚姻者所關心的問題。每個人一定都想要擁有理想中的姻緣對象，組織共同的家庭，並過著童話故事中彼此幸福快樂的日子。

然而要等待或尋找到一位適合自己的對象，並非一件易事，喜歡與所愛的人並不一定就會適合自己。所謂適合需要包括各個層面，像是個性、外貌、財務狀況、生活習慣、雙方家庭、職業、生活地點、宗教信仰……等，範圍之大也導致真正要找到一位完全適合自己的人，真的是難上加難、可遇不可求，勉強達到六十分就已經不錯了。

以靈學的角度而言，適合對象並不侷限於上述的實質條件，而是在於靈體相容性與前世因果關係。可以相互吸引的靈體與報恩型的因果，當然比較可以擁有長久與幸福的婚姻。若是上述的實質條件都符合，但是靈體會相互排斥，或者是段報仇型的因果，都不算是適合自己的婚姻對象。

挽回感情的問題

分手行為發生之後，不管是處於主動或是被動的那一方，往往會有一段或多或少的傷痛過渡期，當雙方或其中一方在這段傷痛期期間，有所後悔或是無法放下，就會想要利用各種方法挽回彼此的感情。若是無法如心所願，則會造成情傷日益加深，當

無法走出陰霾而到達無法承受時，甚至會做出一些令人遺憾的舉動。近年來報紙上不斷見到男女交往分手後令人遺憾的激烈舉動，不但傷害了家庭的幸福，也撕裂了社會人們的心。

在許多挽回感情的方式裡，人們經常會尋求靈學力量予以協助，這種力量的確協助了不少人破鏡重圓。不過由於處於感情挫折的人們，心情總是特別脆弱迷惘而導致失去判斷能力，讓一些不肖的神棍有機可圖、趁機詐財騙色，需要特別的小心。

以靈界的角度而言，並不是所有的男女感情都可以挽回，需要視雙方的緣分而定，人們的姻緣雖然大部分是天注定，但是也保留了一些彈性空間，因此增加了挽回感情問題的複雜性，也為處於情傷的男女製造了一些復合的機會。

一般靈學處理感情的問題，會先藉由神佛的力量去查明雙方的緣分有多少？然後視各種情況予以不同方式的協助：

1. 雙方緣分淺薄，而且緣分已盡：

此種狀況就連神佛應該都無力協助，必須適時予以心理方面的開導，並觀看未來的姻緣，給予正面的期待作用，協助盡速走出陰霾。

2. 未達成為夫妻的緣分，但是彼此的緣分很深：

此種狀況在當事人的強烈意願之下，可以使用一些方法予以協助復合，日後成為夫妻。但是機會雖然是有，不過卻不高，而且改變了原本命中姻緣的安排，日後可能導致一些負面影響。

3. 具有夫妻的緣分：

原本就具有夫妻緣分，也就是所謂的正緣，目前只是因為一些因素而導致暫時分手。這種情況就必須查出干擾分手的原因，並利用一些方法使其復合，而此種情況也是靈學協助人們感情復合可以大顯身手的好機會。

四、婚姻

婚姻是來自人們對性慾需求與組織家庭渴望之下的產物，也是促使社會健全發展的重大力量。

婚姻的問題是最容易令人感到無奈與無力感，因為總是會發生一些不合理的狀況與耐人尋味的事情，而且會牽連到身邊的一些人（雙方父母、兄弟姊妹、兒女、外遇

的對象……等)，而讓問題複雜化，導致身陷其中時會形成彼此的進退兩難，痛苦萬分。

因為婚姻中男女主角的相互關係，大都是來自於彼此前世因果的呈現。凡事只要牽涉到因果，就容易出現一些糾纏的狀態，凡事只要有所糾纏，就會令人產生一些痛苦，因此會有婚姻是戀愛的墳場之說法。

會使婚姻出現問題的因素很多，而能夠維繫幸福婚姻的因素卻很少，這也導致大部分的婚姻或多或少都會出現一些問題。

當婚姻發生了問題，應該先不要管雙方命中緣分長短的問題，一定要嘗試各種方法去解決，直到方法用盡仍無法有所改善時才選擇放棄。因為由離婚者的經驗來看，結束婚姻之後包括小孩的成長、父母的感受、家庭的發展，都會受到嚴重的影響，而自己脫離了婚姻束縛所換來的自由也非完全快樂。然而一旦選擇了結束婚姻，就要積極地走出陰影與傷痛，向自己的另一段人生邁進。

離婚的問題

有「離婚教主」之稱的名作家施寄青，曾經說過這麼一段話：維持婚姻只有一個原則，那就是愛到最高點、心中有平等。

由此句話就可以知道，要維持一段婚姻真的是很不容易，因為夫妻雙方的愛是會因為一些外在的因素而形成高低起伏，夫妻雙方的內心也是會因為彼此先天與環境條件的差異而導致失去平衡。以致於在台灣造成了極高的離婚率，甚至高居亞洲第一位、世界第三位，平均每十分鐘就有一對夫妻辦好離婚手續。

外在的因素包括了金錢、外遇，先天的條件則是指個性、不孕、身體狀況，而環境的條件有雙方的家人、信仰……等，以上的因素都可能導致離婚的發生。

每個人的婚姻不可能隨時保持在恩愛美滿的狀態，一定會有來自各種的原因而造成一些爭執，當那些爭執的數量與輕重到達了臨界點的時候，就會發生是否要繼續維持婚姻的掙扎。那種徬徨真的是很痛苦，不知要如何做抉擇？因為不只是自己一走了之就解脫了，還要考慮到許多糾纏的因素，包括了兒女、父母、經濟狀況……等。

如果在一些因素的綜合考量之下，夫妻的緣分到了盡頭，必須要選擇離婚這條路，則要經過下列四個過程，每個過程都相當的重要：

1. 接受：坦然並接受自己婚姻失敗的事實。
2. 面對：勇敢面對並圓滿處理婚姻的結束。
3. 放下：結束婚姻之後需要盡快放下傷痛。
4. 突破：將悲痛化成力量突破自己的人生。

以靈界的角度而言，婚姻雖然是天注定，兩人是否可以白頭偕老大部分已經安排好了，不過仍然保有一些彈性的空間，讓原本已經緣盡但是卻有心繼續經營彼此婚姻的男女，可以突破上天的安排繼續攜手前進。

外遇的問題

相信每個人都不希望另一半發生外遇，也覺得自己不可能會發生外遇，但是當緣分降臨時，許多原本不希望與不可能的事，就是會這樣自然而然的發生，有的甚至會令人感到措手不及，這就是外遇令人感到無奈與無法自拔之處。

實在看不出來外遇會帶來什麼好處？除了可以得到短暫肉體上的歡愉與心理上的契合之外，對家庭、社會與自己都將會帶來無法預知的傷害。講得更嚴重一點，此種違背倫理道德的言行偏差甚至會產生損害陰德的現象。

夫妻雙方個性不合、相處情形出狀況、一些環境的因素與壓力、受不了第三者的誘惑……等，都是可能形成外遇的原因。

然而以靈學的角度而言，外遇為今生相遇的一段孽緣，是無法去避免的一種錯誤行為。所以當另一半發生外遇時，一定要冷靜去面對，尋求一些力量的協助，等到孽緣的緣分已盡，外遇自然就會結束了，千萬不可有衝動性的舉動或失去理智的行為，以免造成無法收拾的傷害。若是自己發生外遇，則要有所節制，適時參考親友的意見並設法使其趕快結束，以免對自己與家庭造成終生無法彌補的傷害。

這個看法也與施寄青所言的：「與其教人們如何去避免外遇，不如教人們如何好聚好散。」兩者似乎有異曲同工之處。

五、事業

家庭是人們生活的重心，財富是支撐家庭的重要因素，而事業則是得到財富的主要方法。因此人們在追求家庭圓滿的同時，也花費了很多時間，甚至是生命中的絕大

部分時間在追求事業的成功。

成功的事業不僅可以為自己帶來財富，更可能讓自己擁有名聲，在當今這個金錢掛帥、功利為主的社會氛圍中，得名獲利更顯得重要。不過也因為人們過於重視事業，所以會用盡各種方法去追求，而導致經常迷思方向而不知所措？遇到許多困擾的問題卻不知如何去解決？甚至造成一些言行上的偏差讓自己造業。

一般人總是認為自己創業而擁有自己的事業才是所謂的事業，其實事業不僅侷限於創業，還包括正常上班的工作。不僅是創業會造成一些問題，上班的工作環境裡也會產生一些令人困擾無奈的問題。創業以資金上的困擾為最多，工作的問題往往會集中在人際關係的阻礙而導致疲憊。

在古時候重男輕女的社會裡，女人幾乎是無法擁有自己的事業，因此事業上的困擾幾乎都是集中在男性方面。不過隨著時代的進步與變遷，在男女平等的觀念之下，女性獨立擁有事業的比例大幅增加，一些事業上的困擾已不再是男人的專利，有很多的女性在事業上，也有令其無法承受的一些問題。

小人干擾的問題

小人的出現一直是職場與事業上一個相當令人頭痛的問題，因為不但會對正在前進之中的事業形成一些阻礙，還會深深打擊士氣，嚴重時甚至還可能因此造成事業的大挫敗。

以靈學的角度而言，事業上的小人，大部分都是具有前世短暫的因果關係，雖是短暫但是因為前世兩者之間發生了嚴重的糾纏，所以今生必須以激烈的方式來呈現。這些前世因果的糾纏，大部分是彼此間紛爭的報仇行為，然而還是有少部分是為了報答恩情，使用阻礙刺激的手段讓您大幅成長而有所成就。這也就是說事業上的小人，有時也是自己的貴人，因為他為您帶來了積極成長的動力。

事業上的小人通常以下列型態呈現：

1. 影響職務的升遷與爭奪職務。
2. 阻礙金錢上的利益。
3. 對工作內容加以干擾。
4. 主管的欺凌與不平等對待。

5.同事之間男女感情的干擾。

6.業績的不正當爭奪。

遇到小人干擾時，一定要勇敢去面對承受，承受之餘必須轉念，並尋求一些人為與神佛力量的協助，如此才可以快速退卻小人，讓自己的事業得以繼續前進。最怕的是陷入兩者黑暗的糾纏之中而無法自拔，甚至產生報復的行為，那麼將會兩敗俱傷，也無法讓自己獲得成長與成就。

行業屬性的問題

很多人會想要瞭解自己到底適合什麼樣的行業?從事何種的行業可以讓自己輕鬆愉快又賺大錢。這種想法確實是沒有錯，努力奮鬥固然重要，但是可以處在一個舒適愉快的工作環境中，又可以成就自己，那是最好不過了。

行業的屬性有五種：

1.金：機械、金屬、金融……等有關的行業。

2.水：水產、飲料、水利……等有關的行業。

3. 木：服飾、教育、木作……等有關的行業。
4. 火：烹飪、化學、交通……等有關的行業。
5. 土：營造、園藝、房產……等有關的行業。

有些行業是具有雙屬性，例如烹飪有火與水的性質，園藝有土與木的性質，金屬有金與火的性質。

以靈界的角度而言，每個人今生的行業與前世具有五成以上的關係，也就是說前世從事何種行業，今生從事相同行業的機率相當的高。今生所從事的行業屬性在出生時大致已經注定好了，但是仍然具有改變的空間，而且所從事的行業不一定是最適合自己的行業，人們可以靠著善行所累積的能量去轉變天生注定不適合的行業，並得到自己適合並且愉快的行業，進而提高成功的機率。

轉業的問題

轉業亦是一個令人相當困擾的抉擇，一般人如果面臨這個抉擇點上，真的很難去做出正確的決定。當人們在自己的工作上有所厭倦或做得不愉快，沒有辦法得到該有

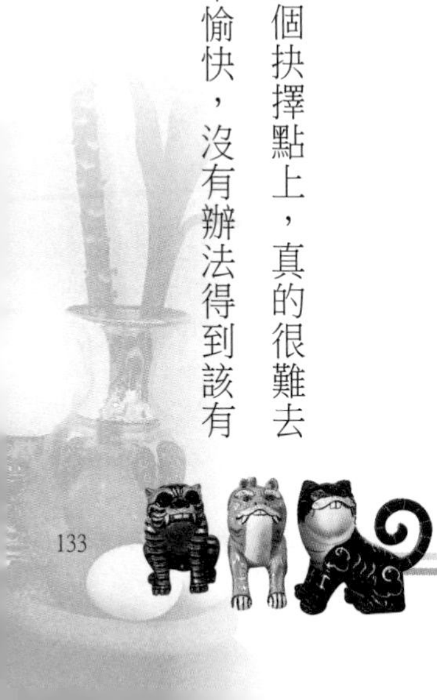

報酬的時候，就會思考著是否要轉業？

轉業與換工作不太相同，換工作只是換個工作環境，有可能仍在原本從事的行業，而轉業是要轉換到與自己所學或原本從事完全不同性質的工作，所以需要考慮到很多的因素，也要有很大的勇氣，因此會造成極大的痛苦。

一般人對轉業會有所顧慮的原因有下列幾種：

1. 對新行業的陌生。
2. 家庭經濟的壓力。
3. 與前行業的比較。
4. 家人看法的認同。
5. 資金準備的問題。

以靈界的角度而言，大部分的人一生中適合行業的屬性只有一種，但是也有人適合行業的屬性是具有階段性。例如有位國小女老師四十歲以前適合木，所以可以靠教育賺許多錢，但是四十歲以後適合水，因此她在四十歲時因為學校有人陷害她，讓她辭去了教職，轉而投入了經營健康食品的直銷工作，健康食品屬性是水，適合她的事業屬性，故讓她賺到了很多的財富。所以在面臨轉業的抉擇時，如果可以適時藉助靈學提供的參考意見，將有利於自己做出較正確的決定。

貴人的問題

貴人與財富一樣，人們總是很希望他的出現，卻又是不可多得的機緣。貴人會出現在生活、婚姻、事業、健康……等各個人生層面裡，當然此處所要談論的是指事業上的貴人。

貴人在事業奮鬥的過程中，雖非必要之條件，但是可以獲得強而有力的貴人協助，就如同一份潤滑劑，可以把自己更順利推向事業的成功。有些人看似能力不強，也不是很努力在工作，可是卻是最先獲得成功，或許是他有機緣遇到了一位事業上的大貴人，增加了成功機會也加速了成功的腳步。

貴人呈現的範圍大部分來自朋友，也可能來自親人、同事或者是不認識的人。

而貴人協助的方式則有下列幾種：

1. 事業資金的協助

有人提供事業資金或創業基金、有人借支錢財協助周轉……等。

2. 工作機會的提供

有人介紹工作機會或者本身給予工作機會、有權力者提拔升遷的機會……等。

3. 工作過程的輔助

有人介紹大筆業務並成交、有人大力輔助工作的順利……等。

4. 精神言語的勉勵

有人說了刺激前進的言語、有人於低潮失意時給予關懷開導……等。

5. 阻礙挫折的處理

有人協助事業上遇到的難題、有人幫忙事業衝突的協調……等。

貴人依影響的程度有大小貴人之分，大貴人的出現或許就是一生成功的轉捩點，小貴人的出現即使無法馬上讓事業有所突破，若是有許多小貴人的出現也會累積成為一股大的力量。

而貴人的呈現方式不一定都是友善的，有些處處阻礙、百般陷害你的人，卻因此可以深深激發出一股前進的動力，進而造就你的成功，這個對你不友善的人就是事業上的貴人。總之可以讓人們產生大量前進的資源與動力，最後因而獲得成功的人，就是事業上的貴人。以靈學的角度而言，貴人的出現大都具有前世的因緣，而且幾乎都是來報恩。所以這一世我們來到世上做人，一定要廣結善緣、施恩行善，來世有機會當人，或者處於六道的每一個角落裡，才會出現更多貴人的協助力量。當然如果到處結怨，相對地將無法為自己帶來貴人的機會，反而會徒增小人的出現。

創業的問題

創業應該是每個人一生中都會想過與嘗試的事情，大家一聽到創業都會聯想到大的行業與公司，其實擺個路邊攤也是創業的一種，不是有人由夜市擺攤起家，進而成為連鎖餐廳的大老闆嗎？

擁有自己的事業，不但可以獲得成就與財富，更可以有比較自由的時間，也不用看老闆的臉色，更不用與自己不和的同事相處……這也是造成每個人或多或少都會想要嘗試的原因。

然而事實上每個人都適合創業，也都有自行創業嗎？答案是否定的。社會上人們絕大部分的工作還是居於員工角色。再換個角度來看，創業初期舉步維艱，並非每個

人都可以去承受，最現實的問題就是創業者必須承擔資金周轉的問題，即使是王永慶的兒孫也必須面臨同樣的問題。

另外創業並非人人都可以成功，失敗而導致妻離子散、官司纏身的案例比比皆是。因此有時在公司機關團體裡，默默擔任一個盡職的員工，所得到的報酬與自在，或許並不亞於自行創業。

以靈學的角度而言，是否適合創業還是與前世的因緣有著極大的關聯，前世有過自行創業經驗者，此世自行創業的適合度與機會會比較大。另外前世曾經在財富事業上獲得成就與樂善好施具有福報的人，此世創業成功的機率會來得比較大。而且創業的行業也要選擇自己有所適合者，成功機率也會來得比較高。

投資的問題

投資看似是財富上的問題，但是將其歸類在事業方面，因為投資不只是金錢上的投入，投資的項目可以把它視為自己的事業，就像有人把玩股票或投資房地產當作畢生的工作。

事業上的投資即是把金錢放進某一個營利項目之中，以牟取其所產生的利潤，而自己幾乎不參與該項目的運行。可能會如其所願的獲利，可能虧損而血本無歸，也可能投資效益不如預期，因此投資的困擾即是無法完全去斷定獲利結果與投資效益，還有來自投資失敗的窘境。

以靈界的角度而言，投資當然與自己的財運有關，投資比較屬於偏財運，偏財運並非人人都可以擁有，有些人不管投資任何項目總是可以順利如願，那是因為具有強大的偏財運。至於沒有偏財運卻又很想投資的人，建議可以配合時勢進行小額投資，但是必須增加善行提升能量來輔助獲利。

六、功名

功名包括學歷、考試與官位，在中國古代以考試的方式去取得功名，幾乎就是一生成就的象徵。當今多元化的社會上，考試已經不再是獲得功名的主要方式，而當官也不是成就功名的唯一方法，民間事業也可能為自己帶來功成名就。

在追求功名的過程中，所要承受的孤獨與壓力是在所難免，也就是因為這種壓力的壓抑，讓許多人很痛苦的去承受，進而衍生出許多問題。

學歷的問題

當今學歷氾濫的台灣社會，取得高學歷並非昔日難事，也大幅降低了學歷的重要性。但是不可諱言的，學歷在成就事業的過程之中，仍然扮演著舉足輕重的角色，即使不必擁有很高的學歷，也不能夠太低。

以前多子化的社會，父母親在為家計問題奮鬥之餘，並沒有足夠時間去關心孩子的學業，因此大部分人的學業都要完全靠自己去苦讀。

如今的社會較為富裕，大多數的夫妻都只有養育一至二位子女，因此有比較多的時間去關心孩子的學業，也願意付出金錢去為孩子帶來學習的機會，對小孩的照顧更是無微不至。

因此小孩的學業似乎已經是小孩本身與父母共同面對的事情，在望子成龍，望女成鳳的心態之下，造成了父母親和小孩許多的困擾。

學業的問題種類大概如下：

1. 不太會讀書。
2. 不喜歡讀書。

3. 沒有好成績。

一般會造成上述問題的原因有下列情形：

1. 靈體特質：靈體愚昧與反應遲鈍。（俗稱的智慧未開）
2. 外靈干擾：一些外靈在身旁干擾。
3. 文筆不足：天生所帶的文筆不足。

以靈界的角度而言，學歷就是俗稱的文筆，文筆數量的呈現在當今教育體制上，有博士、碩士、大專、高中、國中、小學、未學等七個階段。

文筆的數量在每個人出生之前就已經安排好了，不過仍有一些增減的空間。因此好學進取的人，是有可能突破自己天生設定好的學歷程度，而懶惰不長進的人，就算天生注定好擁有高學歷也不一定達得到，人為的因素對學歷的影響還是不小。

考試的問題

考試求取功名在古代的封建社會，幾乎是窮人翻身的唯一途徑，如今的社會裡功成名就途徑具有多樣化，並不侷限於考試此種方式。但是可以順利通過考試仍然可以

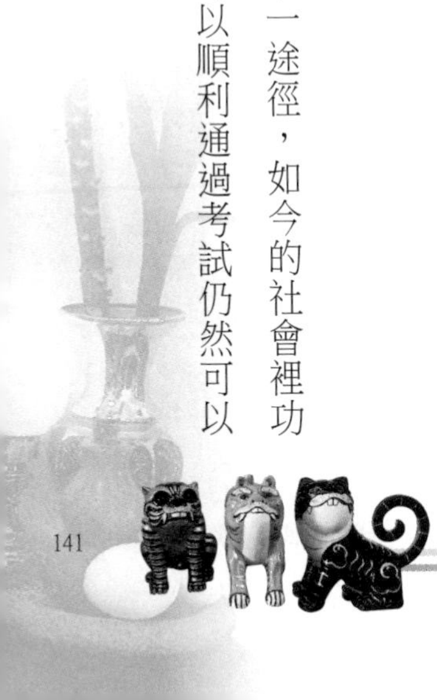

為自己帶來三餐溫飽、養家活口的穩定機會，物質生活大部分會優於一般的勞工階級。因此面對社會上一些大大小小的考試，還是會造成很多人的汲汲於取，而產生了許多的困擾。

以靈界的角度而言，考試的榜單並非無法去改變，一些善惡的言行都有可能讓榜單的名字產生異動。

要增加考試金榜題名的機會有下列的方法：

1. 自己認真用功的準備。
2. 保持健康的身體，訓練足夠的體力。
3. 心存善念、多行善事，增加自己的能量。
4. 不可發生重大的言行過失。
5. 請求信仰的神佛協助，藉助些許無形神佛的力量。

官位的問題

官位是在人們事業競爭之下，所誕生的一個體制上產物，也可以稱為職位階級，官位不單指政府的公務人員，還包括民間企業團體。

一個事業組織一定要有階級的劃分，才能夠進行有效率的管理與生產，官位愈高擁有相對較多的權力，這些權力不只可為自己帶來名聲，還可以讓自己得到較多利益的機會。

因此造成人們的重視並且汲汲於求，甚至把它當作一生追求的目標，在過程之中總是會造成一些困擾。

相信許多人在一個事業團體認真努力多時，每次有職位上的升遷機會總是會與自己擦身而過，那種無奈與百思不解的心情，會不斷地吞噬鬥志、抹滅理想。

以靈界的角度而言，無法如心所願的升官，可能有下列原因：

1. 偏差的言行。
2. 外靈的干擾。
3. 磁場的影響。
4. 官祿的不足。

七、家庭

家庭組成的成員最多，關係錯綜複雜，加上家人相處的時間長，因此家庭問題的複雜程度是人生八大問題之最。

也正因為如此，家庭亦是一個了結因果的最佳場所，家人糾纏關係更是結束因果的一個很好機會。

有句話說：再多的成功也彌補不了家庭的失敗。人一生對於事業的奮鬥，財富的賺取，最終的目的還是要回歸於家庭，唯有家庭平安和諧、家人歡樂幸福，才能夠讓自己辛苦付出得到內心真實的滿足感。

家庭的問題大都是出自於親情的牽絆，凡事只要有所牽絆，就無法為所欲為、隨心所欲，也因而會造成很多的痛苦與無奈。

當這種牽絆有好幾個同時出現時，就會形成相互的糾纏，許多人就是處在這種家庭親情的糾纏之中，無法掙脫而讓自己不知所措？日益消沉、生不如死。

家庭問題如果很嚴重，則會影響到事業、財富、婚姻與身體健康，所以應該要極盡所能的去尋求改善與解決，才可以讓自己擁有美好的人生。

父母的問題

父母是家庭中最重要的成員，因為提供了家庭生存的基本條件。雖言天下無不是的父母，但是有些父母的偏差言行，實在令為人子女的十分無奈而不知所措？

常見來自於父母的問題有下列幾種：

1. 父母親時常爭吵。
2. 父母親有一方或雙方對家庭不負責任。
3. 父母親對待子女的方式有所偏心。
4. 子女與父母的相處狀況不佳。
5. 照顧父母親生病的身體。
6. 妻子對娘家或丈夫對婆家的付出大過於目前的家庭。

雖然父母親的一些問題會對自己帶來一些困擾，但是孝順父母畢竟是天經地義之事，父母對我們的生育與養育之恩真的很大，所以一定要盡量去承受委屈，並想辦法克服和父母之間的問題。孝道是全世界最偉大的道理，孝心也是最能夠感動上天，做好孝順不但可以為父母與自己帶來福報，所產生的能量足以去排除身邊的一些阻礙，

甚至改變自己不佳的命運。以靈界的角度而言，父母與子女之間的關係就是一種標準的因果呈現方式，也就是俗稱的相欠債。若是父母欠我們的，他們這輩子對我們的恩情也足夠我們去原諒他們了，需要好好地去孝順他們；如果是我們欠父母的，要慶幸能夠有這個機會來償還，更加要好好地孝順他們。

子女的問題

天下父母心，父母對子女的愛是最純潔無私，子女的一舉一動也會深深牽動著父母的心情，子女發生異常狀況更會撕裂父母的內心。

因此有關子女問題產生的困擾不在少數，大概有下列幾種狀況：

1. 夫妻生子的障礙。
2. 子女叛逆不聽話。
3. 子女不喜歡讀書。
4. 子女的交友不慎。
5. 子女的姻緣未現。
6. 子女的健康不佳。

以靈界的角度而言，就前述所說，父母與子女間的關係就是一種標準的因果呈現，而且以父母欠子女的居多。

因果的呈現最容易出現一些不合理的事情，當然子女的異常狀況也會特別的多。若是我們欠子女的，就要甘願承受，趁此機會努力去償還；如果是子女欠我們的，應該要放下仇恨，好好地將惡緣轉換成善緣。

手足的問題

十年修得同船渡，能夠成為兄弟姊妹，就如同共乘在一艘船上，需要具有相當的緣分，也擁有共同環境與前進目標。因為彼此的關係密切，如同身體的手與腳，所以兄弟姊妹又稱為手足。

手足之間理應和諧相處來使家庭健全成長，但是實際上有很多手足之間的相處出現了極大的問題，有的甚至為了一些本身的利益而將親情拋諸腦後，也因此有了「親兄弟明算帳」的現實面。

手足會產生的問題有下列幾種狀況：

1. 父母對待兒女不公所形成的仇恨。

2. 因為金錢利益關係所引發的衝突。

3. 為了照顧雙親生活所產生的不和。

4. 彼此個性意見不同所造成的隔閡。

以靈界的角度而言，並不是所有的手足關係都具有前世因緣，有的是此世才開啟了緣分。手足之間的因果大部分是短暫而且輕微的，只要用智慧與承受去化解即可。

八、修行

修行的問題雖然不會直接造成生活上的危機，但是對一些來自天人界的靈體，與一些想藉由修行來提升自己、追求美好來生的人們來說，卻是很難去找到方向而處處充滿著疑問，甚至會影響到生活，導致造成了一些不可預期的困擾。

雖然要瞭解修行問題的人很多，但是因為它不是一個人一生中必定會遇到的問題，所以將它列在八大問題之末。

修行可以分為兩種：

1. 生活上的修行。

2. 宗教上的修行。

生活上的修行，在一些先賢留下來的四書五經，還有前人所累積的智慧語錄與歷史經驗，都足以讓我們參考，循著正確的方向而行，因此於此不再贅述。這裡所要談論的修行問題是指宗教上的修行，這也是大多數人普遍的困擾。

主神的問題

主神是誰？如何尋找主神？

可能是受到某個轟動台灣的靈學書籍影響，主神的問題在前幾年被炒熱了起來，漸漸為修行人所重視，尋找主神成為修行人必備的工作，知心坊裡詢問主神的問題也是愈來愈多。

那麼主神究竟是什麼？又代表著何意義呢？

天道、人道、修羅道、畜生道、餓鬼道、地獄道等六道輪迴裡的天道，其所存在的空間與環境稱為天界。天界是由許多無形神佛的世界所組成，每個世界裡是由一位高級神佛所主導，像觀世音菩薩的紫竹林世界、耶穌基督的耶和華世界、阿彌陀佛的

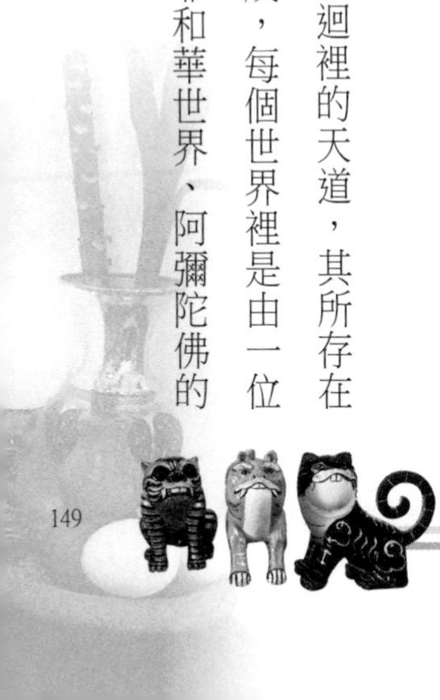

極樂世界、穆罕默德的世界、媽祖的世界、無極母娘的世界……等等。

這些世界裡都有一位高級的神佛領導管理，裡面的天人在其治理下的世界裡過著神仙般舒適生活，當有一天那個世界裡的天人因為某種因素來到了人世間，這位高級的神佛領導者即是其主神。天人必須在人世間與其相認，在祂的指導保護協助之下，完成自己的任務回去天界報到。

尋找主神可以利用各種的方式，一般有下列幾種：

1. 透過神佛代言人傳達。
2. 夢境之中不斷地暗示。
3. 經由安排至主神面前直接感應。
4. 特殊生活中的情事不斷暗示。

怎樣確認主神？如何進行認主？

主神是無形世界（也可以說是天上）的父母，祂們不像是人間的有形父母，子女頂多幾個，可以隨時主動看管得到。祂們在六道裡的子女（俗稱靈子、靈女）多到不勝枚舉，因此這些眾多的子女必須主動來尋找父母（也就是主神），當尋找到自己的主神並加以相認之後，主神對自己的協助將大幅提高，凡事也就會變得比較平順，甚至可以帶來意想不到的突破。無形父母對子女的愛是最真切的，因為彼此之間少了一種因果的糾纏關係。

尋找主神的程序有三項，這三項工作要循序進行，而且要有耐性，因為與主神相認對一個來自天人界靈體的人而言，是相當重要。

1. 見到主神

如果到了一些宮廟或道場看到所供奉的神佛，心中突然會有種莫名奇妙的感動，全身好像觸電甚至會流下眼淚來，或者身體會不由自主地晃動，那麼八九不離十，你已經見到了主神。

2. 確認主神

當見過主神經歷了一些特殊的感受之後，就可以大致瞭解主神的對象，但是那還無法確認，必須經過一些動作的印證，才可以真正確認自己的主神。印證的方式還是要以擲筊為主，至少要三筊，能夠愈多當然會愈準確，除此之外也可以利用特殊約定

事件的發生……等其他方式。

3. 相認主神

確認了自己的主神之後，接下來要進行相認的程序。這些程序並不需要準備眾多的東西與複雜的儀式，只要擁有一顆誠摯的心，準備一些發自內心供養的物品，選個良辰吉日前往主神神尊面前秉告並化燒稟文即可。前往認主時最好有個神佛代言人陪同，會來得比較順利。

認主會靈的稟文可以參考如下，當然可以視情況略微修正，不用拘泥於文字，誠心最為重要：

弟子（或信女）○○○，民國○○年○○月○○日生，居住於＿＿＿＿＿＿。

在特殊的機緣安排確認之下，得知（神佛尊稱）為靈兒（女）的天上之父（或母），深感榮幸與欣喜。於良辰吉日特地準備（鮮花、素果……等一些準備供養之物品），慎重前來會靈認主。

盼（神佛尊稱）在上，可以開恩與赦罪，原諒靈兒（女）前世無知與今生墮落所造成的業障，今日相認之後願意痛改前非，追隨（神佛尊稱）的智慧與修行而行，也盼望（神佛尊稱）可以開導與牽引靈兒（女）走向正途，日益精進成長。靈兒（女）也願意以身奉行，宣揚道統佛理，協助（神佛尊稱）度化世人之工作，待功德圓滿心喜回到天界您的身邊。

經過認主之後，主神就會加大力量去協助你，就像父母對自己子女的呵護一樣，運勢也就會比較平順。

可以換主神嗎？主神只能夠有一個嗎？

偶爾聽到某人在一些神佛的告知之下，提及主神因為自己一些言行因素，而導致原有的主神已經離去，並有新的主神出現，這種情形是真的嗎？主神真的可以更換嗎？

答案是可以的。就如同人們可以放棄本國的國籍，而依照一定的程序成為別的國家人民，只是如此做可能要付出一些代價。而且即使成了外國人，還是會有適應能力上的問題，因此適合與否確實需要值得再三深思？一般會更換主神的原因如下：

1. 因為做了違背主神之事，經過主神多次原諒卻不知悔改，因而主神選擇了放棄，改由別的主神來教導。

2.在某些機緣之下深入接觸某位神佛分靈，而培養出濃厚的感情並且學習其教派，經由神佛們的相互協調之後予以同意更換主神。

3.靈界一些特殊的任務安排與天地調整之需要，經由無形神佛的協調予以更換主神。

至於人們可以擁有雙主神嗎？答案也是可以的。就像是人們也可以拿綠卡、楓葉卡……等成為雙國籍，只是這種靈體少之又少，通常是具有很特殊的神佛任務才有可能發生此種情況。

方法的問題

唸經對自己適合與有效嗎？

唸經是宗教信仰中很多人都會進行的動作，各個宗教也都有其經典經文，像佛教的阿彌陀經、基督教的聖經、伊斯蘭教的可蘭經、道教的清靜經……等。

許多人會問唸經對自己適不適合？唸經絕對是一項好的事情，但是對每個人而言不一定會達到同樣的效果，因為有些人修行的方式與法門並不偏重於唸經，如此對其效用會比較低。就像有人要到日本去留學，卻努力學習英文而不去學習日文，當然英文在日本也會有效用，但是總是沒有日文來得大。

唸經要達到其效果，必須遵從下列幾個原則：

1. 需發自誠心誦唸。
2. 需在精神狀況許可之下誦唸。
3. 需要瞭解經文的意義。
4. 需要配合去實踐經文的內容。
5. 選擇適當的地點與時間誦唸。

靜坐對自己適合嗎？要如何去進行？一定要靈動嗎？

靜坐對任何人而言，應該都是一種很好的動作，尤其是對修行人而言，更是一項不可或缺的功課。不過靜坐必須慎選地點與方式，否則可能會造成某種程度的傷害，有時甚至會導致無法收拾的後果。

靜坐有以下三種意義：

1. 穩定靈體。
2. 活動靈體。

3. 靈療肉體。

因此若是靜坐時會有所靈動，最好順其自然而行，會有達到活動靈體的效果。但是如果感覺靈動的動作過大，甚至快要無法控制時，則應該設法趕快停止，避免失控而影響生命的安全。

並不是每個人都可以靈動，有些遲鈍與慵懶的靈體並無法去靈動。另外或許大家會認為只有來自天人界的靈體會有靈動的能力，其實不然，所有的靈體都可能會擁有靈動的能力，只是來自天人界的靈體，靈敏度與反應會比較強罷了。

靜坐的進行必須遵守下列幾個原則：

1. 最好在宮廟或自家的神佛堂進行，切忌在房間與不乾淨的地方。因為在房間發生事情時，神佛會比較難以出手協助，而不乾淨之處，比較容易卡到陰魔。
2. 靜坐時最好有具備能力的神佛代言人在旁監看，並且提供必要的協助。
3. 靜坐之前要呼請自己的主神，或是經常膜拜的神佛協助安全。
4. 靜坐時心中可能會胡思亂想，但是千萬不可有邪念產生，否則易招致陰邪侵入而導致走火入魔。

5. 靜坐前二十四小時內最好勿進葷食。

6. 靜坐結束之後須對協助者懷有感恩的心。

為何愈修身體愈虛弱？愈修家庭愈亂？愈修愈窮？

這個問題將於第四章第四百二十三頁修行人的迷思中闡述。

遊靈山有效用嗎？會導致卡陰嗎？

遊靈山、進香、神明遶境與法會，都是台灣民間信仰中所常見到的宗教活動，其中遊靈山因為兼具旅遊休閒的功能，深為一些靈修者所喜愛。

遊靈山也就是朝聖的意思，只是朝聖的對象比起其他的宗教是複雜了一點，不過這也是台灣民間信仰中多神論的特色，若是排除宗教的本質而言，真的還蠻有趣的。

遊靈山除了可以達到休閒健身的效果之外，最主要的意義就是會靈。會靈主要目的就是在提升精進靈修者的靈體，進而讓自己的身體可以健康，運勢能夠平順。為什麼會靈可以提升精進自己的靈體呢？那是因為會靈的過程中可能會發生下列的事情：

1. 靈體見到神佛會欣喜，穩定靈體的情緒。

2. 靈體會與神佛相互談話，增進靈體的智慧。

3. 靈體進入無形神佛的空間，紓解靈體的壓力。

4. 神佛會視情況賜予靈體能力與智慧。

一般會看到一些會靈者中，俗稱帶有靈駕（來自天人界的靈體又可以靈動）的人，會在所到宮廟神佛之前手舞足蹈、吟詩對唱，各式各樣的動作，令人欣賞到目不暇給。那種情況是因為每個來自天人界的靈體，都有其會見神佛的方式，當然這與自己主神的屬性有關。常見到母娘的靈體會跳出優美的舞姿，並且喜歡唱靈歌；土地公的靈體走路緩慢，前方還類似撐著枴杖；王爺的靈體會呈現威武的動作；三太子的靈體則在言語上會有小孩的聲音出現；還有一些特殊神佛的靈體會開天語，講日本話…等。這些在安全無虞的情況之下，都可以盡情去發揮，因為不但可以達到會靈的意義，更可以兼具健身的效果。

不過會靈雖然是件很好的宗教活動，但是過程之中仍會有所風險。

這些風險來自下列四項：

1. 行車的風險

因為台灣很多的會靈地點，都處於小徑迂迴難行、氣候變化難測的高山上，造成行車安全上的風險升高。最有名的就是新竹五指山，每當到了入夜，濃霧圍繞，在伸手不見五指的急彎道路上，真的每一刻都在考驗著司機的功夫，令人提心吊膽，也因此傳出了一些靈異的故事。

2. 卡陰的風險

這個風險是最多人會遇到，也是有心會靈者的一個迷思。在會靈的過程中，因為一般寺廟外面都會聚集大量的陰靈，有的是要藉助寺廟的能量去修行，有的是要等著神佛分配參拜者的供品，有的則是遊手好閒的遊靈。祂們有可能有意或無意地跟隨著那些會靈的有緣人回家，造成卡陰的現象，而影響健康與運勢。若是跟隨回家的陰靈數量不只一位，那就會更加嚴重。那也就是為什麼有些人遊靈山會完靈回家之後，會造成一些身體上的不適，與生活上發生一些問題的原因。這個情況是無法去預防的，只能夠在確認自己有所卡陰之後，儘速處理而已。或許有人會質疑，為什麼其身旁信仰宮廟的神佛無法去阻止這些事呢?關於這點只能夠含蓄的說，台灣林立的神壇真正有幾家是正神正佛呢?因此避免卡陰的能力也就自然無從發揮。

3. 靈體的風險

為什麼會有這樣的風險呢？那是因為有些靈體在會靈的過程中，產生一些激烈的情緒反應，或是思想上的執著，還有可能與神佛發生一些糾葛，回到家之後會因而悶悶不樂，而導致健康與運勢受到影響。

4. 人為的風險

這種情況也是時有發生，有些人因為迷戀於會靈活動，疏於家庭的照顧，甚至散盡錢財。這些會靈所造成的人為負面狀況，而使會靈的效果大打折扣，也會引發家庭破裂的風險。

人為的問題

對道場的一些人事不太認同，還要繼續在此修行嗎？

台灣的神佛道場經常會出現一個問題，就是會發生一些悖於常理，連神佛都不願看到的人為因素，例如分派系、領導者的言行偏差、管理者私心太重導致處事不公、涉及營利……等。這些不佳的人為因素，常會誤導道場信眾的觀念、迷惑其修行，因此有些把持正道者對那些偏差的行為感到不認同，或是受到主事者的不合理對待甚至脅迫時，就會開始掙扎是否要在此道場繼續修行而陷入兩難？

會如此掙扎的原因大概有幾種：

1. 對道場已經有了深刻的感情。
2. 放不下自己投入心血的道場。
3. 牽涉到一些現實的利益因素。
4. 在此道場修行確實有達到某些改善成長的效果。
5. 對自己離開道場之後，深怕神佛或人為的報復。
6. 對自己離開道場之後，深怕靈逼體的現象加深。

若是自己遇到了此方面的困擾，可以有下列兩種選擇：

1. **不離開：**

勇敢去面對所有的不合理現象，承受委屈，並視機會予以扭轉改變人為偏差的言行。

2. **離開：**

志不同、道不合，勇敢的去捨棄，另外尋找心喜的道場繼續配合修行。

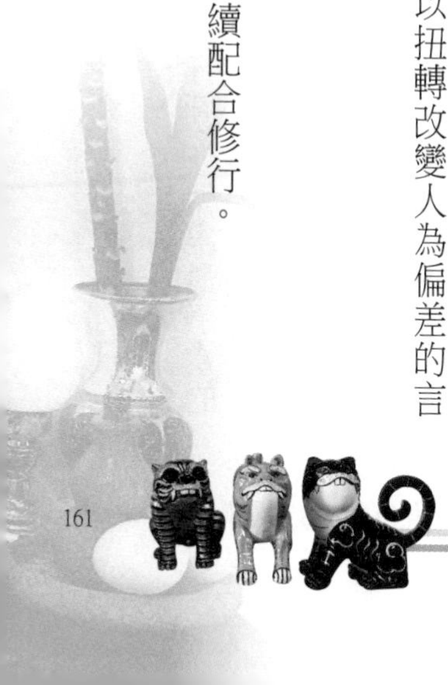

以上兩種選擇，可以參考其他神佛的意見，並配合本身的智慧判斷做出最適當的決定。

宮廟的神明是否為正神？

台灣有許多的寺廟宮壇，因為主事者與管理者言行的偏差，造成正神離去陰邪進駐，尤其是小型的神壇。如此一來信眾們在膜拜這些非正的神佛時，會漸漸導入不佳的能量，讓自己愈拜愈不順。

欲判斷所膜拜的神佛是否為正神，除了可以藉由神佛代言人予以告知之外，還可以**依據下列的情況來判斷所供養膜拜的神佛可能已經不是正神了：**

1. 宮廟主事者或管理者的言行有嚴重的偏差。
2. 宮廟行事的方向有嚴重的偏差。
3. 神佛代言人問事辦事時，時常出現不合理的情事。
4. 宮廟的神佛長期以來未曾發生靈驗的事蹟。
5. 宮廟的神像與環境感到十分的黯淡並失去光彩。

沒有錢要如何去修行？是否一定要捐錢給道場？

一個道場的建立其硬體佔很大的部分，硬體則來自於金錢因素的支撐，宗教信仰只要牽涉到金錢就可能走偏方向，失去原本濟度世人的初衷。道場會受到金錢的壓力可能來自於兩個方面，一是主事者急於擴建道場，另一則是主事者企圖利用金錢圖利自己。

人們接觸宗教信仰，應該視自己的經濟能力心喜奉獻即可，千萬不可因為要迎合道場主事者的心意而踰力而為，或者是受到主事者的壓力脅迫而借貸奉獻，如此一來將會本末倒置，並非神佛所樂意見到。因為神佛不曾去輕視貧賤，反而會更加的同情貧窮者，而想要出手協助他們。

所以沒有錢一樣可以去修行的，也不一定要捐錢給道場，若是有道場以宗教的力量脅迫人們去捐款，不順從的話就排斥之，那麼此種宗教不信也罷，必須盡早離開它。

靈界干擾的原因

人類生活上所發生的種種問題，除了少數是人為因素所造成的之外，在靈界一定存在著某些干擾的原因，透過各種媒介與方式去找出正確的原因，是虎式靈學中最重要的一環。就如同醫生需要利用經驗、專業知識與各種儀器去正確的判斷病因之後，才能夠對症下藥，進而醫癒病人。

靈界干擾的原因有哪些呢？一共有四大項。

前世言行的糾纏（40％）
靈體特性的影響（30％）
無形外靈的干擾（20％）
磁場能量的攪亂（10％）

這四大項原因依其影響的比例，為了讓大家方便記憶，又稱為「4321靈界干擾原因」。請大家一定要詳細去瞭解，因為這些原因造成了我們生活上太多的困擾，以及人生許多的無奈，也就是有可能讓我們的人生整個卡住的因素，現在就將其敘述如下：

一、前世言行的糾纏（40％）

前世的言行，無論是好的或是壞的，會對周遭的人事物產生一些影響，當這些影響到達某種程度，其相互發生的關係就會延續到來世呈現，以達到之間的平衡。這種呈現關係通常會產生一種糾纏的狀態，造成人們的痛苦、困擾與無奈。

這些呈現的型態一共有四種：

因果
業障
關卡
考驗

其中以因果與業障的糾纏，最令人難以忍受，也是造成人們人生問題與生活困擾的最主要原因。

之所以用糾纏這個名詞，主要是因為它們就像是一綑亂纏在一起的繩子，不好也無從下手去解開。需要用時間與耐心，並且要心平氣和、運用智慧地去解開它們。但是在過程之中，有時又會遇到很大的困難，讓你精疲力竭，而產生一些的無奈與不平，若是深感無解時，甚至會讓你萌生放棄人生的念頭。

因此因果與業障的糾纏是令人十分畏懼的東西，但是卻是一個修行與脫離六道輪迴的最好機會。因為身處因果與業障的糾纏之中，可以讓你處處去體悟道理與成長精進，這在一般舒適的生活與安穩的人生之中是不容易做到。

而且從長遠的角度而言，它也是一個相當公平的產物，所有的因果都必須在六道之中做個了結，沒有人有特權。就像是釋迦牟尼佛，已經都貴為佛尊了，還是要因為一件小因果未了結，而再次投胎下凡以求圓滿。

相信你如果看到有人殺人，卻逃過法律的制裁，內心一定會相當不甘願，心想國家是不是沒有法律了?如果又是發生在自己親人身上的話，那更是會造成心靈上的撕裂。

因果就是來約制這些錯誤的言行規範，逃得了一時，逃不了一世，即使此世有辦法讓你逃脫了，來世也一定要償還。

因果

何謂因果?簡單來說，就是累世六道眾生中互相結成的恩怨情仇，在此世或來世的顯現，造成一些關係的糾纏。

所要強調的是，它所發生的對象是很單獨明確的，和下面要描述的業障有所不同，業障所發生的對象是多數和不明確的。而且因果是一種彼此間的恩怨情仇，業障則是一種罪刑。

因果最容易呈現在婚姻與家庭上面，婚姻指的當然是夫妻，而家庭的涵蓋範圍包括父母、子女、親戚與兄弟姊妹。如果多個因果同時在一個家庭內重疊發生，那就會造成這個家庭很多的衝突與無奈，這樣的情形是最令人困擾，也是最難去處理，相信台灣大多數的家庭或多或少都有存在於這種因果的糾纏之中。

除了婚姻與家庭之外，因果也很容易呈現在朋友關係之間，發生在朋友之間的因果通般時間都比較短暫，而且以財富上的問題最多。

因果還可以呈現在男女感情上面，一般無法結為夫妻的男女感情，就是一種彼此間短暫因果的關係，也就是俗稱的孽緣。一段男女感情的結束代表的就是一段前世因果的了結，理論上應該是件很高興的事，但是實際上分手所造成的情傷，往往是令人難以承受。

因果就是俗稱的（相欠債），會以下列兩種形式呈現：

1. 報恩型
2. 報仇型

夫妻關係是最標準的因果呈現，99％會結為夫妻的男女，都是要在此世來了結因果關係，而父母與子女的關係，是僅次於夫妻之外的因果呈現。在此以父母與子女的關係，來說明何謂報恩型與報仇型因果：

生在一個不富裕家庭的小孩，因為不忍心看到父母親勞累賺錢來養活家庭，因而在求學時就不斷地打工來付自己的學費與貼補家用，有空時還會幫忙做家事。照顧弟妹，在父母生病時更會全心全力的來照顧。

這是一段子女欠父母的因果，是在前世父母對子女有恩情，子女來報恩的，是一種報恩型的因果。報恩型的因果雖然也是在做債務上的一種償還，但是彼此相處的關係會較甜蜜融洽。

同樣是生在一個不富裕家庭的小孩，父母因為生活上的困苦，強迫小孩去賺錢給家庭，阻礙了小孩的求學成長之路，不負撫養的責任，甚至叫他們做一些違法的事來利益自己。不但如此，小孩若是稍有不從便會暴力相向。

這也是一段子女欠父母的因果，不過和上述不同的是，那是在前世父母對子女有仇恨，父母是來報仇的，是一種報仇型因果。報仇型的因果同樣是在做債務上的償還，但是彼此相處的關係會很不好。

因果糾纏的最大特性就是：

1. 承受（放不下）

讓自己產生一些痛苦，但是受到親情的牽絆而放不下一切，必須去承受。

例如：父母親因為身體上的重大疾病，必須長期的就醫與照顧，這是相當累的一件事，也會造成精神與生活上的一種折磨。但是基於恩情，又放不下父母親，因此必須要勇敢的去承受。

2. 負擔（捨不得）

讓自己產生極大的壓力，但是受到親情的束縛而捨不得放棄，必須去負擔。

例如：每天辛苦的工作，忍受職場上的冷暖，賺錢為了養兒育女，這是相當累的一件事，也會影響到身體健康。但是基於親情，又捨不得兒女受苦，因而造成自己的一種負擔。（有些人稱這種負擔為甜蜜的負擔）

影響到今生的前世因果通常可以追溯到前七世，七世以前的因果大都已經結清完畢了，而今生呈現的因果有很多是來自於明朝時期。一般常聽到的（三世因果），指的是前世、今生與來世，這代表三世中因果的相互影響也是最大。

業障

業障就是前世慣性的錯誤言行，所產生的一些罪刑，在此世必須來承受。它與因果有所不同，必須具有以下兩個特點：

1. **慣性的錯誤**：前世所犯的言行錯誤，不斷地重複發生，累積而成一個數量。

例如：在市場殺魚販賣維生，每天必須重複這個殺魚的動作，而累積成為一個殺生的業障，來世在健康上面也會造成一些病痛。

2. 無形的罪刑：前世言行錯誤所產生的一種無形的罪刑，這些錯誤的言行，在當時的國家法律不一定有罪，但是這些錯誤的言行在無形方面已經造成了一種業障。

例如前世為軍人，為保衛國家人民，殺敵無數，在當時是一種盡忠衛國的表現，值得嘉許，可是殺人的行為已經為其累積成為一種殺生的業障，來世在健康上面也一定會造成一些病痛。

業障的種類繁多，以殺業、盜業、口業、淫業與不孝業這五種業障是一般人最容易擁有，尤其是殺業與盜業更是為數眾多，這也就是業障特別容易呈現在健康與財富上面的原因。

很多人今生會被錢財所困擾，是因為前世做了盜取不義之財的錯誤行為，而形成了一個業障，今生因而必須來承受。

例如有位六十二年次的中年男子年輕時幫人擔保受害，加上卡債的影響，雖然一直保有正常的工作，可是至今身上總是口袋空空，即使稍有財入，也會馬上花在還債與家人的身上，繳一些永遠繳不完的稅金，或者發生一些意外而破財。原來他在明朝

有一世當了地方的小官，陸續貪汙了國家的一些金錢，甚至收取地方百姓的不義之財，因而形成了一種業障。因為當時他當官也有一些善行，所以死亡後加加減減分今生還可以投胎為人，可是業障隨身，這輩子只要一有錢，在業障的牽引之下，一定要馬上地歸還給國家與人民，而造成他一生辛苦的工作，雖然保有收入卻又如此的貧窮。

由以上的例子可以得知，業障的糾纏真的是相當可怕的，前世所產生的業障已經成為事實，只好勇敢的去承受。最重要的是，為了不要再產生新的業障，今生一定要謹慎言行。

至於消除業障的最好方式就是「改過與行善」，下一節會提及。

關卡

人在此世要來投胎轉世時，無形神佛會依據前世一些特殊重大的錯誤言行，在人生的過程中設下一些關卡，來做為懲罰與再磨練。輕微的關卡可能只是會擾亂生活上的步調，嚴重的關卡有可能會導致家破人亡，因此當我們遇到人生的一些關卡時，不得不謹慎而行。

關卡就像武俠劇中的一些人物，有時會陷入對方刻意佈下的一些陣式，例如跳深水鱷魚池中的浮石。當陷入這些關卡時，就會利用現有的武功能力與智慧來過關，偶爾會出現貴人相助，當然也必須存在一些運氣的成分。

關卡和以下所述的考驗不同，最大的差異在於時間性，考驗的時間一般會很長久，關卡則會在很短的時間內發生與結束。另外考驗通常不會造成立即生命危險或生活上崩潰，關卡則有可能讓你的人生瞬間跌入地獄，甚至結束生命。

有位鄉鎮公所建設課的課長，在三十八歲時因為有個嚴重的小人關與官符關，法院判了他十年的有期徒刑，當時被背義的鄉長無緣無故的陷害。此課長平日言行也不是很正派，加上事件發生時，仍然欲採用一些不正當的手段來脫罪，不懂得反省，甚至還想嫁禍於下屬。因此他並沒有過關，而導致妻子與其離婚，財產也遭扣押，可說是家破財亡。

另外有個七十四年次的年輕女子，一年前在一個機緣之下得知她在二十九歲那一年有個嚴重的車關，於是她採取寧可信其有的畏慎態度來面對，開始改正自己不當的駕駛行為，並在能力之餘，捐款協助身心障礙團體，加上藉助一些神佛的力量。在

二十九歲末有一天騎車突然被酒駕的一輛車逆向衝撞而來，據她所說當時突然有一股莫名其妙的力量使機車快速偏右，只被稍微碰觸而逃過此劫，不過還是受了一些輕微的皮肉之傷。她過關了，可以繼續朝著她的幸福人生前進，而且古云：大難不死必有後福，相信她會開始擁有一連串的好運。

考驗

人在此世要來投胎轉世時，無形神佛因為要寄託此人完成某項重要特殊的任務，而在其人生過程之中，會安排一些各種不同形式的考驗。經過這些考驗之後，才可以有能力去承擔這些任務，進而在此生完成任務，向神佛交差。

雖然考驗的本質是美好的，但是考驗的過程卻是充滿著艱辛痛苦，若是因為通不過考驗而選擇放棄，將會讓此生陷入虛度困苦之中。因此如果能夠透過各種方式，瞭解到自己目前的種種不順是來自於考驗的原因，則可以讓自己更有信心與動力去度過一次又一次的人生挫折，堅持不放棄人生。

往往很多時候成功只是差一個腳步，幸福與折磨也在一線之間，因為沒有人去適時提醒你，可能會在成功與幸福來臨之前的最後一秒鐘選擇放棄，導致所有的努力都會付之一炬，讓自己的人生提早出局。

考驗的方式有兩種：意考與身考。

1. 意考

a. 精神的承受：

發生一些讓你無法去承受的事情來折磨精神、瓦解意志，考驗精神的承受能力。

b. 思緒的整合：

製造一些錯綜複雜、相互矛盾的關係來擾亂思緒，考驗思緒的整合能力。

c. 靈體的開悟：

產生一些不如人意、不合理的事情來壓迫靈體，考驗靈體的開悟能力。

d. 能量的調整：

湧入一些負面的言語、行為、意念等能量來影響磁場，損耗能量，考驗調整負面能量的能力。

2. 身考

a. 勞累的負擔：

因為某種因素(親情、債務……等)的牽連，使身體不得不去做永無止境的勞動，考驗身體能量的負擔能力。

b. 病痛的調適：

在健康上發生一些疾病，讓身體超出負荷的承受病痛，考驗身體病痛的調適能力。

意考所承受的痛苦會比身考來得多，也因此有很多人都無法通過意考的考驗，最後會因為失意、頹喪而選擇放棄人生，不但會讓自己精神方面出現狀況，還會造成一些社會問題。

考驗並非關卡，並不會因為通不過考驗而造成生命立即結束的危險，但是如果沒有使用正確的方法去通過考驗，則會讓自己的人生陷入泥淖，並不會比結束生命來得輕鬆。

有位年近半百的中年男子，三年前來到知心坊，要瞭解為何此生辛苦的工作，阻礙總是很多，在財富方面一直無法穩定，不偷不搶、為人正直，生活也很節儉，但是總是入不敷出。做一些小投資也都無法賺到錢，錢財經常因為突發的意外而流失，也時常舉債度日，看到身邊的人一個比一個穩定，如今年紀漸大了，也逐漸精疲力倦，好想就此放棄人生。不知道為什麼會這樣?也不知道該怎麼辦?

以他描述的狀況，依據經驗來判斷，大部分是因果業障的關係，可是這次經由虎爺查到的原因竟然是一種考驗。

因為他將來要管理一間大道場的財務，這是何等重大的任務，因為那間道場的錢財可以用來協助無數困苦的人，經費也可以用來發揚道學、度化人性。因此要在其50歲之前，不斷地在財富上去考驗他，偶爾出現一些不義之財的機會，去考驗他的廉潔與貪慾；也要讓他保持貧窮的狀態，增加他對財富珍惜的程度，不會胡亂花用；更要不斷地在其身邊出現一些可憐之人，考驗他在自己並不富裕的情況下，是否還具有憐憫心來協助比他更需要幫助的人。如果這些考驗都可以通過，在五十歲左右將賜予一筆大的財富，讓他生活穩定並用於日後協助道場的任務。

所幸那些他幾乎都過關了，也幸好在兩年前於我們的提醒之下繼續堅持下去。今年年中真的獲得一筆千餘萬的意外之財，如今也在機緣安排之下，進入了中部的一家大道場配合服務修行。

二、靈體特性的影響（30%）

在闡述此項原因之前，必須將我們所知道的一些靈體狀況做個描述。完整的一個人，是由靈體與肉體所組合而成，缺一不可。而靈體是由靈魂、覺魂與生魂三個項目所組成，也就是大家耳熟能詳的（三魂）。

然而靈魂是永恆不滅的，而且其中存在一個容量超乎想像的記憶體，記錄著累世的種種行為、思想、專長與特性……等。

當靈魂經過一些前世功過的論斷和其他因素的決定，轉世投胎為人時，神佛掌管者就會賜予覺魂與生魂另外兩條魂來陪伴。

生魂會由無生有的衍生出所謂的肉體，並控制整個肉體的生命，覺魂則控制肉體的思考。肉體的思考是肉體中的大腦所散發出來的，與靈體本身的思考不同，靈體本身也會有自己的思考。肉體的思考因為會受到世俗百態的影響，眼光短視而有所偏差，而靈體的思考則是綜觀累世因果，眼光長遠而比較正確，因此兩者之間常常會有所衝突，因而造成肉體的不適。

上面所提到，生魂會由無生有的衍生出肉體，進而再產生眼、耳、鼻、口、手、腳、生殖器官等七種魂魄，來管理肉體的七個重要部位，即是所謂的「七魄」（與坊間所說的七魄略有不同）。因此只要七魄之中有所問題，就會造成身體的部分功能障礙，較嚴重時則會造成殘廢，但是只要生魂還存在，就不會危及整個生命。例如小兒麻痺患者，就是他的三魂都很正常，只是腳魄與手魄發生了障礙，因此還是有許多的小兒麻痺患者，能夠靠著自己的努力奮鬥成為社會上優秀的人物，如醫生、科學家……等。

三種魂構成了靈體，也掌控了肉體，因此若是有所離開或受傷，則會產生一些較嚴重的醫學疾病。

植物人：當靈魂離開肉體，會變成植物人。一些植物人患者就是覺魂與生魂還存在，但是靈魂已經不在身上。故植物人的生命與思考是仍然存在，只是已經失去靈體的作用。

昏迷：當覺魂離開了肉體，會造成昏迷。一般的車禍、工安……等意外造成意識的昏迷，即是覺魂已經離開肉體，故失去了思考的能力，但是靈魂與生魂仍存在，也因此還保有生命。

死亡：當生魂離開了肉體，會形成死亡。覺魂與靈魂一定會在生魂離開時先行離開，也就是說生魂是最後一個離開的魂魄，故當生魂離開肉體時，也就是代表此世的整個生命的結束。

當三魂沒有離開肉體，但是其功能出現一些失調或障礙時，也會造成一些醫學上的疾病。

低能兒：身心功能失調者（俗稱智障者或低能兒）就是因為覺魂的功能有所障礙，而嚴重影響大腦思考的能力。

當人死亡，覺魂與生魂會自然地消失於宇宙之間，而靈魂也會繼續它永恆不滅的旅程。這與一般民間所說的人死後身上的三條魂，一條魂會去接受審判投胎轉世，一條魂留在祖先牌位供後世子孫的祭拜，一條魂則駐守在墓地或納骨塔的說法有所不同，也造成我們對祖先問題的瞭解與看法有著很突破傳統的見解。（後面有一章節會專門討論祖先的問題）

由上述可得知，靈體的作用深深地影響著肉體的狀況，更與人一生的運勢發展與生活過程息息相關，實在是太重要太重要了。

因此透過通靈人詳細去瞭解自己靈體的狀況，進而做一些必要的處理，真的是一件很必要的事，一定會對自己的人生帶來一些不可思議的突破與協助。

那麼靈體的現象與活動，會對人一生的干擾來自於哪些原因呢？一共有四大項。

靈體的記憶

靈體的特性

靈體的受傷

靈體的逼迫

靈體的記憶

靈體的記憶是屬於因果病的一種，但是它是前世靈體記憶的呈現，並不是一種懲罰。

相信「因果病」是大家耳熟能詳的一個名詞，當身體不舒服到醫院去做檢查，醫生卻找不出任何的病因，可是身體明明就有嚴重的不適啊！於是有人就會介紹你到神壇問神明，神明往往就會講這樣的一句話：這是一種因果病。

大家印象中的因果病，好像就是前輩子有做錯什麼事，或是與人結什麼怨，導致今生必須來承受一些身體上的報應，所謂的因果報應。

然而因果病雖然大部分是來自前世言行錯誤的懲罰，但也不全然是，因此在此必須先來介紹何謂因果病?**只要今生的身體疾病與人生不順，是前世的言行的關係所造成，就叫做因果病。**但是這種言行關係不一定就是錯誤的，因此因果病有下列兩種形式：

1. 前世錯誤言行的懲罰

一些前世言行的錯誤，造成許多必須的懲罰與學習，而在此世安排呈現出來，例如前面所談及的因果、業障、冤親、關卡……等。

2. 今生靈體特性的呈現

一些前世發生的重大事情，導致靈體內心的深刻記憶，而在今生自然浮現出來，例如以下所要談的靈體記憶、靈體逼迫……等。

人一生的言行、習慣與知識，都會被靈體記錄儲存在其中的超大容量記憶體，來世再度投胎為人時，這些東西就會自然的在靈體記憶裡浮現，進而呈現在當世的生活之中。

前世所學習到好的言行、知識與習慣，如果因為靈體記憶的浮現，自然會為今生帶來一些助益。可是如果一些不好的言行、習慣與知識，因為靈體記憶的浮現，就會為今生帶來一些不良的影響，這些不良的影響也就是我們今生該學習的功課。

這些靈體記憶的延續，如果反映在身體健康方面，就會為今生的肉體帶來某種程度的影響，若是前世曾經在肉體上造成一些嚴重的傷害，則這些記憶的浮現也會為這輩子的身體帶來重大疾病。

靈體記憶的原因，最容易出現在身體健康方面，很多身體疾病的原因都出自於此，這種靈界干擾原因所引起的疾病，可以透過模糊靈體記憶來處理，一般或多或少都會有其效果。而且模糊靈體的記憶，不但具有治療的作用，還有預防的效果，因為大部分靈體記憶的延續具有時間性。

二〇一三年十一月，有一位媽媽帶著讀雄女十八歲的女兒來到知心坊，要瞭解經期為何總是不正常，而且疼痛異常，經查明之後，原因是靈體的記憶。因為她在前五世為人時，在二十二歲時因為過度難產，導致生育系統嚴重受傷，從此之後這個不幸

的記憶就儲存在她的靈體之中，只要往後投胎當人，就一定會有生育系統方面的疾病，若是在當世沒有去治癒，則一直會延續到下一世去。經過虎爺兩次的模糊靈體記憶的處理，現在經期已經大致正常，疼痛也減少很多，相信她在二十二歲那一年的發病機率，也會大大的降低。

另外，許多人都認為，這輩子死亡之後，在世間所有的東西都會消失，由以上所述得知，其實不是這個樣子。

陪伴著人一生的東西，可以分為有形與無形，有形的東西確實會在今生畫下句點時，全部煙消雲散，包括世人最喜歡的金錢，與陪伴你一生的肉體。但是無形的東西是會被靈體記憶起來延續到下一世，這些東西包括言行、功過、習慣、知識…等。有句俗話叫做：牛牽到北京還是牛，它的意思是說一個人只要個性不去修改，就是把他放在任何優秀的環境之中，還是無法去突破，也些許在諷刺一個人的個性根深蒂固，真的是很難去更改。這句話雖然是很有道理，但是我想把它更改為：牛牽到天堂或地獄還是牛會更適當，因為一個人的習性並不會隨著肉體的死亡而結束，而是會延續到來生來世的。所以說若是有一些錯誤的行為思考，一定要想辦法在今生有所修正，才不會一世又一世的惡性循環下去。知識也是如此，許多人會想說，人生短短數十年，即便再認真苦讀，辛苦寒窗，學得更豐富更專業的知識，也只能夠用在短短的二三十年之中，死亡之後不就是一切都沒有了嗎？這樣值得我去努力讀書嗎？

絕對是值得的！我敢跟全國所有的學生肯定的這麼說。因為人的知識並不會隨著肉體的死亡而消失，是會存在靈體的記憶裡而帶到來世。這也就是為什麼有些人天生下來就會擁有音樂的天分，有人會對數學的理解力如此高，有的則會有很強的語言學習能力，甚至有些人與生俱來對佛法的一些領悟力，這些都是前輩子他們曾經認真努力過，才會在今生生下來就擁有比別人更好的天生條件。因此大家一定要在今生好好的學習善知識，今生的努力不但可以讓今生獲得成就與幸福，更可以在未來世帶來自在，何樂而不為呢？

靈體的特性

相信大家在小學都有上過健康教育的課程，瞭解到人的身體構造是多麼複雜，人是由靈體與肉體所組成，而靈體的複雜程度絕對不亞於肉體。

人的靈體具有以下的特性：

1. 超大容量的記憶。
2. 錯綜複雜的思考。
3. 難以捉摸的個性。
4. 嚴重的影響肉體。

一般人們的靈體狀況可以分為健康的靈體與不健康的靈體，而 80% 的人卻擁有不健康的靈體狀況，這也是造成大部分的人煩惱眾多、阻礙重重的一個很大原因。

不健康的靈體：

沮喪、失意。

緊張、受壓。

怨恨、憤怒。

慵懶、無力。

茫然、愚笨。

害怕、畏懼。

健康的靈體：

開朗、活潑。

樂觀、進取。

聰明、智慧。

溫和、有禮。

忍辱、吃苦。

貼心、付出。

既然靈體的狀況會深深地影響到肉體的健康與運勢，那麼有哪些方法可以**增進靈體的健康呢？**

1. 透過自己去溝通靈體。
2. 藉由通靈人開導靈體。
3. 運用行動去牽引靈體。
4. 利用環境去影響靈體。

靈體的受傷

生活中肉體難免會生病受傷，靈體當然也會生病受傷，不同的是，肉體上的疾病需要利用醫學儀器與藥物的方式去治療，而靈體上受傷則必須用開導教誨的方式來回復。在療程時間上，靈體受傷的療癒會比肉體生病來得快，在治療程序上也會比較單純。受傷的靈體會深深地影響到人們的意志與思考，進而造成不健康的身體、不平順的事業、不和諧的家庭，甚至也會讓自己的財富有所阻礙。因此當瞭解到自己的靈體有所受傷時，一定要盡力去修復它，因為它對人一生的影響，絕對不亞於健康欠佳的肉體。

人們往往會花費大筆金錢與大量時間來維護身體的健康，卻不願真正去相信靈體也會受傷，利用一些時間與精神去關心與治療它們，殊不知如果可以把受了傷的靈體修復回復健康，將會為自己的生活帶來很多的平順。

靈體的受傷最主要來自於情傷，這些情傷包括了男女之間的愛情、夫妻之間的感情、父母與子女之間的親情，以及朋友之間的友情……等。

其次是來自於財富方面，人只要為財所困擾而不知怎麼辦時，就會造成肉體緊張、懼怕與極大的消沉，進而讓靈體受到嚴重的傷害。

既然修復受傷的靈體是如此重要，那麼要用什麼方式去修復呢？

修復靈體有下列兩種方法：

1. 透過通靈人藉由神仙佛等力量去協助開導療癒。
2. 透過靈性師經由觀元神等方式去自我豁然開悟。

曾經有位七十九年次的北部某大學碩士班的女學生，一年前因為交往多年的同校男朋友移情別戀而拋棄了她。這位男朋友之前熱烈追求她，兩人每天幾乎是形影不離，也一起度過了無數的歡樂時光。在她的大學生活中，與男朋友的一舉一動，是除了學業之外最重要的部分，也因此讓她幾乎無法承受，每天行屍走肉、意志消沉，無心於學業，身形也日益消瘦。無情的情傷導致靈體嚴重的受傷，進而影響身體健康與生活步調。

經由為她進行兩次的靈體修復，並且介紹她到北部一處進行觀元神法術，使其受傷的靈體回復大部分的健康。如今她已經漸漸忘掉那段不圓滿的感情，重拾正常的生活，向自己美好的前途與幸福繼續邁進，聽說明年要繼續攻讀博士班，相信一定可以

如心所願的。

靈體的逼迫

靈體的逼迫是針對三至四成來自天人界的靈體才可能會產生的現象，在靈體的干擾項目裡影響層面算是最小，但是對那些修行人而言，干擾的程度真是會要人命，可用「牙痛不是病，痛起來要人命」這句話來形容。

靈體的逼迫就是俗稱的「靈逼體」，在談到靈逼體之前，必須要來瞭解地球上人類的靈體是來自於何處？

一般我們的靈體在前世來自於四個的地方，因此此世的靈體依據來源處可分為下列四種：

A. 天人界的靈體（30%）

前世在天界，此世因為某種原因而下凡投胎為人，這些原因有四種：

1. 天人壽命已盡。
2. 天界犯錯下凡贖罪。
3. 靈體為了提升自己，自願下凡接受磨練考驗。

4. 為了協助某個人，或完成某件特殊的任務。

其中以第三種的數量最多，此種靈體通常具有基本的福報，不過命運會較為坎坷。雖然如此，如果祂們的任務都可以圓滿地完成，就可以直接回到美好的天界靈源處，不必再經過審判輪迴之苦。

天人界的靈體此世因為上述的某種原因來到人間，通常會背負著或多或少協助神佛濟世的任務，進行任務的方式也各有所不同，大概有下列幾種：

1. 利用言語度化世人。
2. 利用文字度化世人。
3. 擔任宗教服務義工。
4. 成立道場度化世人。
5. 擔任神佛的代言人。
6. 擔任道場的管理者。
7. 利用法術度化世人。

而一般最令人畏懼與不願聽到的，就是擔任神佛代言人而採用乩身的方式（也就

是俗稱的抓乩），因為乩童目前在社會上的地位十分低落，而且身體會相當的勞累。

另外天人界的靈體也會利用這趟生為人身的難得機會，順便了結一些因果與業障。

B. 凡人界的靈體（50％）

前世生為人，此世再度投胎為人，此種靈體為數是最多的，幾乎佔了所有人類的一半。因為一般人在今生結束之後，善惡言行加加減減分，下輩子幾乎還是會落在投胎人道的範圍。

曾經有個外國的靈學大師，找了一個有能力可以觀看自己前世的女生做試驗，結果她看了自己的前十世都是當人，於是這位靈學大師就直接斷定並沒有所謂的六道輪迴，宇宙之間就只有人道而已。其實這樣說雖然是錯誤的，但是可以去理解他的看法，因為人類中有一半的靈體是不斷的在人道裡輪迴，因此並沒有人道以外其他五道的經驗與記憶。

（上述順便回覆一位巴西讀者在臉書提出而至今未予以回覆的問題。）

C. 修羅界的靈體（5％）

前世為修羅界靈體，此世因某種機緣投胎為人。修羅界的靈體，一般具有善行福報，但是修行較為不足，因此脾氣比較暴躁，長相也相當醜陋。當祂們在某種機緣下得到了神佛的開導改變，緣分具足了就會投胎為人繼續修練。此種靈體的脾氣比較不穩定，數量也最少，因為在其修羅世界的修行機緣十分難得。

D. 畜生界的靈體（15%）

前世為畜生道靈體，因為能量的累積儲存足夠，此世投胎轉世為人。畜生本身並無法去修行，牠們只有依靠睡覺累積能量，當累積的能量足夠時，就可以投胎為人開始修行。通常畜牲要將能量累積到足夠為人，要經歷好幾十世、幾百世、甚至幾千世都有可能，因此人生難得這句話用在畜生道轉世的靈體身上，實在是再恰當不過了。此種靈體個性通常較為古怪，為數也不多。

至於餓鬼道與地獄道，因為能量與人道相差過多，除了有特殊的機緣之外，幾乎是不可能直接投胎轉世為人道。

來自天人界的靈體，肉體到了人世間這個五光十色的花花世界，往往會沉迷於世間的歡樂，迷戀於人間的情感，而忘記了當初下凡時所答應主神的目的與任務，當時間機緣一到，靈體會因為下列兩種可能的原因：

1. 肉體不知去完成任務。

2. 肉體不知道成長精進。

而產生壓力、慌張、甚至生氣，因而讓人們的肉體不適、運勢不順、精神不佳、行為異常。於是就會想盡各種的包括問神的方法去瞭解原因，神明就會透過代言人告訴肉體所要完成的任務與下凡的目的，這種過程就叫做靈體逼迫肉體（簡稱靈逼體），也就是俗稱的「帶佛緣」。

靈逼體所呈現的範圍很廣，包括健康、財富、婚姻、事業、家庭都會發生逼迫的情形，尤其以健康與財富最為嚴重。

靈逼體的影響程度會由輕微慢慢加重，很少會突然發生立即顯著的影響，當到達嚴重的情況時，就會讓你像一隻在老鼠圈裡打轉的老鼠，不知何時才能夠停止翻轉的命運？

靈逼體一般會開始發生在壯年時期，大概是三十五歲左右，當然也有相當年輕時就發生，不過數量少之又少。最嚴重的時期大都集中在五十歲左右，這與大家常聽到的四十九歲是一生中最難度過的一年，還有正好碰到更年期的年齡，或許也有些關聯。

有一位五十三年次的中年婦女，從四十歲就開始一連串不順遂的折磨人生。結婚近二十年，一起共同奮鬥打拼的的丈夫突然發生了外遇，變得不常回家，家中經營的小事業，因為被人陷害搞到房子被法院拍賣，還因此負債累累。第二個兒子因為和未成年少女交往，而讓對方家長告到法院，自己則被醫生檢查出有子宮肌瘤。一次的機緣之下，和朋友至高雄杉林的一家宮壇問事，神明告訴她有靈逼體的現象，必須到神壇配合觀世音菩薩修行，一切方可平順。之後又連續至幾家神壇問事，說法幾乎都相同，於是她找了高雄市區的一家觀音佛祖神壇開始配合修行，一有時間就到神壇協助整理打掃，只要神壇裡有任何的活動，一定盡量撥時間參加。就這樣持續了五年，不但問題沒有改善，反而更加不順，而且她還發現那家神壇的領導人似乎有做一些違背倫理道德的事。

靈逼體不是接觸神佛就可以改善不順的運勢嗎？修行者不是要嚴格遵守天理嗎？怎麼有修比沒修還要不如？一連串的疑問在她的心中不斷產生。

直到有個機緣之下，一位神佛代言人告訴她主神是某位母娘，必須去尋主認主，拜觀世音菩薩可能比較不適當，而且配合神佛濟世的方式是用言語去度化他人，並不

是用到神壇當義工的方式。這些話讓她有所頓悟，於是開始追隨那位代言人師姊的方式進行更正，生活終於開始趨於平順，現在丈夫的外遇已經結束，又回到昔日正常的家庭，事業也愈做愈順利，更神奇的是子宮肌瘤再也沒有繼續惡化。

在四十五歲那年，由於她接觸到正確的修行對象與方式，讓她的靈逼體現象趨於緩和，甚至消失。如果沒有那些機緣與自己的努力去探討突破，現在的人生應該還處於一片混亂之中。

所以有靈逼體的現象的人，一定要接觸正確的修行道路，才可以使自己平順。

三、無形外靈的干擾（20%）

無形外靈是一種很實體的東西，不像前面所言的因果與業障是一種關係的顯現。

這些無形的外靈有三種：

冤親（有因果關係）

卡陰（無因果關係）

卡魔（不一定有因果關係）

此世若是遇到了冤親與陰靈的干擾，雖然會對生活造成不小的影響，但是只要確實請祂們離開，就會馬上去除干擾。就好像肩膀上扛著一顆大石頭而造成痠痛，現在把這顆石頭拿掉了，肩膀上的痠痛自然就會好了。但是因為之前的痠痛早已造成部分真病，石頭拿掉之後仍然無法馬上完全復原。

在查一些靈界干擾的因素，最高興查到這種東西了，因為祂可以馬上去處理，而在很短的時間之內得到感應與問題的改善。

有一位七十一年次的房屋仲介業者，在二〇一三年六月來到知心坊，前兩年她的業績還保持可以，平均一個月成交三件，但是半年前開始她的業績突然嚴重下滑，近半年來幾乎都沒有成交。我們查出她半年前有卡到一條冤親，針對干擾其財富而來，經過兩個月的處理離開之後，竟然在八月（也就是農曆七月）成交了五件。大家都知道台灣人是最忌諱在農曆七月買屋，能有如此成績真的很令人驚奇，也似乎已經非巧合所能夠解釋，這也是處理掉外靈之後，獲得成效明顯的例子。

冤親

冤親和因果一樣，都是六道眾生於前世所結下的恩怨情仇，在此世的呈現。不同的是，因果是將那些前世的恩怨情仇在此世以關係型態去顯現，因此當事人雙方皆是化成有形的肉體，相互糾纏在因果關係之中。

而冤親則是在此世以單獨實體顯現，當事人雙方有一方為有形的肉體，一方則為無形的靈體，由欲報仇的無形靈體來干擾有形肉體，造成有形肉體的傷害。

冤親的種類有以下四種：

1. 祖先

親人相處的時間最多，相處的關係也是最複雜，所以會產生很多的愛恨情仇，因此祖先是所有的冤親之中數量最多的一種。

2. 男女

男女交往的感情錯綜複雜，無論是恩愛到形影不離，或是因為某種因素由愛生恨，如果最後的結局是無法結合，一定會造成彼此的重大傷害，導致一方或雙方的怨恨，因此男女是最難處理的一種冤親。

3. 嬰靈

當小孩決定投胎當你們的子女，可能因為你們的無知或是故意，導致他們須流浪於靈界，需要等到時間到了方可去投胎，讓他們喪失了一個來到世間學習的機會，自然會產生怨恨，而造成一些騷擾。

4. 仇人

當朋友之間因為對方的傷害而產生強烈的委屈，甚至喪失性命時，就會產生極大的怨恨，找機會騷擾與報仇。

有個七十一年次住彰化的女生，結婚五年多仍然無法得子，看到一些同伴攜子的幸福感，還有婆家父母施予壓力，讓她和先生為了不孕之事相當困擾，一些醫學與服中藥的方式都嘗試過了，卻仍然沒有佳音。

經由虎爺的指示，他們是注定要有一個小孩，但是有一個很大的因素——嬰靈在阻礙，如果將其排除掉，得子的機率將會超過六成。

當他們正為此說法而開始對虎爺的信任度產生質疑時（因為她和丈夫真的沒有拿過小孩），虎爺又立即插話說，那是隔代嬰靈，也就是父母那一代產生的。父母的事他

們也不瞭解，在傳統的家庭中也不好意思去問父母這些事，於是就寧可信其有的經由處理程序，在兩個月之後把寃親排除掉。

就在半年後他們又再度來到知心坊，她的先生突然提起，上個星期於一次家族聚會的餐宴上，在半套話之下父親突然提起，在娶媽媽之前，曾經和一位女子有段感情。那位女子也懷孕了，但是在阿公極力反對之下，最後無法將她娶進門，孩子因此也被拿掉，也造成了今日阻礙得子的嬰靈。

在經過半年之後，終於傳出了佳音。

卡陰

卡陰應該是宗教上最常聽到的一個名詞，全世界的各個大小宗教，都有涉及此事，只是使用不同的稱呼而已，並且在處理上有著不同的方式。

所謂卡陰就是身旁或體內突然附著了一些無形界的靈體，這些靈體為魔、鬼、精、怪等具有負能量的陰靈，這些無形的陰靈與有形的肉體並沒有存在任何因果關係，只是為了一些特殊的因素而跟隨，造成人們：

1. 肉體上的不適。

2. 精神上的不振。

3. 行為上的異常。

4. 運勢上的不順。

卡陰依照對人們的影響程度有三類：

1. 干擾：利用負面的能量，讓人產生不適。

這是最輕微的一種卡陰，因為一些因素無意間接觸到陰靈，陰靈的強烈負面能量會突然之間干擾到人們的磁場，造成短時間內的不適。這種卡陰情形，並不需要加以排除，因為祂們並不會跟隨在人們身邊，短時間之內就會自然回復正常，但是如果可以藉助一些力量來加速負能量的排除，則可以早日結束不適。一般民間所使用的收驚程序，就是最適合運用在此種卡陰模式。

會發生干擾的因素有下列幾種：

a. 見到陰靈：同一個地方可能同時存在著有形的人類與無形的陰靈，只是空間不同而已。陰靈是看得到人類，人類則無法見到祂們，因此陰靈有義務去閃躲人

類。當有些陰靈閃躲不及或是特殊原因，讓人類不小心看到時，人類會突然被嚇到，而被干擾。

b. 撞到陰靈：與上述同樣的道理，如果陰靈閃躲不及或是特殊的原因，讓人類無意中去撞到，就會被干擾。

c. 沖到陰靈：若是人類的磁場正處於低落，或是靈體較為乾淨，遇到陰靈時就容易被沖到，而造成干擾。這也就是為什麼有些人只要經過喪事現場，就容易感到不舒服的原因。

2. 卡到：跟隨在人的身旁，伺機做些傷害的行為。

若是與陰靈無意中發生了一些事情的瓜葛，造成陰靈會有所目的，而跟隨在人們身旁，等到目的達成就會自然離去，這種卡陰的模式就叫做卡到，也就是一般常說的卡陰。

這種卡到情形的陰靈，通常跟隨時間會很久，也會偶爾對人們做出一些傷害，所以一定要做個適當的排除動作，否則會對生活帶來相當大的困擾。

會發生卡到的因素有下列幾種：

a. 冒犯陰靈：人類因為對陰靈有所不禮貌或是不尊敬的言行時，陰靈會因此生氣，於是就故意跟隨在人類身旁，伺機報復。

例如有人在墓地上小便卻沒有先知會無形空間的陰靈，回家之後生病發高燒，就醫卻找不出原因。

b. 陰靈託付：有些陰靈需要人類協助其去完成某件事情，剛好此人的條件符合其所需，就會跟隨在身旁逼迫其去完成，過程之中或多或少會造成傷害。

例如有些凶殺案的陰靈，找上警察或檢察官協助破案復仇，就會在其生活上發生一些異狀，干擾其工作。

c. 亡靈牽絆：有些往生不久的親人或朋友，因為留戀不捨或是某些事未完成，想傳達一些話或交代某些事，就會徘徊在此人身旁。雖無意傷人，但是陰陽接觸也會對此人造成一些傷害。

例如有些剛過世的阿公阿嬤，會因為疼愛年幼的孫子，常常會在另一個空間撫摸他們，而造成小孩時常會莫名奇妙的哭鬧。

d. 地靈怨恨：

有些土地上會存在一些原先就擁有或未來才佔有的陰靈。這些陰靈都會對自己佔有的土地有著強烈的擁有慾。因此只要有人在其土地上有了一些不尊敬的言行，或是想要在該土地上做一些買賣或開發的行為，祂們就會產生怨恨，而間接去傷害該人，破壞其利益的行為。

例如有一些房屋承銷商，會莫名其妙的連續一段時間，都無法將房屋順利售出，那就很有可能是得罪該土地上的陰靈，而引起其怨恨報復。

e. 陰神懲罰：

一些未列在正神的名單之內，但是具有高深能力的仙人，就稱為陰神，民間最常聽到的有萬應公、仙姑…等。陰神因為急於表現以成為正神，加上還保有比較強烈的人類習性，通常比較敢顯現法力給人們感應。

人類如果受其協助而達到目的，卻忘了還願，或是還願方式與數量的認知不同，陰神就會偶爾跟隨在人們身旁，進行騷擾與報復，使其受到傷害。因為其具有較強的能力，因此受到的傷害也會比較大。

有位事業失敗的失意中年男子，因為債務上的逼迫，讓他喘不過氣來，經人介紹有間萬應公廟很靈，於是在走投無路的情況之下去求助祂，答應如果神明可以讓他翻身，則會請人連續表演十天的艷舞戲來答謝祂。過了一個月之後，果然中了上千萬的六合彩，他也依照承諾，請一般的歌舞團在晚上演了一個星期的戲給祂看。但是過了不久，他卻迷上了賭博，也發生了車禍意外，不但債務沒有還清，還把原有的近千萬輸光了，甚至還讓自己幾近殘廢。經瞭解之後才知道當時承諾還願的戲還差三場，而且陰神要的艷舞戲是脫衣舞，認知上有所差距，沒有完全履行還願的承諾，造成了陰神的不滿而進行報復。

f. 卡動物靈：

卡到動物靈也是時常會發生的事，路上一些意外死亡的小狗小貓，有時會無意間跟隨在人類的身旁，對其造成一些傷害。動物靈一般比較不明事理，但是因為其能量較低，也是卡陰方式裡比較容易處理的種類。

有對大學裡的校園情侶，是一般所說的班對，兩人進入大學之後就開始交往，感情甜蜜、形影不離，不知羨煞了多少校園之中的孤獨男女。在大四那一年的寒假，兩人發生了一些爭執，女方開始不理會男方、逃避躲藏，甚至惡言相向，

男方對於這些突如其來的轉變感到百思不解，也無法承受，昔日的海誓山盟為何在一夕之間完全變了調？

經查明原因之後，原來是兩人在一個月前騎機車撞死了一隻小貓，兩人不但沒有下車查看，男方甚至還在心中責怪那隻小貓害他們差點摔倒。

那隻小貓因而心生報復，跟隨在女方的身邊，伺機破壞他們的感情。

經過溝通與處理之後，兩人的感情又回復了正常，甚至已經論及婚嫁。

3. 附體：進入體內定住，偶爾控制人的思考與行動。

a. 陰靈戀上：

附體是最嚴重的一種卡陰現象。陰靈進入了人體體內定住，影響了肉體與精神狀況，一般要排除具有相當的困難度。而且即使將陰靈排除了，也會產生一些後遺症，短時間之內並無法立即回復正常。

會發生附體的因素有下列幾種：

有些徘徊於人世間的陰靈，具有強烈的男女關係慾望，或者是生平未曾嚐過男女戀愛的滋味，還是未完成終身大事具有強烈的結婚念頭。當他們遇到了喜歡的異性人類剛好磁場又相符，此時就會跟隨在此人旁邊想要完成祂們的願望，也趁機吸取能量，時間一久就會進入其身體而形成最嚴重的附體現象。陰靈附體最嚴重的情形就是要逼迫人們與其冥婚，這也是人們最不願意見到的事。

有一個七十六年次住高雄的女生，在二〇一三年十二月，連續約一個月晚上睡覺時，總是會常常作夢。睡夢中會隱隱約約地出現了一個男生對她笑，早上起床之後覺得下體總是怪怪的，更奇怪的是身體的精神狀況似乎愈來愈差時常想睡覺，有時口中會莫名其妙地發出男人的聲音。

經查明之後，原來是她在一個月前與一群朋友前去旗津海邊玩，因為其甜美的長相與得宜的舉止，被當時在海邊溺斃的一位年輕男陰靈所戀上。這位男陰靈生平並沒有嚐過男女戀愛的滋味，故趁此機會進入其身體想要完成自己的慾望，到了晚上就會找機會行夫妻之事，因為長時間的陰陽接觸，導致此女身體狀況日益衰弱。

經過溝通與處理之後，神佛答應為其找個陰間的伴侶，並願意帶領祂去修行。男陰靈於是答應離去，此女的身體狀況也逐漸恢復正常。

b. 魔靈侵入：

因為一些因素導致魔靈進入人們身體進行控制，此時就會發生精神嚴重異常，做出一些違背常理的言行，甚至會有傷害生命的舉動。這是所有卡陰的項目裡面最嚴重的一種，下一個段落會有所深入的描述。

卡魔

卡魔就是卡到魔靈，是一種比較特殊的現象，發生的機率比較小。但是只要一卡到魔靈，則在身體、言行與精神上會造成比較大的影響，嚴重的話甚至還會在其控制之下發生不可預期的舉動，或者自行結束生命。像這次北捷殺人事件中的凶手，就應該是卡魔之後，把現象發揮到淋漓盡致的一個標準型式。

會卡到魔靈，有下列三項原因：

1. 前世因果的延續

會卡到魔靈，大部分在前世即具有彼此的因果，可能在魔靈的世界裡已經有所瓜葛未化解。此世雖然投胎為人身，暫時逃離了魔界的控制，但是魔靈依然有能力追到人世間加以控制干擾。

2. 魔界欲吸收能量足夠的優秀靈體

有些靈體天生就十分優秀，加上人為本身的精進修行，使得身上的修行能量十分的足夠，此時就會吸引一些天神與魔的靠近想要吸收利用他。因為神界與魔界都需要這樣的靈材，因而造成了天神與魔的搶人。

就像是名校畢業的高材生，無論是政府機關或是大型民間企業，都會想要吸收這類的人才是同樣的道理。當魔比天神先一步搶到手，或者是魔的能力比天神高而搶到手，此人就會造成卡魔的現象。

3. 嚴重得罪魔靈

當人們因為某些因素，嚴重得罪到魔靈時，此時魔靈便會生怨恨心而予以報復，就會造成卡魔的現象。

一般的神佛代言人最怕遇到卡魔這種因素，因為魔靈大部分都具有高強的能力，有些甚至還高過於神佛，之所以會成為魔，是因為其言行思想有所嚴重偏差所致。

因此就算是神佛願意去協助排解魔靈，有時真的是心有餘而力不足。就如同第一

章所提到，虎爺曾經幾次前去與魔靈對抗，有時都無功而返，甚至還受了重傷。

有一位八十二年次住桃園南下高雄讀大學的男生，因為家中富有，父親買了一台國產新車給他上學代步用，比同年齡的同學多了一部車子，當然也增加了讓他交女朋友的機會。

有一天晚上載著女朋友到燕巢郊區山上兜風，一時興起就在一處荒野空地上搞起了車震，結束之後，不但把保險套與衛生紙往草堆一扔，兩人還下車喧嚷尿尿，這些無意的放恣舉動殊不知已經為他帶來了往後一連串的不幸。

因為這個空地剛好位於一處公墓旁邊，此處公墓雜亂無章但是靈氣甚佳，已經為一些魔靈所控制，他們的行為已經嚴重引起這些魔靈的不滿，而造成了卡魔的現象。

睡到半夜時，總是會莫名其妙地起床自殘，甚至有時會引領至窗邊想要逼他跳樓，時常自言自語的感到身邊總是有人在控制他，開車常發生一些小意外。

這些意外與精神上的問題，已經使他成為醫院的常客，父母親更為他的行為不時感到膽顫心驚、困擾不已。

經由數次的溝通與處理，魔靈終於同意暫時寬手，但是仍不願離開，他的狀況也逐漸恢復正常。

四、磁場能量的攪亂（10%）

在人生旅途中，會因為身上或身邊的一些外來事物，產生負面的磁場與能量，來攪亂原本安排好的過程，使得運勢受到一些干擾與阻礙。

為何要用攪亂這個名詞呢？因為磁場能量這個干擾原因，是不存在於原本命運安排裡面，也與前世因果無關，而是來自於人為無意或有意的一些行為。它的出現，只是會攪亂原本安排好的人生劇本，使其更加複雜難行。

雖然這種干擾的原因，是四項干擾原因裡面影響程度最小，但是它的出現，有時也會扮演著問題改善臨門一腳的角色。

那麼哪些身邊的事物，會造成磁場能量的攪亂呢？有下列四大項：

配戴的飾品

擺設的物品

使用的建物

接觸的親友

以上這些人、物，若是具有負面的能量，則會對人們造成一些干擾。短期碰觸可能會產生頭昏不適的現象，長期與其接觸，則會造成運勢不順、健康不佳、喪失生活動力，甚至意外頻繁。

配戴的飾品

人們的身上難免會配戴一些飾品，有的是用來裝扮自己，有的是一種心靈寄託，有的則是具有保護平安與改善磁場的功能。不管如何這些飾品的配戴總是出於內心喜好，只要不要過於奢侈浪費皆無可厚非。

不過以靈學的角度而言，那些飾品或多或少都具有一些能量，若是具有正面的能量，會對運勢有所加分的作用，反之擁有負面的能量，長期配戴則會對運勢造成一些干擾，負面能量如果過強，那麼就會對生活造成一些立即而明顯的阻礙。

有些飾品甚至附著了一些外靈，那就是我們所不樂意看到的現象，一方面這些外靈幾乎都是陰靈，陰陽兩隔若是長期接觸，總會帶來相當不好的影響，有的陰靈甚至會刻意去害人。這些飾品大部分是來自於手上配戴的手鍊、手珠、手環，還有脖子佩掛的項鍊、佛珠，也有的是皮包或背包裡放置的卡片、吊掛的飾品與神佛的護身符或加持物。

知道了身上有負能量的飾品，可以三種方式來處理：

1. 將它以紅包袋裝起來，放置在衣櫥或書桌抽屜的內側角落。
2. 用適當的方式將其拋棄。
3. 如果覺得不捨而想要繼續配戴，那麼可以送至正派的神壇或寺廟經由神佛重新加持處理即可。

擺設的物品

家中或工作場所總是會擺設一些物品，像是神佛雕像與畫像、水晶、翡翠、木頭……等擺設飾品，還有一些圖畫像等。這些擺設物品時間一久有可能會進入一些外靈，這些外靈會因物品與自己的相容性，以及空間生活工作人員的言行生活習慣而予以進入，與其說是進入倒不如說是侵佔進駐，因為祂們並沒有經過物品擁有者的同意。

這些外靈有少數是為善靈，大部分皆是不友善的陰靈。當進駐善靈，即使不會為我們帶來任何的幫助，至少也不會產生不好的影響，可是如果進駐是陰靈的話，所產生的負面能量絕對會影響到長期活動其中的人，有些陰靈甚至還會刻意去干擾破壞人們的生活，即是所謂的引狼入室。

那麼該如何去預防家中或工作場所的擺設物品被陰靈進駐呢？

有三個方式可以參考：

1. 擺設之前於底部或背面貼一張圓形紅紙。
2. 活動其中的人盡量保持良好正面的言行舉止。
3. 空間盡量保持採光與通風。

如果知道了有被惡靈進駐的擺設物品，該如何處理呢?有三種方式可以處理：

1. 用紅紙包起來放入紙箱收至儲藏室。
2. 請具正派的神佛或有能力的神佛代言人前來做適當的處理。
3. 以鹽水將物品全部洗滌過一遍，放在陽光下曝曬三天，陰邪即可離去，再取回重新擺設。

使用的建物

使用的建物若是產生了不佳的磁場，就會影響人們的能量，相對的也會讓運勢受阻，身體產生不適。

建物所產生的磁場干擾與陽宅學有某種程度的關聯，但是並沒有那麼複雜，陽宅學一些更深入的理論，或許只是學術的延伸，實質上的意義並不大。

而以靈學的角度而言，建物的負面磁場干擾著重於動線磁場的不佳，與內部是否有陰靈的存在。

動線安排不當造成某個角落磁場不順暢，自然會產生不好的磁場來影響人們的生活與運勢。

而家中存在了一些陰靈，即使不會傷害居住其中的人們，陰陽兩隔長期接觸也會對運勢造成不可預期的影響。**一般建物內陰靈是來自於三個地方：**

1. 本身早已存在裡面的陰靈（俗稱地基主）。
2. 由人所引入的陰靈。
3. 自家神壇神尊被強行進駐的陰靈。

若是發現了自己所使用的建物有了極不佳的磁場，可以用下列的方式來處理：

生活動線磁場不佳

1. 直接搬離該處。
2. 格局拆除修改重做。
3. 擺設適當的阻隔物或反射物。（例如屏風、魚缸、八卦鏡……等）

存在建物裡的陰靈

1. 請無形神佛或神佛代言人前來與陰靈溝通請出。
2. 準備祭品供奉與其示好。
3. 請法師將其強制驅離。

接觸的親友

大家或許都會忽略也不相信，每天生活上所接觸的親戚、朋友，也會對自己身邊的磁場帶來干擾，甚至影響到運勢。

很簡單的道理，每天與一群開朗樂觀的人在一起，一定會被感染到那股歡樂正面的氣氛，久而久之自己也會變得正面樂觀，而容易為自己帶來好運。若是每天與哀聲嘆氣、作姦犯科的人在一起，不免日後也會和他們一樣，擁有偏差的觀念言行，而讓自己步上絕路。

以靈學的角度而言，負面能量的親友除了來自於其言行觀念的偏差之外，有些人身上因為外靈或特殊的因素，導致身上的磁場相當紊亂，長期與這種人接觸，一定會被其影響到自己的運勢。

面對這種擁有負能量的人，應該適時遠離他們，或者對他們開導修正其言行。

靈學改善的方法

經過無形神佛找出人生問題的靈界原因，必須利用一些方法予以改善或解決，才能達到改善問題的最終目的，否則一切只會淪為空談而已。就像醫生找出病人的病因之後，就必須藉助藥物與儀器來回復健康。

靈界產生的原因當然要用靈學的方法來改善，靈學改善人生問題的主要方法一共有八種，稱為靈學八種改善方法。這些方法絕對不只是理論而已，而是經過許多的經驗與印證，而且所有的人生問題幾乎都可以利用這八種方法來改善。

那麼何謂靈學八種改善方法呢？

瞭解因果

心理調適

與靈溝通

藉助神力

利用法術

接觸神佛

調整磁場

改過行善

一、瞭解因果

瞭解因果是治療因果與業障的特效藥，因為透過對自己前世因果的瞭解，可以讓靈體有所頓悟，肉體也會有所釋懷，對於一些無形與有形的阻礙，也能夠獲得或多或少的突破與改善。

利用瞭解因果的方式去療癒身心上的困擾，是當今社會上十分盛行的方式，坊間有關這個方面的書籍也多到不勝枚舉，只是所使用的方式各自不同而已。很多人在這個區塊十分用心在鑽研，也有許多人具備了引導此方面的能力。

瞭解因果的方式可以分成兩類：

1. 透過通靈人解說

透過通靈人利用其特殊的能力去瞭解此人的因果之後，再將其轉述之。這是最簡

單的一種方式，因此也是最多人去採用，而且不會有任何的風險。

觀看因果的方式，大部分都是會先在通靈人腦海視線裡浮現一個黑白的靜止畫面，然後身旁的神佛或無形靈界的眾靈就會在旁協助解說，最後再經由通靈人傳達給問事者。由此看來通靈人的傳達能力就顯得相當重要，若是讓問事者誤解了傳達之意，非但無法瞭解正確的因果，反而會造成反效果。

還有透過通靈人去傳達因果，真實性總是會令人產生很大的質疑，很多問事者都會覺得是傳達者自己在編故事。

2. 經由特殊的法術

這是最直接的一種方式，也是當今社會上十分流行的一種活動。經由指引者透過特殊的法術，將問事者直接帶入前世因果時空去觀看自己的因果。

目前最盛行的方式大概有催眠與觀元神兩種，兩種方式也都類似，只是觀元神是中國特有的法術，而催眠則是來自西方的產物。

催眠是指引者先將問事者，利用特殊的方式使其進入睡眠的狀態，在睡眠狀態下身心得以放鬆，於是就可以順利引導進入觀看前世。

觀元神的動作與催眠類似，只是進入的方式是藉助咒語的力量，而且進入前世之後，有一個特殊的地方叫做元神宮，可以知道前世的一些情形，元神宮附近還有個生命（花）樹，可以瞭解自己的一些身體健康狀況。

此種方式由於可以讓問事者直接進入前世，有一種身臨其境的感受，故可信度相對的提高，但也無法完全去證實。

也由於是一種法術，施法者（指引者）的能力就顯得相當重要，目前台灣真正具有此能力者其實不多，每個問事者也不一定都可以順利去進行。

有個七十年次住台南的年輕媽媽，由於與婆家父母的相處出現了很大的問題，覺得受盡委屈，又卡在丈夫、兒女的關係導致進退不能、十分困擾。有一次在朋友的介紹之下，到台北一處道場進行了催眠的法術，瞭解了自己與他們前世一些恩怨情仇的因果，知道有所虧欠他們，而突然頓悟似的開始改變自己的態度，做一些正面的行事，經過不久之後，彼此之間的關係出現漸漸的好轉。

二、心理調適

心理調適在靈學改善方法裡扮演極為重要的角色，因為在經由神佛代言人瞭解了自己人生問題的原因之後，若是可以做一些正確的自我心理調適，則會產生一種調適之後的正面能量，這種能量足以去改善人生的問題。

靈界干擾的一些因素，會形成一股負面的能量，直接或間接造成人們思考上、情緒上、態度上與行動上的負面影響。所以藉由自我心理調適後所產生的正面能量，可以去排除這些干擾因素，進而改善生活上的一些問題。

心理調適的層面有六項：

1. 認命知足

瞭解了一些前世的原因之後，知道今生的一些糾纏是來自於昔日的所作所為，並無法去改變，必須默默承受，也知道這些糾纏是會隨著時間慢慢淡化，總會有結束的一天，因此會比較知足認命。

凡事知足認命，負面的能量就會減少，問題也會有所改善。

2. 消除怨恨

瞭解了一些前世的原因之後，知道今生的一些阻礙是來自昔日錯誤的言行而傷害人家所致，這輩子有機會來償還是一種幸運，因此會消除心中一些不平衡的怨恨。心中的怨恨消失了，負面能量就會減少，問題也會有所改善。

3. 勇敢承受

瞭解了一些前世的原因之後，知道今生所發生一些不合理的事情，是來自於昔日不當傷害他人的結果，唯有勇敢去承受，才可以化解這些恩怨。勇敢的去承受生活中的不合理事情，自然會激起一股正面的能量，問題也就會有所改善。

4. 調整心念

瞭解了一些前世的原因之後，知道有些事情過於執著也無濟於事，因此必須調整自己的心念，朝著正面的方向去思考。有了正面的心念與思考，自然就會產生好的能量，問題也會有所改善。

5. 轉變態度

瞭解了一些前世的原因之後，知道今生的一些不順是來自於自己前世的不當言行，

必須甘願去承受，因而轉變自己處事的態度。

態度變謙虛了，能量自然就會好轉，問題也會有所改善。

6. 改變行事

瞭解了一些前世的原因之後，知道要珍惜這輩子的機會來做個償還了結，因此行事上會更正面與積極的去面對困難。

行事有所正面與積極，自然就會帶來強大的能量，也會讓問題有所改善。

有個六十八年次住台南的女性朋友，是個公家機關的小主管，有著不錯的工作與收入，但是在婚姻上卻遇到極大的困擾。因為丈夫過於保護舊家庭總是讓自己受到傷害，還有孩子教養與財務管理一些理念上的差異，兩人時常爭吵，甚至丈夫還對自己暴力相向。

因此讓她產生了相當大的不平與怨恨心，每天處在生不如死的夢魘之中，婚姻幾乎即將走到盡頭。

有一天在一個因緣之下，得知與丈夫的前世因果是來自一位官員不合理的虐囚關係，她是官員，丈夫則是囚犯，她對囚犯的極盡不合理對待呈現於今生丈夫對待她的狀況。她虧欠丈夫太多了，好高興這輩子可以有機會來償還。突然整個人好像有所頓悟似的，從此之後開始轉變對待丈夫的所有態度，丈夫也被其轉變的態度所感動，夫妻感情漸漸趨向好轉。

三、與靈溝通

與靈溝通是靈學改善方法裡最直接的一種，溝通的對象則包括陰靈、魔靈與人靈。

上節所述，人的身邊可能因為一些特定或不特定的因素，跟隨了一些無形靈界的陰靈，如果有心傷害人們者，則會利用各種方式直接做干擾，若是無意傷害人們者，也會因為其負面的能量而影響到人們。

這些陰靈和人類一樣，具有七情六慾，也有各種不同的個性，但是只要好好的與其溝通，大部分可以使其放下仇恨並順利離開。離開之後對人們的干擾就會馬上消失，而且幾乎不會再回頭，這也就是為什麼說與靈溝通是一種最直接靈學改善方法的原因了。

一般坊間處理陰靈大都使用法術、符咒……等強制驅離的方式。如果採用這種方

式，或許有些具有能力的法師真的可以驅使其離開，但是陰靈與人們彼此之間有一些事情目的未達成，或是怨恨未化解放下（尤其是冤親），祂們一定會再想盡辦法回到人們的身邊進行干擾，如此只是會白忙一場。

這也就是有人經由神壇花一些錢去做一些儀式之後，剛開始似乎感覺有些效果，但是不久之後卻又覺得不順的一個很大原因。

與陰靈溝通的步驟有三項：

1. 聽其傾訴

陰靈會找上此人，無論是有意或無意，一定有其原因，尤其是冤親。與陰靈溝通的第一步一定要先聽其傾訴，不可以直接帶入主題，這和心理醫師在為病人進行心理輔導治療的原理是相同的，要先與其培養感情，聽祂把心裡的話講出來，使其略為卸除心防之後，再來慢慢進入主題。

一般如果是冤親，祂會把前世彼此之間的恩怨情節與受到的種種委屈，全數的講出來，因為難得可以遇到聽得懂其言語表達的人。

而且通常會講到聲淚俱下，也常常會令身為調解溝通者的通靈人本身感動不已，而跟著祂難過。

若是卡陰陰靈的話，則祂們通常會把為什麼會突然跟隨此人的原因講出來，也會把何時開始跟隨與跟隨的地點告知，通靈人可以把這些訊息與問事者相互印證，讓問事者更加肯定有這麼一回事。

2. 道理勸說

在融化其心防，與其建立感情之後，接下來就要由神佛進行道理的勸說。勸說這些道理一定要由淺而入，千萬不可一下子就跟祂說一些佛經等大道理，這樣不但其大部分的陰靈無法接受，也可能造成反效果。

那些大道理就要等到如果其願意完成條件交換，留在神壇與神佛進行短暫的修行之時再來勸說為宜。

如果對象是冤親，一般會說：冤冤相報何時了？冤親宜解不宜結……等通俗的話語。若是對象是卡陰的陰靈，則通常會說：彼此無冤無仇不宜干擾、有緣相遇無緣請離……等話語。

3. 條件交換

在進行完上述的兩個步驟之後，接下來就要進入處理溝通程序上最主要的部分。冤親與債務人前世的仇恨怨恨如此的大，不可能只有經過聽其傾訴與道理勸說就願意離開，很少會遇到如此明理與胸襟開闊的冤親。所以要與其做一些條件上的交換，才可以讓祂們有所甘願釋懷，也如此才能夠達到平衡法則。

這些冤親所開出來的一些條件，一般都不會太嚴苛，也幾乎都是在人們能力範圍內可以做得到，更不用花到什麼錢，所開出的條件一般都在三項左右，數量也不會多到無法去承受。

至於卡陰陰靈所開出的條件會更輕微，大部分只會要求化燒個金紙，偶爾還附加個特殊的小要求而已。

一般冤親所開出條件的種類如下：

1. 誠心懺悔

至神佛面前誠心向冤親懺悔，對前世所犯下的錯誤，進而造成冤親的傷害感到抱歉。這個條件幾乎所有的冤親都會開出，因為祂們要的就是一個認錯的公道。

至於神佛的對象祂們大部分會指定玉皇上帝，因為玉皇上帝是民間信仰中天界行政系統的最高首長，由祂親自來協調見證會比較有力量。當然也有部分的冤親會指定其他的神佛。

2. 化燒金紙

化燒金紙給祂們是幾乎所有冤親與卡陰陰靈所會開出的條件，有的卡陰陰靈甚至還會把它當作唯一的條件。在化燒金紙的同時，祂們會來拿取人們誠心化燒金紙給祂們所產生的能量，並不是真的拿到實際的錢財，一般而言冤親所要求的金紙數量會比卡陰陰靈來得多一點。

3. 行善迴向

行善迴向給祂們也是很多冤親會開出的條件，因為有些願意放下仇恨的冤親，需要這種善行的能量去協助祂們修行或投胎。

這種行善迴向給祂們所產生的善行能量，應該是對其最有協助作用與償還意義的東西。

4. 唸經迴向

唸經迴向給祂們也是一些冤親會開出的條件，但是並不是經常會開出的條件。並

不是祂們不需要唸經迴向所產生的能量，而是往往一般人唸經的誠意度不足，總是為了唸經而唸經，而且也沒有去實踐經文的意義，故唸經產生的能量就會相對降低。祂們大概熟知人類的這個特性，所以很少會提出唸經迴向的要求。

一般祂們會提出這種條件，也會指定需要的經文，常見要求的經文為地藏王菩薩本願經。

5. 法會超渡

請求辦理法會超渡是極少數冤親會提出的要求，但是這也是需要稍微花費一些錢財的條件，因為為冤親辦理超渡法會總是要花費個數千元。

祂們想利用超渡法會方式所帶來的能量來提升自己，至於該採用佛教或道教的方式進行超渡，一般則不會有所指定。

6. 神佛收留

有些冤親在經過神佛的道理勸說之後，暫時願意選擇放下，希望能夠跟隨一些神佛修行，請神佛暫時收留祂們。如果祂們提出這個要求，神佛代言人就會代為請示該神佛的意願，通常若是沒有特殊的原因，所請求的神佛都會予以答應。

能夠有這個機緣跟隨著神佛去修行，對祂們而言當然是一項求之不得的福分。

7. 貢獻社會

這個條件是極少數的冤親會提出的條件，有些冤親的修養比較高，祂們在經過神佛的道理勸說之後，很快的願意放下前世仇恨，並且不需要其他的條件。只希望不再對債務人進行干擾之後，他可以比較平順去努力奮鬥人生，將來能夠對社會有所貢獻，這樣對祂們而言也是很大的功德一件。

8. 特殊要求

除了上述的條件項目之外，另外有些陰靈與冤親會提出比較特殊的要求。例如有的會讓債務人發生一件不至於危及生命的意外，從此恩怨一筆勾銷。也有一些陰靈或男女類型的冤親，要求與祂們共度一夜春宵之後就會自行離去。還有一些年紀較大的陰靈或冤親，會要求燒支紙柺杖給他們。

由以上的條件內容來看，前世的仇恨如此大，現在怨恨心如此強的冤親，真的會只有利用上述不嚴苛的條件來交換，就可以化解嗎？似乎令人難以置信，連我自己也不相信，因為這樣好像有違背一些平衡法則，令人難以信服。

沒有錯！上述的步驟只具有約六成的力量，另外還有約四成很大的因素，是來自於與冤親達成和解之後，祂們會留在神壇跟隨該神壇的神佛進行短暫的修行，在這些共處修行的時間裡，神佛會每天慢慢訴說一些道理來感化祂們，讓祂們真正放下與債務人的前世恩怨，在神佛的協助之下前去重新投胎，或是到達善處。當然這段期間神佛代言人也會時常協助神佛與其訴說一些感性的道理給祂們聽。

如此即是一個與靈溝通、處理陰靈問題的圓滿方式。

包括冤親在內的陰靈，除了具有很特殊的原因之外（例如怨恨過深、陰靈本身強頑固執，還有其他特殊的目的……等），絕大部分都可以經由溝通的方式使其順利離開。但是如果遇到魔靈，就不是那麼容易了。

因為魔靈的能力高強，個性也較惡劣，就像是人世間擁有強大槍械火力的惡徒，並不容易與其溝通。所以有很多的情況之下，如果溝通無效，則必須由神佛率領兵將直接與其對抗。

至於人靈方面的溝通，可以來自前節所述靈體一些特性的影響，包括三個方面：

1. 改變靈體的特性

有些靈體與天俱來的特性造成肉體上負面的影響，此時就需要用一些言語去開導勸說其修正不好的特性。特性有所修正了，肉體自然會比較健康，運勢也會變好。

2. 與受傷靈體對話

對於一些受過傷或受傷中的靈體，需要瞭解其受傷的原因之後，慢慢地與其開導，使其療癒傷口回復正常。受過傷的靈體通常會比較脆弱，因此與其對話時也要格外的小心，避免造成二次傷害。

3. 消除靈體的記憶

關於一些前世靈體的記憶，需要利用一些轉移話題的方式，使其漸漸淡忘此記憶，來避免或治癒今生靈體記憶再呈現所引發的肉體疾病。

消除靈體的記憶是一項比較困難的功夫，需要具有一些特殊的技巧。

一般人是無法見到陰靈或人靈，也沒有具備與其對話的能力，因此與靈溝通的工作就要交給法師、通靈人、神父、乩童……等神佛代言人了。但是目前坊間充斥著各種形式的神佛代言人，哪些具有真正的能力？就要由自己的感受與智慧去判斷了。

四、藉助神力

藉助神力絕對是改善人生問題的一個重要方法，因為無形神佛的力量確實是存在，有時候只要祂們願意出手協助，很多困擾的問題自然會有所改善。但是神佛力量的運用也不是可以無限上綱，否則將會陷入迷信的泥淖之中，也會違反天地公平循環的法則。

因此欲請求神佛力量的協助，還是要有下列幾項原則：

1. 神佛並沒有義務一定要去協助人類，因此祂們是擁有選擇權，需要視問題的種類與原因，還有人們的配合程度。不過一般只要誠心誠意的請求神佛的協助，祂們都會基於慈悲心，在能力範圍之內或多或少給予一些協助。

2. 請求神佛的協助，最重要的兩件事：信任與感恩。

一定要信任自己所欲委託的神佛，相信祂有能力為你解決問題，否則懷著半信半疑的心態，祂也會對你請求的事情視為若有若無，試問你會去幫忙一個對你不信任的人嗎？

如果經由神佛的協助，問題獲得改善而有了感應，但是卻沒有對神佛的付出懷著感恩之心，日後再有所請求時，祂可能就不會幫你了，這和做人的道理是一樣。

3. 神佛的力量是大到令人無法想像，可是祂們協助人們的程度卻是有限，只能視人們的誠心、願心與其善行予以適當的協助，否則將會違反天地之間的公平循環法則。一般神佛出手協助的力量大約在三成左右（也就是常聽到人們說的：也要人也要神，凡事不能只靠神明），除非請求者有所舉動可以感動上天，神佛才會有超乎想像的協助，也就是所謂的神跡。

至於請求協助的神佛對象，也是要有所選擇，才可以達到比較好的效果。雖然神佛大部分是慈悲的，但是對於各方面的能力是有所差別，而且有些事項根本不在此位神佛的管轄之內，就像世間人們要拜託議員事情，最好是找專業質詢的議員，因為其這方面的人際關係層面較廣，也比較有制衡的權力。另外也要有區域性層級的考量，就像要拜託處理高雄的事情，卻找上台北的市議員；拜託高層級的事情，而找了鄉鎮民代表；拜託生活上的芝麻小事，卻找了立法委員幫忙，即使最後還是有辦法把事情解決，總是比較不適當，也會比較辛苦。

因此請求協助的神佛對象有下列幾點原則：

1. 必須符合神佛管轄的性質

每個神佛掌管的職責不同，如果依照問題性質可以找上管轄性質相同的神佛來幫忙，會來得比較直接迅速，也比較有機會獲得強大的協助。

2. 必須符合神佛的層級能力

神佛絕對有層級之分，但是不是以權力地位去分，而是以其靈性修行的程度而定。問題的大小與輕重，如果可以找到適當層級的神佛來幫忙，可以適其所用，不會浪費神佛力量的資源，也可以讓問題獲得真正的解決。

3. 必須尋找有緣的親近神佛

每個人有一些與自己有緣的神佛或是主神，找其協助祂們會比較樂意，也會比較盡力。就像是有困難時，找自己認識的朋友或長輩，所得到的協助機率會比較高。

4. 必須尋找願意協助的神佛

找到願意出手協助的神佛，總比找上地位崇高卻無法鼎力協助的神佛來得有效果。神佛與人的關係也和人與人的關係一樣，有某種的情誼存在。故一般而言，找上自己常拜的神佛來幫忙會比較有效。

5. 必須尋找正派正靈的神佛

如果找到協助的神佛不是正神，而是陰邪所附，即使目前的問題可以稍作改善，日後絕對會得不償失。

有位六十二年次住高雄的男性公務員朋友，工作上屢遭一位同事上的小人陷害，想要阻斷其升官之路，這位朋友深受此問題所困擾。由於他住在海邊，於是就到村莊裡去請求一位王爺協助他斬斷小人，但是過了一段時間仍然無法達到效果。在虎爺的查明之下，發現他與媽祖很有緣，而且媽祖也願意去協助他，於是就到一間大媽祖廟請求媽祖的協助，媽祖三筊答應之後，果然在不久之後，這位危害他工作的小人因為工作上出現了一些官司的問題而自動離職了。

五、利用法術

使用法術去改善問題只是一個輔助的方式，並不可以當作解決問題的主要方法。因為法術的利用，是一種只有收入成果，卻沒有付出代價去達到平衡的原則。故靈驗的法術即使可以達到效果，但是成效的力量過大，一定會反映在別的地方而有所失去，

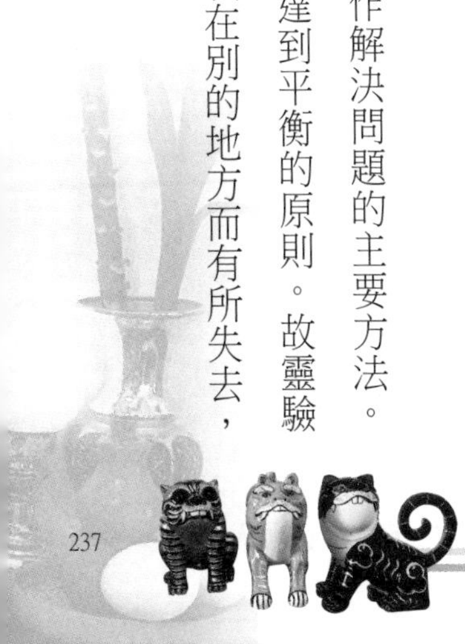

只能夠達到挖東牆補西牆的作用，反而會得不償失。

曾經有個七十三年次住彰化的女生交了一個男朋友，兩人出入成雙、形影不離，恩愛程度令旁人所羨煞，可是有一天，男朋友突然另結新歡而拋棄了她，在無法挽回這段感情難以忍受傷痛之時，聽了朋友建議去找了一個傳說相當靈驗的法師。

法師指示她每天需吃一小片生豬心，再加上他在神壇作法，連續三個月之後男友自然會主動回頭找她。她在情關難過半信半疑的情況之下，聽從了法師的指示進行，忍受吃生豬心的噁心之苦，不到三個月的時間，男朋友果然主動與其電話聯繫，並要求復合，而且恩愛程度更甚於前。

在她高興法術的不可思議靈驗之時，男朋友也逐漸在騙光她身邊的錢財，甚至還叫她去跟親友借錢給他用，最後男朋友從她的身上再也挖不到錢時，就無情的棄她而去，在二度傷心之餘最終選擇了自殺之途。

這就是使用過當的法術，而違反了天地法則的平衡，所衍生令人遺憾的結果。

法術也有好壞之分，好的法術當然可以達到協助人們的功用，像一般民間常見到的收驚術、斬桃花術、草人除煞。但是壞的法術有時真的會使人騎虎難下，貽害終生，欲嘗試不可不慎，像一般人會聞之變色的南洋下蠱術。

但是有時略為藉助正派法術的協助，對問題的改善真的不無小補，有時候甚至會達到不可思議的效果。

法術與學術不同。學術是依照先人的經驗累積，發展成一套理論，由於這種理論是經過驗證，比較具有穩定性與可靠性，不會隨著外在因素的變化與時間的演變而讓能力流失。因此有很多人學習之後當作一生養家糊口的工具，像東方的八字、紫微斗數等命理學，與西方的塔羅牌、星象學等。

而法術講求的是靈驗，只要可以達到靈驗的效果，即使程序上再怎麼光怪離奇，就是一個成功的法術。若是依照既有的程序，嚴格的去進行操作，最後仍然達不到效果，那麼這種法術的價值也會一文不值。

虎爺在協助人們改善生活問題的過程中，有時候也會提出一些配合的小法術，那些法術的內容有時也會讓人摸不著頭緒，只能寧可信其有的依照其指示去做罷了。

有位五十九年次住台北的朋友，他的太太發生了外遇，經由虎爺查明之後，發現夫妻可以白頭偕老並不會離婚，太太的外遇只是要了結其本身的一段孽緣。於是除了

奉勸他把一些壞習慣改掉，並對待太太好一點，改變自己來挽回這段婚姻之外，也指示他在門口放置兩盆桃花木，達到以桃制桃的效果。

結果不知是否為巧合？在他配合虎爺指示的方式做完一個月之後，太太為期三年的外遇因為雙方發生一些爭執而提早結束了。這就是利用正當的法術來協助人們度過生活上的困擾，一個很好的例子。

六、接觸神佛

接觸神佛這個方法，適用於每一種形式問題的每一個人，因為如果接觸到正確正派的神佛，或多或少都會受到其周圍正面能量的影響，對於改善問題不無小補，尤其是對有關修行問題的人來說，會特別有效果。

對於一些來自天人界的靈體，特別容易產生靈逼體現象，這種現象有很大的部分是來自相關神佛的逼迫。解鈴尚須繫鈴人，因此去接觸逼迫他們的神佛，就會讓問題有很大的改善。

可是很多人經由各種管道瞭解自己是靈逼體的因素，也想要積極的去接觸神佛，但是仍然無法有效去改善自己的問題，**主要原因有下列幾種：**

1. 不知道要如何去進行

這是一般人最常發生的原因，因為缺少有緣人的指引，不知道要如何去進行？而導致依照自己的內心去盲目摸索，也不知道正不正確？這樣當然是無法改善問題囉！

2. 接觸的方向有所偏差

修行的方式有很多種，但是並不是所有的修行人都可以使用同樣的模式。如果選擇的方向與方式並不適合自己，甚至接觸了異論邪教，不但無法使自己的問題獲得改善，甚至還可能使自己陷入萬丈深淵。

3. 自己發生紊亂與迷思

修行人最怕遇到的就是喜歡道聽塗說、意志不堅定、逢廟必問，問到自己的方向都紊亂了，進而造成內心的迷思。台灣有很多的修行人都具有這樣的特性，這樣並無法去改善任何的問題，有時甚至還會使自己走火入魔。

4. 考驗折磨到失去信心

修行人最常聽到的就是三考五考，好像所有的修行人命運都會很悲慘，其實這樣講並沒有錯。來自天人界的靈體，一般都具有基本的福報，但是卻會承受較大的考驗讓他們磨練精進自己，才會有能力去完成賦予的任務。也正因為如此，當接二連三的考驗與折磨降臨時，可能致使修行人喪失信心，而無法達到改善的效果。

5. 修行的機緣並未成熟

靈逼體一般最常見的發生年齡是在三十五至六十歲，而且是由輕微漸漸加重，這期間一定會有修行貴人與修行機緣的出現，當修行貴人與機緣未成熟時，自然無法有效的去接觸修行，減輕靈逼體的現象。通常修行貴人與機緣出現的時間，集中在四十五至五十五歲。

有位四十八年次住高雄的女性朋友，經由某些靈修團體告知具有嚴重的靈逼體現象，並指示是來自母娘世界的靈體，必須接觸母娘去修行，日後才可以回到其身邊。

於是跟隨了團體修行了兩年多，到處遊靈山會靈，每到廟宇之處也會隨著其他師兄姊手舞足蹈，可是經濟狀況卻愈來愈糟糕，家庭也不平順，身體健康更是每日愈下，讓她覺得很累也很徬徨。

經由虎爺查明之後，發現她是來自天人界觀世音菩薩的世界，跟隨其修行應該會比較適當，而且主靈脈是在嘉義半天岩的紫雲寺，於是指示她前去一趟。

當她到達紫雲寺之後，感受到前所未有的感動，身心異常清新氣爽，於是開始更正修行的方向，至今家庭真的有變得比較平順，身體狀況也穩定了很多。

七、調整磁場

調整磁場是靈學八種改善方法裡比較單純的一種，因為干擾人們的靈界四項原因裡，磁場干擾的影響本來就比較不是那麼大，再加上處理的方式也很簡單。但是有時一些瞬間強大與長期的磁場干擾還是會對生活帶來不小的影響，所以適時調整磁場還是會對問題帶來一些有效的改善。

本書一百六十四頁有描述一些影響磁場的負面因素，包括了配戴的飾品、擺設的物品、使用的建物、接觸的人物……等，**那麼該如何來調整自己周遭的磁場呢？**

1. 去除負面能量的飾品，配戴正面能量的飾品。
2. 移除負面能量的物品，擺設正面能量的物品。

3. 規避負面能量的建物，使用正面能量的建物。

4. 迴避負面能量的人物，接觸正面能量的人物。

若是能夠按照上述調整磁場的方式進行，讓自己的周遭環繞著優質的磁場，則壞事與厄運自然會遠離，好事與幸運也比較容易靠近。當然生活上的阻礙也會因此減少，困擾的問題更會有所改善。

有位五十二年次住彰化的男性朋友，三年前與人投資買賣珠寶方面的生意，前兩年大致還算順利，在朋友的協助之下的確賺了不少錢。

可是最近半年生意突然一落千丈，不僅接洽買賣的人減少了很多，而且洽談中的案件也幾乎都會莫名其妙的無法成交，這種突如其來的轉變讓他感到很納悶，也造成了掙扎與痛苦。

一次來到了知心坊，經由虎爺查明瞭解之後，發現他的店裡有股很怪異的磁場，這股怪異的磁場應該就是干擾生意的很大因素。

經過探討之後，才發現店裡在半年前擺設了一尊來自中國內陸的大型神佛雕飾品，這個神佛雕飾品因為曾經暴露在一座陰森的山腳下多時，導致魔靈進入附著，而散發出一股極為強大的怪異負面能量。

在聽從建議之下，經過適當的處理並加以移除，兩個月之後成交了一筆大生意，往後的營運狀況也回復了昔日的佳績。

八、改過行善

改過行善是所有改善方法中最實際也是最有效的一種。它也是前面所提三大平衡力量的其中兩項——悔力與善力，唯有確實去做好它們，才有可能真正去好轉你的人生，進而帶來幸福與好運。

改過是人為配合方面最難做到的一件事，所謂的江山易改、本性難移。

真心改過的力量是足以撼動天地。佛教中不是有言，不管人生平有再多的惡行，只要到臨死前萌生一個發自內心的真誠善念，就足以消除昔日所有罪惡，往生美好淨土的說法嗎？雖然無法親眼所見，不過寧可相信這是真實的事情。只是一生為惡沒有善念的人，要在死前萌生這樣一個善念，真的是難上加難，這也說明了改過的強大力量與不容易去實行。

舉頭三尺有神明，只要你下定決心認真去改過，天地就自然會有所知覺與紀錄，並不用做任何的迴向動作。這些紀錄會產生一種正面的力量，讓你去做一些靈學處理上的平衡，也會間接提升身上的能量，為自己帶來平順與好運。

有一個五十五年次住高雄的朋友，一生從事營造業，工作與生活不離酒、色與賭。年輕時為了事業打拼奮鬥，偶爾需藉助一些俗世間的常態運作或許還情有可原，可是年紀不小了，也小有成就，金錢上更不虞匱乏，卻仍然愛好此事。導致目前的身體狀況不佳，家庭亂糟糟，子女十分叛逆時常惹事，妻子也有外遇。

經由虎爺查明瞭解之後，發現壞習慣所產生的過失已經為他帶來了不少今生的業障，嚴重影響目前的運勢。

尤其是在色的方面，使其精血盡失，再如此下去恐怕不久於人世，符合所謂的現世報。

聽從虎爺的建議後，勇敢的去改正目前的過失，雖然改過的狀況有限，至少次數已經少很多。有天再度來到知心坊時，發現他的氣色有所好轉，家庭方面聽說也平順了很多，改過的力量真的十分強大。

行善的困難度是僅次於改過，一般人常把行善掛在嘴邊，卻沒有發自內心並且用錯方法，導致效果不彰。而且總把行善與捐錢畫上等號，殊不知有很多行善方法的力量是遠大於財施，很多行善方式在平日的生活中唾手可得。例如對人說一些鼓勵讚美之言、看到路上有石頭撿起來避免讓人跌倒……等。

自己行善所得的善行當然是由自己得到，來增加身上好的能量，這是一種自然的轉換。

但是如果要將行善的善力施予眾生或特定的對象，像父母、親人、祖先、冤親等，則必須透過迴向的動作。迴向的方法以在神佛之前誦唸迴向文為主，迴向文則可以下列的文詞做代表：

弟子（或信女），今日的所作　所為，如有所功德，我（姓名）放棄不得，願意迴向給（欲迴向的對象）。

如果欲行善迴向給自己的親人，祈求其平安順利，或度過生命危險，以子女行善迴向給父母的效用最大，這也許是上天對於孝行特別重視的自然安排。父母行善迴向

給子女的效用次之，或許這也是上天對於一些父母疼愛兒女之心的自然反應。

有位七十二年次住嘉義的男性朋友，因為大學畢業之後，工作上一直不穩定，考高普考當公務人員以自己的實力可能大有難度，於是想趁年紀還不是很大的時候，考個國營機構的基層人員，來穩定自己往後的生活。經由虎爺查明瞭解之後，發現他在錄取的一百一十八位名單之外，備取第二名，於是指示他今日起需不斷地行善，並誠心祈求神佛的協助，會盡力協助其上榜，他聽從指示並確實實行，終於如心所願錄取了。

或許是行善的習慣讓他感到快樂並且有所心得，還有懷著感恩圖報的心態，考上之後更加的努力行善，不久之後竟然升官，速度之快令人感到驚訝。

不只如此，久病不癒的母親病情也有好轉的現象，這個例子實際說明了行善的強大效用。

行善為什麼沒有善報，為惡也得不到惡報？好人為什麼還是會死於非命，壞人也可以中樂透？

相信這是一般人對於行善的最大疑問。面對社會上有關於這種善無善報，惡無惡報消息，總是令人百思不解？而大大降低了人們行善的意願。

有一次在網路上看到了這麼一個故事，雖然知道故事的真實性不高，但是卻是客觀的說明了以上困惑的問題，真的是很有道理！

北宋年間，在一個村莊住著一位十來歲、雙腿殘疾、父母雙亡的孩子，過著十分困苦的生活。這個村子前有一條河流，村民和路人都必須涉水而過，造成大家的不便，也沒有人想要去改變它，只有這個孩子天天撿石頭堆在河邊，想要修築一座石橋來方便大家行走。

村民起初都認為他是個瘋子，時間一久大家反而被其精神所感動。

可是這個孩子卻在一次鑿石頭時刺瞎了眼睛，大家都在怨嘆上天的不公平時，他卻都毫無怨言地繼續他的工作。

就在石橋快要完成時，突然下了一場大雨，在震耳欲聾的雷聲中，這位小孩竟然被雷打死了。

這時候剛好包青天大人要至朝廷路過此地，村民紛紛攔轎為孩子打抱不平。質疑好人為何沒有好報？今後誰還要去行善呢？包大人被村民的情緒所帶動，於是憤而寫

了「寧行惡勿行善」六個大字，來向上天抗議。

回到朝廷之後，皇上剛好生了一個龍兒，包大人看到胎兒手上有個胎記，上面寫著「寧行惡勿行善」六個大字，覺得事有蹊蹺，於是皇上就命令他利用陰陽枕至地府一遊。

原來那個孩子前世罪惡多端、罪業深重，需要三世的極歹命才能夠清償。當他這世轉世為窮困殘疾之人，卻一心想要做好事讓眾人方便，神佛決定讓他一世償還兩世，於是讓他瞎了眼。

當他眼瞎了卻不怨天尤人，於是神佛就決定把他的三世罪業於一世歸還，因此用雷擊斃了他。

又因為他一心行善，從來不為自己想，修橋造福了無數的人，已經達到了「不修道已在道中」的境界，積德甚多，故死後立即轉生太子，享受帝王之福分。

所以生活中要勇敢、默默地去行善就對了，不但可以協助許多弱勢的人，還可以了結自己前世的不佳因果，更可以為來日帶來不可預期的福報。

行善可以出自內心是最好了，但是有所目的的行善也沒有關係（例如行善希望為父母添壽、行善期待家人過好日子、行善改變自己的命運）。

只要把行善變成一種習慣，自然會漸漸地流露出自己內心的憐憫心與慈悲心，激發出助人的願力，更可以在行善的過程中有所感動與感受，對自己之前不佳的言行心慚生愧，進而真正達到改過的效果。

虎爺神跡的分享

本書八十一頁有提到，第一代虎式靈學在虎爺的用心努力與人們的誠心配合之下，發生了不少靈驗改善的案例。這些成功的故事，將挑選幾項與大家分享，希望大家在閱讀這些故事情節，若是與自己目前所遇到的問題有所雷同時，可以參考如何去突破改善？而讓自己有所收穫。故事的內容，也可以帶給大家一些人生的省思。

所謂神跡，即是藉由神佛無形力量的協助，讓自己的問題得到改善。

神佛的力量則來自於三個方面：

1. 指示人們做一些配合改善的動作。
2. 指引人們走一條適當的人生方向。
3. 利用神佛的特殊能力去協助人們。

當然這些神跡的分享，並不是要去炫耀虎爺的能力，而是要向人們證實，無形神佛的力量是確實存在，而且是一股相當正面的力量，並不是人們印象中的怪力亂神。

這些案例都是真實的故事，但是考慮到寫書的現實面，會略為做一些文字上的修飾，但是不會偏離真相太多。而且基於保障隱私的考量，故事中的主角我們僅會寫出居住的地方以及姓氏、性別，並不會提及其他的資料，在此也要向這些故事中的人物致上謝意，你們的故事若是可以帶給社會大眾啟發與成長，也是善事一樁。

每個故事的後面，都會有幾句令人省思的真心話喔！

減肥——現代流行的話題

肥胖對古時候某些朝代的女人是一種美麗的象徵，如今卻是人們避之唯恐不及的狀態。過度的肥胖即使不會讓外型失去美感，也比較容易產生一些健康上的疾病，因此減肥成了許多人困擾的問題，尤其是女性。

有人嘗試了各種方法與花費了大把金錢，並且忍受飢寒之苦，卻仍然無法達到實質的效果。

二〇一三年冬，有位七十四年次住在嘉義的張小姐，因為肥胖的問題來到知心坊諮詢，感覺上是位十分進取有智慧的女生，可是體型的肥胖讓她感到醜陋與不自在，

只要可以讓一百三十公斤的體重減到一百公斤之內，應該會讓她擁有更積極、自信與平順的人生。

經由虎爺查明原因之後，得知肥胖是來自兩個主要的的靈界因素：

1. **前世的靈體記憶**：在某一世曾經擔任類似日本相撲的運動選手，不斷地利用人為因素增加體重，因此形成了一種疾病讓靈體深刻的記錄起來。今生再度投胎為人，於是靈體的記憶就會浮現出來，體型自然不自主的肥胖。

2. **冤親的干擾**：在三年前被一位冤親尋找到而跟隨之，這位冤親是為她那一世經商的朋友，為了謀財而將他推入水中溺斃，浮腫的身體讓她那位仇人很不甘心，而伺機干擾報復。

因此經由虎爺為她進行兩次的模糊靈體記憶，並排除冤親，交代可以在人為的飲食、作息、運動方面盡量配合，將允諾協助在一年之內減重三十公斤以上。

二〇一四年十一月的某一天，收到其臉書傳來的訊息，目前的體重已經如預期的降至九十公斤以下，並附上照片為證。

得知此事之後我為虎爺與自己又卸下了一個壓力而感到高興，但是更令人興奮的是，因為體重的減輕必定可以讓這位年輕女生的人生，更充滿著自信與活力。

知心小語——

人的習性、知識與疾病並不會因為此生的結束而消失，是會存在靈體記憶之中而延續到下一世。

所以應該好好把握今生有限的時間，改掉不好的習性，不斷地充實知識，身體的疾病要盡力把它醫治好，除了讓自己重新獲得健康之外，也可以避免來世歷史重演的遺憾。

癌症——人生道路的懸崖

癌症的協助大概是目前虎爺最主要的工作，因為罹患癌症面臨生命邊緣的人，不但需要承受很大的身體痛苦，更會導致人生意志的消沉甚至毀滅。在不知所措的同時，最需要藉助神佛不可思議力量的協助，而此種情況也是最能夠顯現神佛靈驗神跡的機會。

並不是所有的癌症病患都可以獲得協助。

有些已經到達末期情況十分惡化，身體上的一些器官與組織都受到了嚴重的損傷，此時就只能夠藉助神佛的力量減輕其所受的疼痛而已，不過大部分的癌症病患都可以有機會一試。

二〇一三年秋，一位八十二年次住高雄的許同學，正在就讀樹德科技大學，是一個俊帥的年輕人。

一天下午其母親來電，緊張的陳述著兒子接連好幾天食慾不振，時常嘔吐拉肚子，因此帶他去高雄榮總醫院檢查，發現得了惡性鼻咽癌，而且病情十分嚴重。面對這突如其來的狀況，母子倆一時不知所措，藉地利之便來請示虎爺並尋求協助。

經由虎爺前去查明瞭解之後，發現此男在二十歲有一個嚴重的生命關卡，過關的機率不到五成，加上三個月前在山區被一位冤親找到跟隨，伺機取其性命以求報復。屋漏偏逢連夜雨，在這兩個因素的重疊干擾之下，繼續維持生命已經是件不可能的任務了。

先與許同學印證冤親之事，他說三個月前一次學校至高雄美濃山區舉辦活動，當時確實有到附近一家餐廳用餐，而且很明顯地感覺有陣不經意的陰涼風吹來，讓他起了短暫的雞皮疙瘩，至今記憶猶存。訊息大致符合之後，於是開始為其進行排除冤親的動作。

另外依照虎爺的指示為其進行了五次的靈療，藉助神明的一些無形力量。再請母親至指示的廟宇向神佛不斷誠心祈求，期待以母愛的力量去感動上天，最後希望他們能夠積極的去行善，將善行能量迴向給兒子，協助度過難關。

在他們完全信任與配合之下，加上全力配合醫藥的治療方式，幾個月之後癌細胞竟然奇蹟式地幾乎完全消失了。

至今已經過了一年半了，不但回到了學校念書，而且癌細胞在定期檢查之下，並沒有復發的現象。

知心小語——

癌症已經是現代文明中一種常見的疾病，實在是防不勝防，可能隨時發生在你我的身邊，因此具備一些預防與治療癌症的知識，對自己而言絕對是有益無害的。當癌

症發生時，一定要配合醫藥的方式去治療，無形神佛的力量只是處於協助的角色，不過有時祂們所呈現出來的力量，往往是可以去完成不可能的任務，創造所謂的神跡。

所以癌症病患千萬不要喪失對人生的希望，應該會有很多的方法與機會可以來延續您的人生。

尋人——期待盼望的心情

一、尋找人世間的親人（生離）

尋人（物）是一項直接考驗神佛能力的工作，並無法完全遵循虎式靈學的模式來處理。之所以會把尋人的故事提出來與大家分享，是因為來到知心坊尋求解決此項困擾的人數日益增多。

大家可能會認為，既然神佛具有無形的能力，對於這個問題應該是輕而易舉，直接告訴答案讓問事者團圓或安心就好了嗎？

但是事實並不是如此，一般神佛在回答此類的問題時，都只是會提供個方向與大概位置，並不會直接去解答正確的位置，我想應該有下列的原因：

1. 因為關係到整個人生因果的運作，若是直接告訴他答案，在沒有其他平衡的因素之下，可能會破壞其原有的自然法則，這並非神佛以及代言人所能承擔，所以只會告訴他大概的情形（所謂的點到為止），之後一切便要隨自己的機緣。

2. 神佛本身的能力有限，並沒有足夠的能力去處理此事，因此無法直接告訴他正確的位置與狀況。

上述的情形應該會以第一種居多。

二〇一三年冬的某一個星期日，有一位六十四年次住在台中的劉小姐，帶著略有精神衰弱的媽媽去沙鹿玉皇殿拜拜，當車子一停好之後，一時情緒不穩定的媽媽突然打開車門迅速走失。劉小姐經過報警與附近尋找無結果之後，對這突如其來的狀況不知所措，於是打電話給我，當時大概晚上七點，由於是緊急事件，於是馬上請示虎爺狀況。

經過些許時間之後，接收到虎爺的訊息：不用擔心，兩小時之內應該會找到，媽媽現在在附近某家水果攤旁。劉小姐便開始在附近尋找，果真發現了兩家水果攤，可是並沒有其蹤影，於是再打電話給我。

虎爺再度的訊息是，往廟大門右方馬路方向去尋找，媽媽大概在三百公尺處，劉小姐在緊張又無計可施的狀況下，只好依據虎爺的訊息開車再去尋找。

當時我剛結束週日諮詢的工作，一身疲憊的到鳳山中山東路夜市吃個晚餐，眼看就快要九點了，接近虎爺所說的兩小時期限，一方面為劉小姐的焦急感到難過，一方面又為虎爺訊息的準確度感到擔心，深感坐立不安。

令人興奮的消息傳來了，八點五十分電話聲終於響起，在路邊真的發現了媽媽。大家終於可以鬆一口氣了，我也趕緊趁鳳山天公廟九點半關門之前，前去廟內上個香致謝。

二、尋找往生後的親人（死別）

虎爺人世間的尋人次數並不多，但是尋找往生後親人以瞭解目前的狀況，案例就多到不勝枚舉。死亡之後的世界並沒有人可以真正去證實，因此尋找到此人後所轉述的一些情形，一般只能夠當作參考。

只是每當把那些訊息傳達給請託者之後，有不少人都覺得訊息的可信度應該蠻高的，因為有許多訊息與其生前的狀況十分符合。

依據尋找的經驗，人們往生後的去處與情形會有下列幾種情況，依照比例多寡分別敘述如下：

1. 已經投胎為人

此種狀況為最多，幾乎佔了六成的比例，可見人往生後的功過大致會平衡，繼續投胎當人的機率很高。

2. 在地獄接受懲罰

這是為數第二多的情形，人們在世間的言行過失都將為自己帶來無法避免的懲罰，因此人的生平還是要多行善少造惡為宜，以免死亡之後讓自己承受未知的痛苦。

3. 在中陰世界的某個修行所補修行

這種情形竟然是第三多的，有很多人生平有所善行與修行，但是仍然無法達到投胎天人的標準，因此在中陰世界裡有設置許多神佛指導的修行所，這些人有機會在此繼續精進修行，待修行能量足夠時即可以前往天界。

4. 已經投胎為某種畜牲

投胎為畜牲的情形也不在少數，大部分為狗、鳥、豬、魚……等一般常見的動物。因為畜牲的生命大部分比較短，有的甚至朝生夕死，因此有很多都是經歷連續投胎為同一種動物好幾世。

5. 已經投胎為天人享福

每個人都希望自己的親人往生之後可以到天堂或極樂世界享福，然而有絕大多數的人並無法如心所願。查詢經驗得知往生之後可以投胎為天人的比例其實並不多，即使有的話也絕大多數都在最下層的天界，至於往生極樂世界的情形截至目前為止還沒有真正遇到過。

6. 因為某種原因，仍然在人世間遊蕩

這種情況極為少數，但也會偶爾出現。因為含冤未雪、陽壽未盡、陰錯陽差……等因素，導致靈體仍然徘徊在人世間的另一個空間，雖然祂們還可以見到人世間的親人，但是對雙方而言並不是件好事。

有一位五十二年次住屏東的李先生十分孝順父母，委託尋找其往生半年的七十五歲父親，看看可否盡一些孝心給予一些協助？

經由虎爺前去尋找的結果，其父親已經在一個月前投胎至高雄山區一處中上家庭為一位男孩，好巧的是他們剛好有一個住在高雄旗山的親戚於一個月前生了一個兒子。

實際的情形當然不敢再去探討了。只能夠對他們說目前唯一可以做的是盡自己的能力多行善事迴向給父親，雖然能夠影響的效用已經很低，應該還是多少對其有些助益。

還有一位六十二年次住在台南的吳小姐，想要尋找其往生三年的母親，經由虎爺尋找之後，發現這位母親生前諸多善行，但也造了一些婦女常犯的口業，因此仍在某處的中陰世界修行所補修行，應該可以在一年後圓滿前往天界。

而這個修行所指導的神佛，正是其母親生前最誠心膜拜的一位神明，因此她對這個訊息深信不疑，也釋懷了對母親在另一個世界是否過得好的擔心！

知心小語——

生離死別都是人生過程中難以承受的痛苦，生離的滋味絕對會比死別更加折磨。因為死別是已經成為事實，在經過短暫的傷痛之後，也許就會慢慢的淡忘，而生離是處於仍然有希望的期待心情之中，那種煎熬則是會跟隨一輩子的。

因此遇到身邊的朋友、親人失蹤了，應該要盡能力去協助尋找，親人的重逢將是人生一種最深切的感動。

考試——窮人翻身的機會

考試是選擇適合人才的一種方法，雖然並不是一種最好的方式，卻是社會大眾普遍可以接受的方式，因此在無法想到更理想的方法之前，大部分還是會予以採用。目前社會上大大小小的考試種類繁多，大概有升學考試、求職考試、升遷考試、檢定考試……等等。

知心坊以升學考試的諮詢案例最多。可想而知雖然目前國家在教育改革上的努力，要讓教育的發展健全化，可是台灣的父母親望子成龍、望女成鳳的傳統心態，絲毫沒有任何的改變。

二〇一三年夏，有位五十八年次住高雄的陳小姐，帶著一位欲參加末代基測國三的女兒來到知心坊，她們的問題是要請示虎爺到底要採用免試入學進入鳳山中學（高雄區排名約第三的學校）就讀，還是要參加基測力拼高雄女中（和高雄中學同為高雄區排名第一的學校）的機會？

因為鳳山中學的免試名額是十位，而她排在第十一位，除非是有人因故放棄機會才能夠遞補上去。如果她選擇了免試的方式就不能參加基測，參加基測就要放棄免試可能錄取的機會，若是採用免試的方式而落選的話就會造成兩頭空的情形，賭注之大令她們難以抉擇。

經由虎爺查明瞭解狀況之後，建議其選擇免試的方式，但是需要配合一件事，就是現在起父母及女兒本人都要加強行善、不可犯大錯，虎爺會加以協助的，不過還是要以人為的智慧判斷為主。

她們在經過多天的思考之後，決定採用虎爺的建議。

結果當然是令人欣喜的，我們也鬆了一口氣。但是情形絕非如您所想像，並不是有人自願放棄機會，依然是以第十一順位錄取，只是此次的名額校方突然決定多出兩位。

還有一位七十二年次住高雄的林先生，即將進入三十而立之年，一直沒有穩定的工作，總是在一些小型民營企業遊走，如此的狀況讓他產生極大的不安，也因此一直不敢涉足感情的世界。

有一天看到了郵局招考，決定辭掉手中的工作放手一搏。由於沒有了收入讓他產生極大的壓力，但也湧起了勢在必得的決心。在一次的機緣之下來到知心坊請示虎爺，經由虎爺查明瞭解之後，發現在榜單的候補第三順位，覺得仍有機會上榜，於是決定要協助他一臂之力。

除了幫他排除身邊跟隨的冤親之外，請他到常拜的媽祖廟向媽祖請求協助，因為守護神是媽祖，另外要他配合積極行善，並且不得犯大的過失。

考試當時他就覺得得心應手，果然放榜之後以低空掠過錄取了桃園大溪郵局，如心所願的進入了郵局服務。

雖然目前郵務人員的工作比昔日更加辛苦，但畢竟也算是一個小鐵飯碗。

知心小語——

考試是社會上選擇與淘汰一種還算公平的方式，也是給窮人翻身的一個機會。

當決定去準備某種考試時，應該要盡力而為，可以金榜題名代表自己各方面的努力足夠，值得慶賀與嘉許，也期望能夠藉此機會認真學習、用心奉獻。

若是名落孫山，則是顯示自己的用心與能力仍然不足，需要繼續加強努力，千萬不可以懷憂喪志，一切需以平常心看待。相信只要有所堅持與努力，最後一定可以如願。

離婚——人生最難的抉擇

當我正在寫這篇文章的同時，身邊有一些朋友正同時在面臨著是否結束婚姻的痛苦抉擇。

相信目前的台灣社會中有太多人正在婚姻懸崖邊緣徘徊、進退兩難，也有無數家庭悄悄地接近破碎的不幸，許多小孩即將成為單親家庭的產物。

離婚就如同決定是否讓植物人安樂死一樣，是一項相當痛苦的抉擇。

夫妻緣分若是到了盡頭，自然會產生一些因素來致使人們做出離婚的決定，然而這些看似命運幾乎已經完全安排好的過程，人們仍具有相當大的努力空間。虎爺也嘗試利用這些空間，使用無形神佛的力量配合人們積極的努力，讓一些原本應該結束的夫妻緣分可以繼續延續下去，而且有可能延續一輩子的夫妻緣分，這也算是神跡的一種。

二〇一四年春，一位六十七年次住台南的謝小姐，因為與結婚六年的丈夫，長期以來對小孩教育、金錢運用的觀念不同，加上一些雙方家庭因素、經濟上的壓力……等，導致相處不是很融洽，有時甚至會非常厭惡丈夫的一舉一動，對自己的婚姻感到十分迷惘。

謝小姐在二〇一二年底曾經來過知心坊，當時曾告知她在婚姻上會有二次婚姻的現象，因此需要好好的經營婚姻。在春節期間夫妻發生了一次大爭執，謝小姐的忍耐終於到了極限，想要就此畫下婚姻的句點，但是一想到心愛的小孩，卻又難以做決定，導致痛苦萬分。

夫妻倆一起來到知心坊，除了互道對方的不是之外，想要聽聽虎爺的意見，並尋求是否有改善的方法？

經由虎爺查明之後，發現他們目前的種種衝突，有很大的原因來自於靈體的相互排斥。換句話說，靈體本身的相互不容，導致肉體也出現一些異常的思考與舉動，並不是肉體本身想要這個樣子，而靈體從之前的彼此吸引變成目前的互相排斥，則是來自於前世因果的作用。

彼此的夫妻緣分大約只剩下不到半年，已經快走到了盡頭，這個答案和他到別處神壇問事的結果相同。

要突破命運的安排，讓家庭繼續維持下去，不要讓小孩受到傷害並影響親人，除了可以從彼此的靈體調整溝通處理之外，夫妻雙方一定要配合心理方面的調適，並做一些人為方面的配合努力。

經由上述的方法而行，雙方的關係真的有所漸漸改善。

而且神奇似的自然不斷發生了一些事情，來讓彼此的感情加溫，至今已經兩年了，似乎已經突破了命運的安排。

這是一個相當成功的案例，除了謝謝虎爺的幫忙之外，真的很感謝當事者的全力

配合，讓我們見證了奇蹟與神跡。

知心小語——

雖然婚姻大部分是天注定的，但是絕對具有人為可以去扭轉原本不佳婚姻的空間。

當婚姻上出現了問題，一定要想盡辦法去改善與解決，維持得之不易的婚姻家庭，即使最後的結果仍然無法如心所願，而結束了彼此的夫妻緣分，至少已經盡了力，如此也對得起親人、小孩與自己的內心。

如果一旦決定結束了婚姻關係，就要勇敢放下，不要執著於之前的傷痛，積極地走出自我，尋找自己人生的另一個方向。

小人——阻礙前進的利刃

人們的生活中總是偶爾會出現一些小人，尤其是在事業上，當小人出現時就會對前進奮鬥中的人生有所阻礙甚至產生停滯。所謂小人即是對自己製造一些負面能量與實質牽絆的人，雖然有人說小人將來也有可能是人生中的貴人，因為他所產生的阻礙會刺激人們更加大步前進，然而大部分的小人還是會對生活造成立即的負面影響，應該要想辦法排除之。

二〇一四年夏，一位五十二年次住在雲林的秦先生，在經過一陣子的事業低潮之後，一年前突然接觸到了一個新的工作機會。

這個工作十分符合他的專長，算是一個中年男子再創事業的大好機會。在此不方便透露此行業性質，只知道這個工作是需要經過排班，而排班的方式並不十分公平，而導致其雖然擁有大好的機會卻總是無法大展身手，感覺上有個東西在阻礙著他。

經由虎爺查明之後，發現其身邊並沒有任何無形外靈的因素在干擾，不過有一位有形的女性小人，原因應該大部分來自於她。於是他馬上聯想到老闆娘，總覺得這位老闆娘對他不是十分友善，也懷疑某位女同事，因為這位女同事好像很有心機。

經過探討證實之後，原來這位女性小人是一位負責安排排班的女主管，因為曾在某個場合稍有言語得罪她，也不曾送個東西討好她，導致不斷地向老闆道其不是，她和老闆的關係又是如此的好，於是自然就如此不順遂了。

於是建議其在適當的時間，利用適當的方法去討好她，對她的一些不佳的態度也要盡量忍受，因為這個人對他的事業實在是太重要了。並且利用虎爺的神佛力量協助他化解小人，還告知他一個小法術，就是在工作桌上擺個紫色的小水晶。

三個月之後再度來訊息告知，其排班的時間已經增加了一倍，事業的業績也增加了不少，自己深信在此份工作上將會愈來愈順利，而且會賺進不少的財富，聽到這樣的描述真是令人感到十分欣慰。

知心小語——

確認問題的真正原因，將有助於問題的有效改善。事業上必須要廣結善緣，對自己重要的人，一定要好好的去做好人際關係，與其說是討好與巴結，倒不如說是去學習其該有的長處。

夢境——人生另類的旅途

解夢原本不是靈學內容的主要項目，但是請求虎爺解夢的人數日益增多，曾幾何時解夢似乎已經成為虎爺的另一項副業了。

神明解夢與專家解夢一般會有所差異，依據虎爺的解夢經驗，六成以上的夢境是完全沒有任何意義的，只是所謂的日有所思、夜有所夢而已。但是還是有近四成的夢是具有一些涵義，有的夢甚至可以解救自己與親人一命。夢境也不一定像一般所說的與事實相反，有極少數的夢境是會完全呈現於生活之中。

夢境的呈現大概有下列幾種的情形：

1. 日常生活壓力與思緒的反映。
2. 靈體在另一個空間過度活動的投射。
3. 靈體對於前世因果記憶的自然呈現。
4. 無形神佛或自己的靈體善意提醒警示一些意外與災難。
5. 無形神佛或自己的靈體在預告一些喜事即將來臨。
6. 往生的親人藉由夢境欲告知一些訊息。
7. 無形外靈的干擾影響。

有一位五十三年次住彰化的許小姐，一天清早來電訴說昨晚做了一個恐怖噩夢，

夢到走在回家的路上，突然出現一群毒蛇向她攻擊，於是恐懼的快速奔跑。此時又出現了幾個鬼在追逐她，當跑到一處斷崖就跳了下去，然後就驚醒了。

經由虎爺解夢的訊息顯示，她即將擺脫一個困擾很久的大問題，許多對其造成壓力與威脅的人都將會消失。她得知之後在半信半疑之下，暫時放下了心中的不安。過了不久之後，果然有一位富有的朋友因為曾經受她的幫忙，突然開口主動借她數百萬的金錢，讓她把所有的債務還清，脫離了十幾年來負債、借錢與被討債的恐懼不安生活。

還有一位七十年次住高雄的曾小姐，來電請示虎爺前晚做了一個令她感到不安的夢，夢見久病的媽媽突然死亡了。在難過之餘鬧鐘突然響起，趕緊到房間看看媽媽，媽媽叫她的聲音讓她鬆了一口氣，因為與媽媽的感情很好，因此感到十分的害怕。

經由虎爺解夢的訊息顯示，這種情況是給媽媽添壽，應該不用太擔心，果然之後媽媽依然還健在，而且病情有些微好轉的現象。不久之後她來到知心坊才透露一件事情，做此夢的前天，曾到大間廟宇的神佛面前，請求割壽給媽媽，希望媽媽能夠好轉並且延續生命。

所以我們誠心向神佛訴說的事情，祂們是有用心在聆聽並給予必要的協助，而且相信她的這種孝心，神佛不但不會去減短其生命，甚至還會因為有所感動而賜福給她。

知心小語——

有的夢境起床之後會令人流連忘返，具有紓解壓力的作用，有的則會讓自己陷入恐懼與不安之中，不過此種夢境才會讓人感受到目前處境的幸福。夢境是人生的反射鏡，所有的夢都必須以正面的思考去面對，如此才可以把所有的夢都變成美夢，而且因美夢成真來滋潤我們的生活。

寵物——人類最好的朋友

這個項目雖非人生八大問題之一，但是偶爾也會有一些朋友來詢問有關自己心愛的寵物問題。寵物是人們身邊最好的朋友，除了可以陪伴著人類，增添生活色彩，對人們還有一些實質的功能存在，例如狗會看家門、貓會抓老鼠……等，不過現代社會這些功能已經大幅的降低。發現好多人對於寵物極具愛心，對一些流浪貓、流浪狗的

議題相當關注，也投入了不少心力，真的是很令人欣慰。

二〇一四年春，有一位七十三年次住高雄的紀小姐，抱著自己所養的一隻奄奄一息大貓咪來到了知心坊，這隻貓咪近日一直拉肚子並且不喜歡進食，導致體力盡失。經由獸醫師打針並服用一些藥物，恢復的情形仍然很有限，因此想要藉助無形的力量瞭解原因。

經由虎爺查明瞭解之後，發現此貓的壽命已盡，應該會在一個星期之內離開人世間，並沒有其他干擾的原因。

於是在運用現有的能力協助牠與主人做一些對話之後，再加上一些言語上的開導，終於讓紀小姐的心裡有些準備與釋懷，果然在五天之後，可愛的大貓咪敵不過病魔的摧殘而結束了與主人這輩子的緣分。

知心小語——

動物與人類皆是共同生活在這個地球上的有情動物，也是一起促進世界成長的主角。雖然人類比牠們擁有更高的智慧，但是並不代表就可以欺負牠們，因為牠們有可能是自己前世的父母與親人，而且來日自己也有可能落入畜牲道。所以人類應該要好好愛護牠們，協助成長與提升靈性，和諧相處在這個地球上，對於一些虐待動物者，也應該善盡責任與發揮慈悲心，適時的予以勸導阻止。

頭痛——撕裂生活的殺手

頭痛也是現代人經常出現的身體狀況，雖不至於要人命，但是會嚴重影響到生活的動力，甚至毀壞了整個人生，堪稱是撕裂生活的殺手，來知心坊接受諮詢的朋友，有很多就是被這種情形困擾到不知所措。

會產生頭痛的原因可能是來自生活的煩惱壓力，也可能是一種醫學上的真病，還有來自外靈干擾的原因，不過大部分都是出自於靈體因素的影響，因此從靈體方面去進行處理就成了改善頭痛的主要方法。

二〇一三年冬，一位來自台南北門的五十九年次女性朋友，來到知心坊訴說著多年以來飽受頭痛的困擾，經常性的頭痛只要一痛起來，就無法正常的工作，而且偶爾會湧起一種一死百了的念頭。醫生說是循環系統的疾病加上壓力所致，只能藉助一些

藥物來控制治療。

經由虎爺查明原因之後，發現她的靈體因為肉體感情的因素導致嚴重受傷，加上曾經有一世當軍人被箭射中頭部而嚴重受傷，因此在靈體受傷與靈體記憶的雙重效應之下，造成今生頭痛的現象特別的嚴重。

在經由三次的靈體處理與藉助虎爺的靈療力量，三個月之後改善了六成以上，頭痛的頻率大幅降低，疼痛感也不若昔日，至少可以暫時捨棄服用藥物的無奈了。

知心小語——

生活中遇到阻礙並不可怕，人生中遭遇挫折也不可恥，只要運用智慧勇敢去面對，並擁有有正面的思考，一定可以度過難關迎向光明。最怕的是內心產生失意頹喪，非但無濟於事還會促使靈體受傷，如此將會產生惡性循環，逐漸地把自己帶向死亡之路。

復合——再續前緣的機會

男女交往如果決定分手之後，至少有一方一定會承受莫大的痛苦，短時間內並無法去釋懷。在這段療癒情傷的期間內，可能會有想要復合的強烈慾望，因此有許多朋友會來請示和之前的異性朋友是否會有復合的機會？甚至會請神佛給其一些協助。

情關真的不好過！若沒有親自經歷真的很難去感受其中的苦楚，有許多人就是過不了情關而選擇了結束自己的生命，甚至產生一些激烈言行而造成了不可彌補的傷害。

這是發生在知心坊最早期的一個故事，二〇一二年夏，有一位住高雄七十一年次的女性朋友，因為與交往五年的男朋友突然為了一些小爭執而分手。之前他們是很恩愛的，她很愛男朋友，也很想與男朋友再續前緣，但是不知要怎麼做？男朋友似乎也沒有復合之意，而且身體的狀況也每況愈下。

經由虎爺查明瞭解之後，發現兩人確實為正緣，只是她的身邊在不久前跟隨了一位冤親，這位冤親是她前世的一位妹妹，因為兩人同時愛上了妹妹的男朋友，為了愛情竟然將妹妹給陷害死了。這一世於半年前在一處寺廟旁被這位妹妹的陰靈所找上，由於這種奪愛殺身之恨，讓妹妹趁此機會去干擾其感情與健康，如今機緣成熟終於製造了讓他們分手的情況。

經過協助排除冤親之後（此冤親因為仇恨過大，過程之中並不是很順利），並配合

做一些其他的處理，兩人終於在某次聚會之中再度復合，如今也已經完成了婚嫁。

知心小語——

有緣千里來相會，無緣對面不相識，緣分來臨時會令人感到措手不及，結束時又會讓人覺得莫名其妙。緣起緣滅，緣分終究會有結束的一天，可以長久最好，若是不能長久也應該要理性去面對。若是相處在一起的時間可以真誠相待、互相協助成長，即使緣盡了也不會有所遺憾。

性別——上天無心的錯誤

目前的立法院正在研擬審議「多元成家」法案，配合社會進步潮流，顛覆傳統家庭觀念，要將法律中的「男女、夫妻、父母」等名詞，以「雙方、配偶、雙親」來取代，放寬對家庭組成條件的限制。當然此法案的主軸還是放在同性戀的認同問題。

一個新法案的成立，一定有正反兩方面的意見。我們姑且不論支持與否，想要依據現有的能力，從另一種靈學的角度，來探討一些同性戀的情況。

生長在民風淳樸南台灣的我，之前對同性戀這個名詞十分陌生，總覺得離自己相當的遙遠，相信您也是如此。

直到這兩年來，才深深地感覺到，這個區塊與現象已經不容許我們再去忽視，也難怪會有國會議員要認真的思考並提出此方面的法案。

其實剛開始的兩個案例，我們也是感到束手無策，只能夠藉助一些無形神佛的力量去協助，並排除其身邊的外靈干擾。直到二〇一四年春，有位阿姨帶著她的姪子來到知心坊，經虎爺查明之後，發現是女靈男體，行為可能比較女性化。阿姨聽了之後才說出姪子是個同性戀，讓他們的家庭深感困擾，希望能夠找出協助他們的方法。據姪子的描述是只要看到女生就會很不舒服，更何況碰觸肉體與交往，而且是「男朋友」一個換過一個。

由於前兩次案例的改善效果十分有限，這次在虎爺的指示之下決定從靈體方面去處理，於是仔細的瞭解其靈體之後，發現有三個特性：對性別的記憶相當的模糊、固執、沮喪。因此為他進行了三次的靈體調整，並希望藉助虎爺些許的神佛力量，讓他得到改善。

由於之前並沒有有效改善的案例，因此此事就這樣處理結束了，並沒有再做任何的後續動作與追蹤。直到半年之後突然接到這位阿姨的電話，高興地訴說著姪子前陣子和男朋友發生爭執而分手了，而且還不可思議的開始交了一個女朋友，這個訊息讓我們為之振奮。

知心小語——

對於一些性別困擾者，社會上應該多給予一些體諒與生存的空間，但是仍然希望可以運用各種方式，去導正性別的迷思。因為畢竟正常男女所組成的家庭，才是社會進步的一股正面力量。

業績——事業前進的力量

好的業績相信是所有從事業務者的夢想，也是工作持續前進的動力，也正因為如此業績對業務人員形成了一股莫大的壓力。

來知心坊請求業績上的協助，大部分還是以房屋仲介業者為最多，大概是此行業的競爭太激烈，無法為外人所想像吧！不過以下所要敘述的是一位保險從事人員的案例。

二〇一四年春，一位六十九年次住台中的何小姐，中年轉業從事保險已經兩年多了，因為她認為此行業除了可以有所金錢上的收入之外，還可以真正去協助人們，因此十分積極地在學習與從事。

兩年來的業績雖非十分出色，但也到達了應有的水準，可是兩個月前開始卻再也沒有業績出現，此種現象讓她百思不解也深感困擾。

經由虎爺查明瞭解之後，發現她在兩個月前於一家夜店卡到了一位男性陰靈，當時她因為略微酒醉，跑到樓梯間抽菸並大吼大叫。此舉卻惹到了剛好在樓梯間活動的一位陰靈，陰靈除了不悅之外，也想要給一個行為不羈的女人一點教訓，於是開始干擾了她最注重的業績。

陸續與此陰靈溝通並交換一些條件之後，陰靈就離開不再干擾了，虎爺並指示她到一間與她很有緣並會大力協助她的土地公廟祈求。

半個月後，果真成交了一張保單，而且是個金額高得嚇人的案件，往後的業績聽說都有比以前還要好，也持續朝向自己人生的理想積極邁進。

知心小語——

我們生活的這個地球上，是由有形的世界與無形的空間所組成，裡頭佈滿了有情眾生。這些眾生並沒有高低貴賤之分，大家都是有緣聚集在這裡共同為現實的生活與永恆的生命所努力，因此大家應該要彼此尊重、和平共處，共同成就生命的意義。

外遇──陷入迷惘的孽緣

外遇是婚姻最大的殺手。當得知自己的另一半有外遇的情形時，當初相識時的彼此約定、互許終身的諾言，將會瞬時化為煙消雲散，那種失落的心情相信只有經歷者才能有所感受。

來知心坊諮詢外遇問題的大概有兩種情況，一是想要藉助無形神佛的力量去確認自己的另一半是否有外遇?另一種則是希望藉助靈學的力量，協助先生（妻子）的外遇情形趕快結束，可以回復正常的家庭生活。第一種狀況，神佛通常會將所查明的訊息，忠實地傳達給問事者參考，第二種情形則會去找出可能的干擾原因，並尋求一些方式協助改善。

二〇一三年秋，有一位六十年次住高雄的楊小姐來到知心坊請求協助，因為發現最近幾個月丈夫總會以加班為理由時常晚歸，這是以前從來沒有過的現象。起初也不以為意，但是又出現一個奇怪的現象，丈夫最近的存摺提領次數與金額似乎變多了，對她講話的語氣也變得很不耐煩，此時她才警覺到事情的不單純。

於是有一天晚上開車到丈夫的公司察看，發現他和一位女同事單獨在辦公室裡相處，經過多次的查證終於確定丈夫發生了外遇，而對象就是那位女同事。之後這段外遇更讓家庭發生了一些波折與衝突。

由於她很愛丈夫，也有兩個很可愛的兒女，因此讓她很痛苦也產生了極大的困擾，只要丈夫願意回頭的話，她完全可以不去追究。

經由虎爺查明瞭解狀況之後，發現丈夫和女同事，前世是一起經商的朋友，那一

世丈夫也是男性，女同事依然是女性。當時因為丈夫的財務出現狀況，女同事拿出一筆錢來幫助他，因此丈夫對其產生好感導致兩人發生了短暫的不倫之戀。此世丈夫只是來報答這份恩情，並了結雙方前世一段短暫的姻緣，這段孽緣應該只有一年而已，而且並不會太嚴重。

只是又查出，楊小姐在一年前曾經到一間陰廟許了有關家庭的願，廟裡的陰神協助其達成願望之後，卻忘了依照承諾去還願，陰神因而伺機給予懲罰，而導致這段外遇的影響比原本預期大出很多。

因此請楊小姐至陰廟依照承諾向神明還願，並瞭解前因後果之後，適時調整自己的心態，對丈夫更加的和顏悅色、忍辱求全。

並建議其加強善行、和諧家中的磁場，最後再配合虎爺的一個小法術，在丈夫的枕頭下放張紫色紙張。

果然在半年之後，那位女同事因為對金錢的索求過度讓丈夫無法負荷，終於心生懺悔的主動結束外遇，提早了結這段孽緣。

知心小語

當自己發生外遇時，就是對人生的一種考驗，沉迷於其中家庭有可能就整個破碎了，回頭是岸則會有助於彼此的婚姻更加成熟。當另一半發生外遇，更是考驗自己智慧的時刻，勇敢面對並設法排解，將有可能延續自己幸福的人生，若是失去理智而做出一些衝動的言行，必定讓自己的生活雪上加霜。

憂鬱—搗亂生活的魔鬼

當人們生活上遇到一些阻礙與逆境而無法去突破時，有可能產生一些負面的想法，當這些負面的想法經常出現，就會形成憂鬱症。此種現象發生不但會影響到正常的行動，甚至會破壞身體的健康，實在是人生的一大隱形殺手。

大多數的人或多或少都會擁有憂鬱症，尤其身處現代高度競爭的社會之中，有不少人被憂鬱症所深深困擾。憂鬱症現象大都來自於生活上的壓力，導致靈體的一些異常狀況，也有部分是因果的呈現，當然還有少數比較特殊的因素。

二〇一三年秋，一位六十三年次住新竹的李小姐，從小想法就比較悲觀，加上五

年前歷經了一段失敗的婚姻之後，整個人因此極度悲傷，開始活在自己封閉的世界裡，導致身形日益消瘦，幾乎已經喪失了工作能力。

她是在母親的陪同之下來到了知心坊，看看虎爺是否有辦法協助她？

經由虎爺查明瞭解之後，發現其憂鬱症除了生活上的壓力與挫折所致使之外，靈界方面則有三項干擾的因素，若是將這些因素做個排除或改善，應該可以有六成以上的改善空間。

靈體記憶：

有一世陳小姐誕生在海邊的一個村莊，同樣是位女生，嫁給了同村莊的捕魚郎，也生了兩個孩子。有一天丈夫出海捕魚之後卻從此沒有回家，因此她每天都在等待著丈夫的歸來，隨著一次又一次的失望，心情愈來愈鬱悶，從此再也沒有快樂過。這種極度憂鬱的心情靈體有深刻記憶，因此此世又為人身時，靈體記憶再度呈現出來，而導致肉體產生憂鬱症。

靈體受傷：

因為陳小姐承受過一次失敗的婚姻，此種婚姻挫折的刺激，讓她一度日夜難眠、時常夢中驚醒，也使得她的靈體受到重傷，靈體受傷當然就會導致不健康的肉體。

長期卡陰：

另外陳小姐因為體質很容易卡陰，造成了時常會有卡陰的現象，長期的卡陰帶給她負面的能量，而影響了心情與情緒。

經由虎爺為其療癒受傷的靈體，進行模糊靈體記憶，並將身邊外靈排除。不到三個月，據陳小姐自己的描述，憂鬱症現象已經改善了五成左右。

知心小語——

生活中難免會充斥著或多或少的壓力，也必定會遇到大大小小的挫折。壓力與挫折會製造一些負面的能量，當這些負面能量沒有想辦法盡速將其排除，就會不斷地累積而讓自己的精神產生憂鬱，也會導致身體上出現疾病。

因此壓力必須適時利用一些方法去釋放、紓壓，遇到挫折也要勇敢樂觀地去面對，這樣絕對會讓事情有所圓滿，進而成就燦爛的人生與幸福的生活。

學業——家長子女的交集

來到知心坊諮詢學業問題者，大部分不是孩子本身而是家長，家長對孩子學業的注重與緊張程度，有時甚至超過孩子本身。每當面對家長的這種心情，心中總會油然升起一種對天下父母心的感動，但是也不禁對我們教育是否有些偏差感到擔憂。

二〇一四年春，一位角孩五十六年次住在台南的謝小姐，帶著讀台南女中一年級的女兒來到知心坊。因為女兒入學之後幾次考試的成績總是不如人，當時在國中是一位好成績的佼佼者，在求好心切的情況之下總是有份不自在的擔心。女兒本身也是十分用功讀書，但是面對不滿意的成績總是讓自己活得很不開心，也感到百思不解。

經由虎爺查明瞭解之後，發現女兒的靈體十分聰明，不過智慧未全然開啟。雖然國中得以優秀的成績進入了名校，但是高中的課程難易度畢竟不同，到了高二下學期智慧就會全開，成績也就會大幅的進步了，請謝小姐不用擔心。另外還發現她的父親在工作上，好像有犯了一個違背道德的大錯誤，這個負面的能量已經干擾到他的家庭，當然女兒的學習也會受到些微的影響。

謝小姐聽了似乎嚇了一大跳，才吞吞吐吐地說，先生在半年前曾經挪用一筆公款，事發之後雖然將錢歸還了公司，公司也不予追究，但是從那個時候就覺得家庭有一些事開始不順。

經由為其進行靈體的調整，並藉由一些神力的協助，另外請謝小姐的先生誠心的懺悔，夫妻倆加強善行來彌補過失，聽說高二開始的學業成績，真的有明顯的進步。

知心小語——

家庭是一個共同生命體，家中成員言行所產生的能量磁場都會造成相互的影響。因此愛家人最好的方式就是端正自己的言行、多行善事，來提高家庭的能量，讓家人生活在好的磁場之中，可以過得平安如意。

主神——修行之人的要事

尋找主神是當今修行上最熱門的話題之一，也是修行人十分重要的一件事。不過有大多數的人在尋找主神過程中發生了相當大的困擾，因為主神的出現還是有一種機緣的問題存在，並無法汲汲以求。

一位六十五年次住嘉義的陳小姐，因為本身具有一些特殊的感應體質，加上對宗

教修行方面的情事相當熱衷，也接觸了多年的修行，可是生活上的一些事情總是相當的不順。她是一位年輕派的修行者，因此對西方的塔羅牌、靈擺……等方式也諸多研究，不過主要追隨的神佛還是以觀世音菩薩為主，長久以來總是認為自己的主神就是觀世音菩薩。

有一次在夢中有神佛來指示，需要到花蓮勝安宮去會見王母娘娘，之前她與母娘沒有過任何的接觸，於是利用假日到花蓮一趟，卻沒有得到一些特殊的感應。

一年之後有一次在一位也是具有特殊感應體質的師兄指示之下，需要前往旗山竹峰寺去會見千手觀音菩薩，並且請求知心坊虎爺的協助，剛好那段時間有些空檔，於是就陪同前往。

二〇一四年十月的某一天，我們前往旗山竹峰寺，在寺內王母娘娘突然藉由我的身體開言指示，陳小姐是來自母娘世界的靈女下凡，負有一些協助神佛的任務，如今機緣已漸成熟，故引領至膜拜已久的觀世音菩薩面前做見證，主神乃是王母娘娘而非觀世音菩薩，菩薩只是今生的修行指導老師。

但是全台灣王母娘娘的主分靈靈脈有好幾個，到底是哪間寺廟的王母娘娘才是其主神呢?此時很巧合地出現了一位住在台北追隨母娘修行的女老師，在大家相互探求印證之下，得知其主神為台北松山慈惠堂的王母娘娘。於是前往擲筊確認，進行了認主的程序，並完成了認主的動作。

聽她的描述，近來的生活有比較平順，之前一些幾近無解的事，好像出現了轉機，思緒也清晰很多。大概是認主之後，主神對其更加用心指導協助的原因吧！

知心小語——

主神對修行人而言就是天上的父母，不論這個父母是哪位神佛，一定具有良好的修養與能力。認主不應該只是一個程序上的事情，真正的意義是要去學習其精神、實踐其教義、協助其任務，如此才可以獲得主神的大力協助，成就幸福自在的人生。而不只是每天虔誠的膜拜，就妄想可以得到從天而降的協助。

疾病——人生必經的過程

生老病死乃是人生必經的過程，人一生中難免會發生各種大大小小的疾病，大部

分疾病的背後都會有一些靈界原因。

一些比較困擾的疾病除了配合醫藥方式去治療之外，若是可以去瞭解這些原因，並加以處理來輔助治療，往往能夠得到較好的改善療效。有的甚至長久醫治不好的慢性疾病，也會因此獲得重大的突破。

二〇一四年春，一位七十六年次住高雄的陳小姐，長相十分漂亮但是身材略顯瘦弱，瘦到有點令人難受，因為其長年受到消化系統疾病的困擾。她的作息十分正常，生活上也沒有太大的壓力，可是胃腸功能不佳，時常胃痛，導致食慾不佳，兩年前病情更為加重，醫藥治療效果也十分有限。

經由虎爺查明瞭解之後，發現胃腸的疾病來自於前世兩個很重大的原因。

有一世她曾經在菜市場販賣魚肉，每天殺魚剖腹無數，將內臟取出販賣。雖為養家活口辛苦工作，但是此殺魚取內臟的動作已經讓她形成了一種業障（殺業），今生必須來承受此種業障導致胃腸功能不佳。

還有一世因為情傷在二十五歲時企圖服毒自殺，導致胃腸嚴重受損，靈體因而記憶了此一疾病。到了此世二十五歲相同的時間，靈體的記憶再度將此疾病顯現在肉體上，導致胃腸的疾病。

因此業障加上靈體的記憶，讓她的胃腸在此世產生了很大的異常。

經由虎爺為其進行三次的模糊靈體記憶，並且建議她增加善行來消除業障，還有請她向主神媽祖祈求協助，與藉由虎爺的一些協助力量。半年後據她自己的描述，情況應該有七成以上的改善，人也胖了許多。

知心小語——

人生不可能風平浪靜，一帆風順的人生也未必是件好事，因為無法藉由一些挫折與逆境來磨練自己，激勵自己的成長。當遇到任何的阻礙時，一定要以正面的態度去面對，千萬不可利用各種方法來結束自己的生命，如此不但無法讓問題解決，更必定會在來世承擔自己這種偏差與愚笨行為的惡果。

叛逆——父母沉重的負擔

每個為人父母的當然都希望自己的小孩可以乖巧聽話，順著自己的教育方式，認

真讀書，將來有所前途，如此再多的辛苦也通通都值得了。

可是在養育的過程之中，當事與願違的孩子出現了極大叛逆行為時，往往會令為人父母的心碎傷痛而不知所措?叛逆的行為大多來自於因果糾纏、外靈干擾與靈體因素三大原因，若是可以做個原因瞭解與處理，將有不少的改善空間。

一位八十九年次住高雄的年輕女孩，二〇一三年冬在母親的陪伴之下來到了知心坊。此位女孩外表雖然文靜可愛，但是內心卻處於極大的叛逆期，她會願意跟隨母親前來主要是要順便請示和班上一位男同學的感情。當然母親是想要瞭解一下小孩會如此叛逆的原因，與尋求是否有改善的方法?

經虎爺查明瞭解之後，發現此女孩的靈體十分優秀，但是似乎被某種前世力量所束縛住，導致靈體處於過動無知的狀態，在十五歲左右就會遇到機緣讓靈體逐漸甦醒。而且與母親有一段因果要在此世了結，要來報恩於母親，雖然目前的行為讓母親感到擔心，但是將來在三個兄弟姊妹之中，只有她會盡力照顧母親的後半生。

除了請她的母親不用過於擔心，此種狀況會隨著機緣的接近而有所改善之外，也接受虎爺為其調整兩次過動無知的靈體，並藉助虎爺的一些無形力量。半年之後整個人真的變得乖巧很多，不再如此叛逆，媽媽也終於如釋重負，相信以後會變得更為孝順。

知心小語——

很多事情往往是在等待一個時機與一個轉變的機會。雖然目前來看是有所缺陷、不盡人意的狀態，但是那不代表缺陷永遠都會存在，事情始終無法去突破。

默默承受、無怨付出、心靜沉著、樂觀以對，終會等到悅變那一刻的來臨，而讓自己欣喜不已，人生從此有了新的希望，生命也會更加的充滿活力。

昏迷——掉入漩渦的掙扎

來知心坊請求親人昏迷甦醒的協助案例目前共有五件，其中有三件成功，這三件除了可以用神跡來形容之外，能夠藉由無形神佛的力量找出正確的原因，配合適當的處理方法也是一個重大的原因。

當然沒有成功的案件也都具有其背後無奈的因素，於此不便論述，僅在此向那些

對我們具有高期待卻失望的家屬深感歉意。

每當接觸昏迷的事件，內心的激動總是難免，因為這是極需與時間賽跑的一件事，絕對馬虎不得。由於經驗得知，一些昏迷者即使最後得以甦醒，但是時間上如果拖太久，仍然會造成一些嚴重的後遺症，而導致自己與家人的極度痛苦。

二〇一三年冬，一位六十七年次住高雄的陳小姐，和一位知心坊的舊朋友來此訴說著，六十歲的母親三天前因為車禍而導致昏迷，目前在高雄榮總醫院的加護病房，昏迷指數只剩下7，是屬於中重度昏迷的邊緣。他們也曾經立即到熟悉的神壇請示，神明指示一些協助方法，可是至今仍無法清醒。

經由虎爺查明之後，發現這位母親當年年底有一個生命的關卡，理應有六成的機會可以度過關卡，但是卻在車禍中被一位外靈所纏身，這位外靈的目的就是俗稱的「抓交替」。

另外她有信仰觀世音菩薩，菩薩平時都有在協助她，可是此次卻放棄拯救她，這令我們感到很不解。菩薩不是慈悲的嗎?原來她本身帶有相當大的協助神佛濟世的任務，而且機緣在十年前已經成熟，可是卻一直強烈抗拒，導致菩薩認為她已經無法在此世完成重要任務。或許讓她過不了關，早日解脫重尋機會再來人世間成長，以長遠的眼光而言會對她比較好吧！所以此次過關甦醒的機會應該是十分渺茫了。

雖然知道了真正的原因，卻是一項極為艱鉅的任務，因為不但要與陰靈溝通，還要與觀世音菩薩神靈溝通。不過在經過三天一些積極辛苦的處理之後，終於完成了這個不可能的任務，陳小姐的母親在昏迷後第八天終於醒了過來，依據醫護人員的陳述，這真是相當幸運的一件事，而且器官功能上大致還正常、損傷有限。

看到陳小姐很高興，欣慰之餘也希望這位母親在得到此次重生的機會之後，可以好好加強善行回饋社會，並協助神佛完成該背負的任務。

知心小語——

依照宗教的說法，很多人來到這個社會上是帶有一些奉獻宗教的任務。可以為信仰中的神佛服務，利用宣揚教義與神佛的正義慈悲精神去協助淨化人心，導正社會風氣，這是多麼得之不易的機會。除了要好好的珍惜之外，更要腳踏實地的去完成任務，以便提升自己並圓滿此生。

求財——社會前進的動力

關於求財大概是人們最想要的事，虎爺本身也是財神的一種，所以來請求虎爺協助財富的問題，應該是相當名副其實。只是我們不想過度去著墨這個東西，因為不可諱言的，台灣民間有很多神壇看中了人們對於求財的渴望，針對這種人心脆弱處，假借一些神佛名義來進行不適當的行為。而且台灣民間的求財方式，還是有絕大部分侷限在所謂的「出明牌」的偏差思維之中。

虎爺協助得到財富的例子不在少數，但是都僅侷限在小金額的數目之中。不過對於求財的這個項目，我們進行了一個很大膽的實驗，這個實驗相當符合科學的精神，如果可以獲得成功，將會帶給日後欲求財的人們一個十分正確的方式。我們沒有把握可以成功，但是真的很希望可以成功。因為這樣將可以帶給一些瀕臨財務困境，甚至因此想要結束生命的人們一個希望與機會，而不至於陷入絕境。

實驗的對象是一位六十年次來自高雄的李先生，二〇一三年初來到知心坊，因為家庭的經濟情況長久以來不是很好，加上在民間銀行貸款部門工作，一些爾虞我詐的業務手段讓他深感內心的不安，為五斗米折腰的從事自己不認同的工作。身心疲憊之餘也讓他對人生失去了希望，對未來更沒有方向。

其實他的內心相當善良，很想要在剩餘的人生裡可以從事有關弱勢兒童的慈善工作，理想十分崇高抱負也很大，此時真的是心有餘而力不足，相當失意與無助。

經由虎爺查明瞭解之後，發現他真的很有善心與願心，對家庭與工作都十分盡責，孝道方面表現也還差強人意，若是可以賜予其一些財富上的資源，或許真的會對社會有所貢獻，於是指示了一個方法。

請他寫了一份求財的疏文，裡頭要寫明欲求得這份財富的理由、想要的數量、得到財富之後發願要運用的地方，以及一些必要陳述與誠心的話語。在適當時間向住宅所在地所管轄的土地公燒香請託，由祂依照程序層層上呈至玉皇上帝，如果可以順利批准的話，就會指示當地的財神發放財富。

這段期間他必須積極的配合三件事，不斷增加善行（善力）、誠心懺悔過失（悔力）、加強發願決心（願力），利用這三種力量來平衡其原本命中並沒有而欲得到的財富，因

為天下真的沒有白吃的午餐。

不過當他進行完請託土地公代呈疏文的程序之後，發現有許多的無形神佛出面干預阻擋，因為祂們認為有好多信眾也向祂們求財，為何可以讓李男獨自得到，豈有公平性可言。經由虎爺不斷地向這些神佛溝通解釋之後，利用一年的時間終於一一排除了那些雜音，有些神佛甚至轉向樂觀其成。

於是疏文繼續往上呈送，經過不到一年的時間，終於在二〇一四年十月送至玉皇上帝處，可是依據所收到的訊息，玉皇上帝原則上同意但是並還沒有批准，因為他的願力雖然十分宏大，可是善力與悔力部分仍然有所不足，不過有先答應賜予其一筆小財。

果真在二〇一五年初尾牙的摸彩活動之中，得到了頭獎十萬元，他也依照發願承諾將一半用在弱勢兒童公益上面。希望他可以持續加強三大力量，期待此筆財富早日的來臨。

我們雖然沒有十足的把握，但是卻是相當有信心，因為這是一個相當正面與正確的求財方式，若是實驗可以成功，其對社會的正面影響或許不亞於人類登陸月球吧！

知心小語——

與身俱來或上天賜予的基本財富是用來生活與延續生命，多餘的財富則需善加運用於奉獻社會、協助他人方面。而不是花費在自己生活上的享受，以及一些不必要的奢侈浪費行為，如此生命才會更加有意義。

以上就是與大家分享有關虎爺靈驗的一些故事，內容是不是生動有趣而且有些難以置信呢？請不用有所懷疑，利用靈學方式去協助人們改善生活問題的力量確實是存在，但是絕對要遵守天地之間平衡的法則，因此要去做一些付出才能夠有所得。

只是上述所談的皆是成功改善的案例，並不是所有的問題都可以獲得改善，沒有任何改善或者是改善效果有限的案例還是存在著許多，當然其中有很多是來自人為無法配合的原因。所以大家也不用去期待虎爺有多麼強大的能力，只是我們很真實的在探討問題的原因，並尋求改善的一些方法，再配合虎式靈學的內容與原則進行，問題獲得改善的機會應該是高度存在的。

三

虎爺的奇幻世界

三虎宮

導讀

這個章節所描述的，皆是一些與人們生活十分親近的人物、事情與場所，在另一個空間世界所呈現的情形。它充滿著一些長久以來不為人知的狀況，在此要以我們現有的能力，大膽地把它忠實描述出來。

因為皆是一些無法眼見為憑的東西，所以內容看起來會有些奇幻，也正因為如此，讀起來將會增添幾分的樂趣。

要特別強調的是，以下的內容都是我們真實的所見所聞，但是在現有能力的限制之下，我們的所見所聞不一定完全正確，所以各位讀者只能夠把它做為參考。只是參考價值應該是蠻高的，而且對有興趣於靈學探討者，將是不可多得的知識，也會對大家的生活有所正面的助益。

來吧！現在就一起進入奇幻的空間，來一趟與眾不同的超時空之旅……

靈魂的世界

當自己親人的生命面臨到手術、昏迷與死亡的存活關頭時，相信那種內心的不安與不知所措的焦慮感，是令人難以承受的滋味。當人世間正在為親人的那些大事盡力之時，另一個無形空間其實也正在進行一些不為人知的動作。

這幾年來看到了無數的人們為了這些事情產生相當大的困擾與痛苦，於是請求虎爺在適當的時間與機緣之下，安排了幾趟參觀那些狀況的靈魂之旅，讓我實際去瞭解當時無形空間的情形。希望藉由此書忠實的表達出來，使人們對於這些事情能夠有所瞭解，進而可以得知如何去配合才能夠讓事情達到最圓滿。

手術中的世界是一個協調會議的世界

昏迷時的世界是一個時間拔河的世界

往生後的世界是一個寧靜期待的世界

手術中的世界

四年多來有許多朋友，當自己或是親人決定要接受手術的醫療程序時，都會來請求虎爺，希望能夠藉助無形神佛的力量給予一些協助，使其可以平安順利，截至目前為止請求者幾乎都可以如心所願。

中小型手術，雖然醫生對家屬說應該不會有生命上的危險，但是只要摯愛的親人被送進那個被隔離的神祕空間，相信心中的擔心是在所難免。如果是大型手術，那更不用說了，內心的緊張程度，絕對足夠讓家屬寢食難安，甚至整個心是會懸浮在半空中。

那麼那個家屬無法進去，只有醫生、護士與病人存在的空間世界裡，當大家忙碌緊張的在為病人動刀努力醫治的同時，另一個無形的神鬼空間，究竟是一個什麼樣的狀況？是否也正在積極配合做一些不為人知的事情呢？

手術中無形空間世界有著一些來處不同的無形靈體，圍繞在病人躺著的手術台邊最外層，內層則是醫生與護士等醫療人員，祂們似乎都聚精會神地在觀望著手術台上的那位主角，有所目的地選擇在適當時機，來進行祂們自己所背負的任務，緊張的程度絕對不亞於醫生與護士。

這些無形的靈體包括神與鬼，一共有下列五大類：

1. 陰間使者

民間信仰中所熟悉的黑白無常，又稱范謝將軍，也就是台灣民間所稱呼的八爺與七爺，是著名的鬼差。祂們只有在病人壽命已盡，要趁此次手術失敗的機會，等著取走病人的生命，帶走病人的魂魄時才會出現。

2. 神佛

神佛的本尊有時會親自出現在手術現場，愈基層的神明出現的機率愈高，這些神佛大部分是透過家屬誠心的請求之下來到現場協助，有些則是病人本身的善行足夠，或是自己虔誠信仰的神佛主動至現場幫忙。

3. 神佛的使者

這是現場很大的一群，大部分受請託或願意主動幫忙的神佛，祂們只會派一些使者來到現場協助，這些使者包括兵將、天使……等。

4. 有所目的的鬼靈

有些病人本身已經有冤親隨身，這些冤親因為對病人有所前世的仇恨，故趁債務人在身體動刀面臨生死的時候，伺機尋找看看有無機會予以復仇，甚至取走生命。

5. 沒有目的的鬼靈

這也是相當多的一群，祂們是在醫院死亡的靈體，因故未去陰間受審或投胎，而遺留下來的孤魂野鬼，基於好奇與無聊會在病人身旁等著看一些好戲。

以上五種類型的靈體不一定都會出現或者同時出現在手術現場，尤其是第1、2種出現的機率不多，而第3、5種則通常都會隨時存在。

當手術進行時，祂們就會在旁伺機進行祂們的工作與完成任務，不過這些任務是有先後程序之分，而且必須遵守基本的原則。

通常是以已經安排好的命運，與有上天的指令者為優先。當各自的任務與上面兩項有所衝突時，彼此就要進行協調，既然是協調，有些情緒化的神鬼有時之間也會發生一些爭執與衝突。

手術進行之中，醫療團隊的能力、經驗與用心程度，醫療設備的齊全與否，還有過程中可能發生的無心疏失，都會深深地影響到手術的成功與否？一般如果沒有特別的疏忽與情況，大都可以按照醫療的計畫進行。也因此無形靈界的所作所為就會對這次手術的成功與否帶來關鍵性的影響。

以下就手術中無形靈界所發生的一些狀況敘述如下，瞭解之後才可以整理出家屬協助手術親人的一些實質方法，也是本篇文章最主要的正面意義。

1. 手術者今生的壽命已盡（或是遇到無法過關的生命關卡）

當手術者今生的壽命已盡，手術過程就會成為結束生命的方式。此時理所當然地一些陰間的使者就會出現在旁等待，以便取走其生命，也就會造成手術的失敗而導致死亡。除非是臨時接到天界主導者的旨令予以延壽，那麼就會讓此次手術過關。

這個時候還可能出現一種情況，就是一些神佛雖然知道此人的壽命已盡，但是在兒女及親人孝心與誠心的請託之下，會向陰間使者陳述手術者生平的一些善行與兒女令人感動的孝心……等理由，來與其拜託商量。通常如果是正神正佛所請求，而陳述的事情亦屬實的話，陰間使者有可能會給予機會而暫時放手，回去具狀向

上司轉告上秉，如此一來手術者就可以暫時逃過死亡一劫。

2. 有機會過關的生命關卡

如果此次手術是生命中的一大關卡，隨時有可能因為過不了關而失去性命，但是仍有過關的機率。那麼陰間使者依然會出現在手術的現場，等待人為的疏失或其他外靈的干擾所造成生命的結束。

此種情況卻也是神佛展現能力的大好機會。這個時候一些神佛或是神佛的使者，會將此人生平的善行事蹟與親人誠心祈求的孝心，盡力地陳述給陰間使者，並利用一點神佛彼此間的交情關係，相互討論協調，無所不用其極的去協助手術者可以過關。

另外若是此人身旁有冤親等外靈的跟隨，也會趁此機會大顯身手，伺機干擾致死，以達到報復的目的。

3. 命運中注定好的刀關劫

如果只是命中注定好必須承受的刀劫，不至於危及生命，陰間使者就不會出現，大部分神佛只會派遣一些使者來現場做些協助，也很少會親自至現場。但是此種狀況卻是有目的冤親出手的最好機會，祂們通常會加以干擾，使此次的手術過程不順利，以達到報仇的目的。此時神佛使者與冤親就會彼此相互討論協調。

另外一些存在於醫院比較不安於室的陰靈，也會對手術者做一些輕微的干擾。

4. 偏差行為造成的現世報

有少數命中原本不該有此刀劫，但是因為今生的言行有大惡之行為，就會突破因果循環時間上的限制，造成手術上的病痛折磨，甚至提早結束生命。

此種情況較為複雜，上述所有無形空間的對象都有可能會出現，形成一種彼此的搶人拉鋸戰。因為手術者生平的言行惡劣，神佛在此方面比較無法仗義執言。而冤親卻是蠢蠢欲動，希望能夠趁此次的機會趕快取走其生命，以便達到報仇的目的。

5. 僅是皮肉之痛的小手術

如果只是一個承受皮肉之痛的小手術，則情況就單純多了，只會有極少數的神佛使者來到現場，稍微阻擋醫院陰靈的騷擾。而冤親在這種情況下也不太會出手干擾，因為這種小手術對祂們而言，並不是一個復仇的好機會。

由以上的狀況整理出，當親人接受醫療手術時，可以去做下列事情來協助平安順利：

1. 以其名義去做一些善事，例如捐物資至慈善團體、助印善書、協助弱勢……等。
2. 至玉皇上帝處誠心的祈求。（限於道教與民間信仰，其他宗教可以向其所信仰的最高神佛祈求。）
3. 請求平日所信仰膜拜的神佛協助幫忙。（不限於佛、道教的神佛）
4. 手術前可以去尋找有能力的神佛代言人，看看身邊是否有跟隨干擾的無形陰靈？若是有的話必須將祂排除減少干擾。
5. 進入手術房之前，誠心的默唸拜託醫院中的所有陰靈不要進行干擾。

最重要的一點，還是要希望人們平日要存好心、說好話、做好事，千萬不可以做惡事，否則當遇到了生命上的大難關時，任憑大羅神仙也難以回天乏術。

昏迷時的世界

當親人因故昏迷，在醫院中與生命進行時間上的拔河時，相信那種未知、期待與懼怕的心情是最難熬的，雖然沒有親眼目睹其所承受的一些痛苦，但是總覺得他們好像在承受莫大的苦難，而且隨時可能結束生命離開世間，再也無法清醒與我們進行對話。

到底人們在昏迷時的無形世界是什麼樣情形呢？如果可以有個大概瞭解，說不定能夠做一些比較正確的事情來協助他們，即使最後的結果是令人遺憾，也可以讓自己的心有所放下。

本書一百七十九頁曾經談到，昏迷的狀況是靈魂與生魂仍然存在，但是覺魂因為受傷已經無法去正常運作，或是因為受到驚嚇導致離開了肉體（有個醫學名詞叫做昏迷指數，也就是由覺魂受傷的程度與是否離開肉體而去判斷）。

導致生命的實際能力與意義仍然存在，只是喪失了思考的能力，也就無法產生任何的動作，因而形成了昏迷的狀態。

因此對於昏迷者的協助與解救方式，就是利用醫學與靈學的方法將覺魂修復或尋找回來，使其恢復正常的運作，如此昏迷者才會清醒。

但是這是有時間性的問題，因為生魂有可能因為覺魂離開太久，敵不過身體承受意外或疾病所帶來的傷痛而離開，也就是死亡。很多的昏迷者就是如此無法清醒而結束生命。

因此昏迷的無形世界，是一個與時間拔河的世界。那麼實際狀況又是如何呢？

昏迷者的無形世界裡，身旁依舊可能聚集上述五種無形界的靈體，但是祂們卻在做兩極化的工作，一是在搶著救人，另一是在致人於死。

怎麼說呢？神佛與神佛使者在親人信徒的委託之下，或者是本身昏迷者對其有虔誠的信仰，大都會盡量利用各種方式去協助清醒；冤親與醫院的陰靈則會想盡辦法去干擾，使其不要清醒。

因為昏迷的問題牽涉到生魂的時間性問題，還有靈魂的想法問題，所以會變得比較複雜，可能會產生下列幾種情形：

一、無法清醒

若是覺魂在醫學與靈學的協助之下，無法將其尋找回來或做有效的修復，則肉體在超過可以承受的時間範圍之後，就會因為靈魂放棄肉體與生魂的離去而死亡。

二、可以清醒——逐漸恢復。

若是覺魂在醫學與靈學的協助之下，已經尋找回來或完成了相當程度的修護，而在時間內肉體尚未失去功能，則此人就可以清醒繼續生存，這也是人們所樂見的情況。

三、可以清醒——成為植物人

有時靈魂在一些因素的影響之下決定放棄肉體，那麼此人會因為覺魂的趨於正常而清醒了，然而卻會因為靈魂的不存在而成了人們所不意樂見的植物人。

四、可以清醒——產生後遺症

若是昏迷者清醒了，但是肉體上的某些器官，因為長時間的不正常運作而損壞了部分功能，那麼就會造成昏迷的後遺症。

瞭解了上述情形之後，對於一些昏迷者，親人該做哪些方面的協助呢？

1. 全力配合醫學方式進行治療與肉體器官的維護。
2. 請求有能力的神佛協助尋找覺魂或修護覺魂。

3. 尋找有能力的神佛代言人，協助排除昏迷者身邊的陰靈，降低其不必要的干擾。

4. 向天界領導者誠心的祈求，期盼能夠感動上天。

5. 以昏迷者的名義去行善，提升其能量。

往生後的世界

生、老、病、死乃是人生四件大事，亦是必經的過程，其中生與死是人生的起點與終點，對人們而言更為重要。生是今生生命的起點，人們總是以喜悅的心情來迎接，死雖然是此世生命的終點，卻也是另一段生命的起點，故死亡又稱為往生，意思是前往另一段嶄新的生命，對往生者與家屬而言，應該同樣是件高興與美好的事。

但是人世間的人基於一輩子情感的懷念，對於親人的往生總是會有所不捨，因而感到悲傷與痛苦，所以在往生後的處理程序上，似乎比較偏向悲觀面去進行，也因此存在著部分自我想像的空間與產生了一些方向上的偏差。

隨著時代的進步，有些事情似乎也要跟著調整與改變，即使一些根深蒂固的傳統儀式與做法，短時間內或許很難去動搖，但是至少也要有相關事實的瞭解。以免做了一些完全沒有意義卻又把它視為重點的事，不但對往生的親人毫無幫助，反而會影響他們的重生之路，也會浪費許多不必要的資源。

在幾次虎爺的帶領之下，進入了人們往生後的世界才發現，這個陰陽交會的時空，

原來是一個如此單純寧靜的世界。就像是懷胎十月的辛苦媽媽，在醫護人員的協助之下，順利在醫院誕生嬰兒，住個幾天之後由父親愉悅地把他抱回家，如此單純的過程而已，並沒有人們想像中複雜。也就是說有些喪禮中的事，人們有時真的是想的太多了。

不過在寧靜的過程之中，又充滿著一種期待，因此往生後的世界就是一個寧靜期待的時空。

人們不管最後是以何種方式結束生命，絕大部分的人（也有少部分例外）自從死亡的那一刻起，就進入了所謂的中陰身（死亡至重新投胎這段期間的靈體稱為中陰身）。

開始約略六至十二個時辰的時間，是處於一個過渡時期，這個時期的往生者處於一個尚不知或未確定自己已經死亡的模糊記憶，因此還可以約略看到陽世間的一些親友與狀態，身體的一些感覺也還沒有完全消失，可以進行吃東西、盥洗等生平時的習慣動作，靈體尚未被陰間使者所帶離。

可是因為陰陽兩隔，往生者的言行並無法讓親友有所感覺（這也就是一些書上所描述的，人死後會去叫一些親人的名字，可是親人因為不知道而沒有回應，他就會覺得很納悶，甚至會很生氣。可是當他連續幾次叫了親人的名字都同樣沒有得到回應之後，才會意識到自己已經死亡），也會因為已經是身為陰靈，故會增加一些人們無法做到的能力。

例如想要去遠方看一個人，只要用意念一想像，就可以馬上到達目的地，也可以穿越牆壁通行無阻。

這段過渡時期，是一個具有極大危險性的時期，怎麼說呢？人一旦斷氣往生之後，身邊通常會出現所信仰的神佛，或親人委託願意協助的有緣神佛，祂們會在旁做一些協助與指引。如果生平善行遠大於惡行，則會直接指引其上天界，其他者則會協助順利至陰間接受審判。

但是這段期間一些遊蕩於無形空間，對往生者帶有極大仇恨的冤親（不一定每個人都有），也會圍繞在身旁伺機干擾，最常見的現象是會化身已經往生的親人，讓往生者產生一種思念與安全感，而跟隨其腳步前去黑暗苦難處。有時也會干擾往生者堅定的信仰意念，阻斷他們的天堂之路。

各位讀者或許會有所疑問，不是有神佛在身旁保護嗎？怎麼還有容許冤親干擾的

空間呢？無形靈界的眾生與情況，自然會有一個相互牽引的平衡法則，神佛雖具有一些能力，但是並不是完全可以去做祂們想要做的事。

就像是劊子手對一位死刑犯依法執行死刑，那位死刑犯所信仰的神明，雖然有無形的能力去奪走劊子手手中的槍枝，讓他逃過死劫，但是祂們不會也不能這樣做，因為這樣會破壞天地間的律法。而且即使讓這次執行死刑任務無法成功，一定還會再次進行，死刑犯最終還是難逃一死，並不具有任何意義。

經過了這段過渡時期之後，除了少數特殊原因之外，大部分的靈體就會被陰間使者帶離陽世間，到陰間做審判。

也就是說往生者死亡大概十二個小時之後，其靈體已經不在人世間，只剩下一具讓親友懷念的冰冷遺體，與進行民間該有的一些傳統儀式。

那些讓靈體暫時仍然留在人間的特殊原因，包括死者死於非命具有極大的仇恨，那種復仇力量足以暫時退卻陰間使者的任務，像慘無人寰的兇殺案受害者、穿紅衣殉情自殺者……等。另一種則是陽壽未盡，而死於意外者。

然而人們死亡後靈體並不是再也不會回到人間，除了少數生平無大的善惡行為，經過快速的審判而在往生後幾天馬上去投胎者外，大部分的靈體會在兩個時間點再次回到人世間，看看與懷念陽世間的親友。

除了很特殊的原因之外，就只有唯二的這兩個時間，陽世間親屬如果想要與往生的親人做最後聯繫，一定要好好把握這些時間，之後真的就天人永別，此世的情緣已盡了。

這兩個時間點一個是在往生後第七天晚上(也就是俗稱的頭七)，一個則是告別式前天晚上至火葬送入火化或土葬埋棺之時，這也就是這輩子與親人最後的接觸。

而往生者回到人世間，往往是所信仰宗教的使者所帶領，在民間信仰與佛道教則是由當地的土地公背負起這個任務，陰間使者把往生者靈體交給當地的土地公去完成這些任務之後，再由土地公的手中將往生者的靈體帶回陰間。

所以人往生後的無形世界真的是一個很寧靜的世界，並沒有想像中的複雜，但是卻又充滿期待的一個世界。

這些期待有兩個：一個是來自於親人希望往生者可以在另一個世界過得好的期待，另一個是往生者希望親人可以有所正面協助他解脫的期待。

在人往生百日內，親人對往生者進行的所作所為，所產生的善行能量，還是可以間接影響往生者，減輕其受審判上的痛苦，百日之後影響就愈來愈小，而往生七日之內的影響最大。這也就是說人們在治喪期間對往生者所做的一些動作，其實是對親人有所影響，只是採用的方式可能有所偏差與迷思，導致不但沒有助益反而會害了他們，這也就是下面所要談的。

點燈的迷思

從小心中就有個疑問，為什麼辦理喪事時，家中的電燈總是要全天亮著，直到喪禮結束後的幾個小時才可以熄滅？長大之後才有所瞭解，原來那些燈光的用意是要讓往生者可以找到回家的路，有著通明的燈火才能夠讓往生者知道自己生前的家是在哪裡。

另外還有些許壯膽與避邪作用，喪禮家中總是較為陰森，若是燈火充足則可以免除一些恐懼感，喪禮現場的運勢會比較低迷，點燈也可以避免一些陰邪進入。

前些日子有一戶人家在辦喪事，因為自宅房子老舊，整間房屋的電燈全開加上冰櫃大量用電量，不慎引起老舊電線著火因而發生了火災。

類似此種意外時有所聞，因此讓我們去思考著一些傳統禮儀是否具有真正的意義？先人所留下來的習俗或許有其存在價值，但是不一定完全正確，也不需要全數去推翻，不過確實有討論與改進的空間。

依據前述，往生者回到家中的兩個時間點，大部分是由當地的土地公或特殊的靈界使者所帶領，所以應該不會有找不到路的問題。而且現代的建築設計上都比較明亮，也會減少喪禮的恐懼。因此可以嘗試減少燈光數量或減低強度，也可以採用輪流點亮的方式，不但能夠節省一些能源，又可以比較安全。

另外台灣人喪禮還有個很特殊的習俗，就是收了送行者的奠儀之後，一般都會回送一條毛巾給送行者。可是絕大部分的人，並不會真正去使用這條毛巾（說真的當今富裕的社會，大家根本不缺這條毛巾），甚至還會認為不吉利而將其扔掉或隨意放在門口鞋櫃，這樣是不是會造成了一種浪費呢？

因為這個習俗是來自舊時代喪禮需要大量的人力，故回送毛巾讓工作者擦汗，以前是真正可以達到使用毛巾的效果，如今面紙氾濫的年代，毛巾似乎已經沒有其功能

的存在必要了。所以若是可以把回送毛巾的這筆開銷用來在協助弱勢團體，相信送行者不會為這條毛巾而計較，如此也可以把這種善行能量迴向給往生者協助其好走。

誦經的迷思

誦經絕對是喪禮中不可缺少的動作，不管是否真的可以去協助到往生者，至少親人為亡者做了這些事，會有種心安的感覺。

為往生者助唸誦經的意義大概有兩種，一是希望亡者聽聞佛道法之後可以放下一切，跟隨著神佛而去。另一種意義則是欲利用經文咒語的力量讓往生者一路好走。

台灣誦經的方式大概有道經與佛經兩種，當然還有少數其他宗教的經文。道教與少數的佛教誦經團體是以營利的方式進行，而絕大多數的佛教團體則是免費功德助唸，最有名的應該是法鼓山助唸團、慈濟助唸團……等。

就前述的論點而言，往生者只有在剛往生時、頭七與告別式當天才會在現場，所以在其他的時間唸誦經文去影響他們，似乎是形式的意義大於實際的意義，因為亡者應該聽不到。如果想要達到一些效果，建議親人一定要在經團的帶領之下，親自參與誦唸，不管會不會唸，一定要一邊唸一邊發自內心祈求想像這些經文可以有所協助往生者，利用這種發自誠心與孝心的極大心念能量去影響協助他們，才可以達到為亡者助唸的效果。

另外曾經有位往生者，生平接觸的都是道教與民間信仰，未曾聽聞也不曾相信佛法，然而往生後因為其幾個女兒之中有一位虔誠的佛教徒，因而幾乎每日請經團為其誦唸佛經。或許她深信唯有佛法才是正法，但是對於一生未曾接觸佛法甚至排斥佛法者，不順其生平習性為其誦唸道經，反而依照兒女本身的見解執意而行，或許真的不太適當，也會枉費自己的一片孝心。

祭品的迷思

多樣的祭品也是台灣喪禮中的一大特色，這些祭品中又以罐頭塔與紙房屋最具代表性。

眾多的祭品是世間親人對往生者一種孝心與愛的表現，就精神面而言著實令人感動，但是就實際的情形來看，有很多祭品並沒有存在任何實質的意義，過度的使用不

但對往生者沒有幫助，反而會形成了一些浪費與破壞環保而導致彼此的造業。

對往生者的祭品大概分為生活用品、習慣用品、期望用品與悼念用品四大類，分別描述如下：

生活用品

盥洗用品、三餐飯菜、衣服……等都是常見的生活上祭品，這些祭品是人們想像往生者仍然會像世間生活一樣，而予以準備的東西。就前述而言，因為人往生後靈體已經不在現場，所以他根本不會去使用這些東西，就算是靈體仍然存在現場，不同空間的實體應該不可能有所交集。

不過這些東西雖然不具有任何實質的意義，還是建議可以依照傳統進行，因為這些動作可以讓親人對往生者做最後的付出，尤其是子女對父母的孝心，精神層面的作用很大，可以蓋過實際的層面，實在不容去忽視。

習慣用品

人在世上通常會有一些自己特殊的嗜好與習慣，有時親人為了附和往生者的習慣，想要使其在另一個空間也能夠快樂，會準備一些其喜歡的祭品，例如香菸、酒、檳榔……等。這些東西其實大可不必，因為往生者根本無法去享用，只是徒增浪費而已。

更令人感到不適當的還有曾經有位往生者，生前偏愛麻將賭博，親人就在其供桌上擺上一副麻將。更有一位生前十分風流好色的往生者，死後親人竟然怕他寂寞，而放上幾部色情錄影帶欲給他看，這真是十分不智與錯誤的舉動。

生平一些錯誤的言行，死後都將會為往生者帶來懲罰與苦難，揮都揮之不去了，親人竟然為了迎合其生平的習慣，而讓錯誤的言行繼續延續下去，真是令人感到不可思議。

期望用品

期望用品則是親人為了讓往生者在另一個空間裡，也可以享受到世間的物質，而把那些物質以紙製品代替，期望其可以得到與紙製品同樣的東西，這些紙製品大概可以分為房屋、車子……等物質品與金錢貨幣兩項。

雖然同樣是紙製品，但是兩項東西所產生的效果是有所不同。像房屋、車子、電視、傭人諸如此類的紙製品，相信一般人用簡單的思考即可以知道，那些東西怎麼可

能在燒化之後在另一個空間化成實品來給往生者使用呢?如果可以這樣的話,那麼有錢人的親人就可以購買大量的紙房屋化燒給往生者,死後到達另一個空間也依然會很有錢,如此公平嗎?

其實那些動作只是一種期望對方好的意念傳遞,因此只要在心中誠心的祈禱往生者在另一個空間,物質上也可以過得舒適,是比形式上去化燒紙製品還有效用的。既然如此幹嘛去浪費那些金錢呢?而且會破壞環保導致造業。將這些費用省下來協助弱勢者,這種善行能量反而會對往生者更有幫助。

而紙製貨幣(俗稱紙錢)則是先人留下來的一種習俗,自然有其存在的意義與價值,不應該完全去否定。紙錢是一種不同空間的財富傳遞物質,幾乎是人類與無形神鬼的共同約定,因此具有其存在的能量。這種能量是足以協助影響另一個空間的往生者,只是不是想像中化成實體的陰間貨幣。而且一般人都會衡量紙錢數量的多寡,其實我們有個很突破的發現,無形靈體在拿取這些紙錢所產生的能量時,並不是以數量計,而是以次數計,每個靈體只能拿一次。因此紙錢的燒化只要些許的數量代表即可,多出的數量其實是沒有太大的效用,否則的話不就只要不斷化燒大量的紙錢就可以讓往生者過得很好，似乎有違常理，而且如此還可以減少對環境的破壞。

悼念用品

人世間的親友在喪禮過程中，往往會送上一些食品、花樹、字聯與金錢，上面寫著追思或褒揚的字句，來表達對往生者的懷念與對喪禮的注重，常見的有花籃、輓聯、罐頭塔、禮金等。這些東西對喪禮環境的佈置，確實可以達到莊嚴美觀的效果，也能夠抒發親友對往生者尊重與不捨的情緒，效用並不容忽視。但是過於華麗與貴重的東西，畢竟於喪禮結束之後就要完全銷毀，是有點奢侈與浪費，不需要也無法達到其效果。

尤其是罐頭塔，動輒數萬元，與裡頭食品的實際價值相差太多，而且多日置放在陽光之下，也會衍生衛生安全的問題，使用過期食品也時有所聞，此種悼念物品的適當性真的值得探討與深思。罐頭塔也是在台灣喪禮中一項十分特殊的東西。

另外告別式現場的輓聯，對於會場的佈置，確實可以達到莊嚴與悼念的效果。但是應該心喜而為，不要成為標榜權勢與宣傳政治目的的工具，總統送的輓聯與里長送

的輓聯，在意義上應該是差不多的。

哭泣的迷思

前面有提到死亡又稱為往生，往生顧名思義就是此生生命的結束但卻是另一段生命的開始，就如同小孩誕生一樣，應該是一件令人高興的事。

但是由於長時間相處所產生的感情，使得當親人往生時往往會理所當然的難過哭泣，即使難過與彼此感情的程度不至於會讓你有所哭泣，還是要稍微假裝一下，以免讓人批評說你不孝或是沒有感情。

適時的情緒發洩是無可厚非，但是過度與虛假的哭泣對往生者而言是完全沒有任何的幫助，有時候反而是一種阻礙，因為可能會讓往生者有所放不下，許多經書裡都有相同的描述，尤其是在頭七與告別式親人靈體回到人世間的時候。

告別式的迷思

前面有提到，頭七與告別式是往生者會回到人間的唯二時間，也是與親人相會的最後時刻，尤其是告別式更是陰陽相聚緣分的終點。因此親人應該要特別重視這個時間與儀式，可以的話所有的親友要盡可能來參加。

告別式包含著懷念與道別的兩種意義，向親愛的往生者告別與懷念其一生的種種事蹟。然而現在民間的告別式大部分都只有道別的意味，而極少去考慮到懷念這個部分。因此靈堂的佈置可以擺設往生者生前一些具有代表性的物品、相片，或是製作播放往生者人生過程的影片，司儀也可以完整介紹往生者的生前生活點滴與事蹟，讓親友去做最後的追思與懷念。演奏的音樂也不一定要侷限於傳統悲傷音樂，可以改用較平淡優雅的曲調。

另外告別式要盡可能捨棄一些虛假的動作，最常看到的就是親人為了撐場面，總是會邀請一些官員與民意代表來悼念，其實這對往生者並沒有任何的幫助，只是會替那些民意代表製造一個作秀的舞台。因為此刻名利對往生者而言已經不具任何意義，其最想要看到的不是那些高官權勢，而是陪伴一生摯愛的親友。

孝女白琴更是台灣喪禮中最誇張的虛假動作，除了會增加喪禮哀傷吵鬧的氣氛，更會形成金錢上的浪費，完全沒有任何的意義與功能，是非常不適合的一個動作，應

該要被現代社會所捨棄。

註：孝女白琴是來自於台灣傳統戲曲，黃俊雄布袋戲（雲州大儒俠）裡頭，有個叫做孝女白瓊的角色。因遭逢喪母之痛，為了將母親的骨灰帶至聖地而行走江湖，因其全身素縞、手持哭喪棒、白幡上寫著「接引西方」四個大字，一身喪母的悲傷形象，被台灣的殯葬業者所運用。至於琴字則是瓊字的訛傳。

守孝的迷思

守孝是中國古代流傳下來的一種美德，雖然是一種美德，但是隨著時代的進步，卻造成了許多的束縛與不便，有些更與實際的生活嚴重脫節，實在有檢討與改進的空間。

守孝一般是指父母過世之後子女要為其守孝三年，主要的限制是不得當官考試、不得參加婚喪喜宴、不得從事嫁娶，不得進出廟宇、不得拜訪親友。

以上的一些守孝的禁忌以現代忙碌的社會而言，似乎是很難去做到，事實上那些守孝的方式除了可以展現兒女的孝心，進而產生一些正面的能量之外，幾乎是對死者完全沒有任何的幫助。而且古代設立的守孝方式的用意，有很多是配合當時的社會狀況，甚至還摻雜著幾許的政治權謀，如今時空轉移，當然有很多相當不適合。

試想往生的父母會因為他們的離去而導致子女辭官或無法成家立業有所獲益嗎？當然是不會，如此做只是增加他們的擔心而已。不進去廟宇一定多少會影響到長期的信仰方式，神明會因為人們父母的辭世就排斥他們嗎?當然也是不會，如果會的話一定不是位好神明。不參加婚喪喜慶、不拜訪親友或多或少會影響到人際關係，相對的影響到事業，進而壓縮到生存空間，往生的父母也一定很不想看到兒女這樣。

因此古代一些守孝事宜，以現代的眼光來看，幾乎都是父母在世時不希望子女去做的事，往生之後當然一定也更不希望見到。所以現代人在守孝上似乎可以採用一些其他方式來代替，如此不但可以真正協助到往生的父母，也不會讓他們為子女的不便感到擔心。

1. 利用誠心的懷念代替無意義的行動。
2. 發揚或延續父母生前的精神與事蹟，使父母歡喜。
3. 以行善代替限制，利用善行能量協助父母脫離苦海。

4. 利用生前的實際孝行來代替往生後的盲目行為。

5. 利用三年守孝的時間低調行事，趁機改變自己的修養。

註：為何要守孝三年呢?而不是一年或兩年。有兩種說法：一是古時候的人認為人死後在三年之內是有可能復活，故三年內還是要盡到照顧父母的責任。另一種說法則是子女出生之後一般需要在父母的懷抱中呵護兩年，加上懷胎時在母親腹中一年總計三年，故要守孝三年來報恩。

極樂世界的迷思

當自己的親人往生之後，最常聽到親友的安慰話語之中，大概就是已經跟隨著菩薩前往西方極樂世界等諸類用詞為最多，當聽到這樣的話語自然會對往生的親人比較不會擔心，也會減少自己思念的傷痛。

當然很希望每個往生者都可以前往所謂的西方極樂世界，真的是這樣的話在世間的親人就可以比較心安，然而事實上並非如此。依據我們現有能力的瞭解，極樂世界並非如此容易可以前往，大部分的往生者還是必須承受一些審判、懲罰與輪迴。在這

些過程之中，親人可以適時提供一些協助的力量，使其早日脫離苦海、前往美好理想之處。若一味的相信親人絕對是前往極樂世界來安慰自己，就會鬆懈了一些可以協助親人的動作，如此對往生的親人而言並非是件好事。

就像嫁出去的女兒，若是父母親只是一味的認為她嫁到好人家、過得幸福快樂，不去主動關心她、瞭解她的狀況、看她生活上有些什麼樣的問題適時去提供協助。而實際上女兒卻是處在一個不幸福的婚姻之中，也不敢回家跟父母講，這樣的話女兒就會永遠在痛苦的婚姻之中掙扎。

因此可以用意念深切期望親人前往西方極樂世界，但是要客觀地去瞭解親人往生後的情形，並做一些可以協助他們的動作，應該會比較正確與適當。試想一個在人世間言行並不好的人，卻還是認為他們往生之後可以前往西方極樂世界，那不是很矛盾也很不實際的事嗎？

那麼要如何對往生後的親人提供最實際的協助呢？有下列四種主要的方式：

1. 以往生親人的名義行善：

往生後的短暫時間內（大概是半個月），人世間親人以其名義去行善，是可以對其

有不小的協助。這種協助力量來自於實際善行所產生的能量，還有親人願意代其行善的孝心能量。親人願意為往生者做這些事，表示此人在人世間一定有所付出與盡職，親人才會為他付出這種孝心。

這些能量都有助於其往生後的審判過程中，可以順利並減輕痛苦，對其再度投胎之處也有所好的影響。

不過親人以其名義代為行善所獲得的效用，會隨著往生時間的拉長而減低甚至消失。所以在親人剛往生不久時，一定要積極的以其名義代為行善，如果可以節省喪禮的費用，用來協助弱勢者，那將會是更棒了！

2. 用強烈的意念期望往生親人可以前往美好之處：

強烈的意念絕對是會對往生後親人的情況有所助益。可以想像其前去天堂享福、去極樂世界修行、完全沒有任何痛苦、人世間所承受的病痛都消失不見了…等。若是可以集合更多親人的意念，那麼協助的力量將更強大了。

3. 用孝心向神佛不斷地祈求：

神佛絕對是有些許的權力與能力去協助往生親人可以過得比較好，若是發自孝心真誠地去祈求神佛，讓祂們有所感動而願意出手去協助，則會對往生的親人有所助益。

不過台灣民間習俗，喪禮期間是不適合進入廟宇的，因為傳統的觀念傳承，帶喪的人身體並不乾淨，進入廟中拜拜會汙衊到神佛，因此有所禁忌而不宜。關於這種理論，應該是還有很大的討論與改革空間，不過現階段還是必須遵守這種習俗為宜。因此可以在心中默默向神佛祈求，待喪禮結束之後再到寺廟裡祈求。

4. 將悲痛化為動力，成就自己並奉獻社會，光宗耀祖：

若是可以將喪失親人的悲痛，化為一股強大的動力來成就自己，進而奉獻社會、光宗耀祖，那麼這股強大的能量將會對往生的親人有所好的影響，而且無論時間的久遠或是現在何處，都是會有助益。

以上闡述了一些現代治喪期間所可能發生的一些迷思之後，也要在此陳述一下虎爺理想中的往生處理方式，提供給大家做為參考，**希望這些原則與方向可以為社會帶來一些改變與前進的動力，減少一些無意義的動作：**

1. 盡量減少因為此次的喪禮而帶給地球的負擔

人在世間上帶給了社會一些貢獻，但也不由自主的為地球製造了一些環境與資源上的負擔。在道別地球的最後時間，若是可以減少對地球再製造一些負擔，將有助於生命結束的更圓滿。

因此喪禮應該要朝向簡單樸素進行，避免一些不必要的動作與浪費，若是可以節省治喪的費用，協助於弱勢者，此種善行能量將會有助於往生者走得更平順。

2. 增加給親友懷念與道別的空間

人的一生幾乎都是在親情與友情的陪伴之下度過，那些都是人們生命中極為重要的東西。在短短不到十天的治喪期間，若是可以多安排一些讓親友懷念與道別的空間，將會使往生者的人間最後旅途，有個更完美的結局。

3. 以祝福與感恩取代悲傷的氣氛

喪禮往往是會帶給人們悲傷的氣氛，世間相處那麼久而如今卻來永遠分離，適時的悲傷是一種情緒情感上的自然反應。但是悲傷並無法帶給往生者任何的幫助，若是可以擁有感恩的心態，誠心的去祝福其往生美好之處，那種祈禱與感恩的能量，才會有助於往生者離開世間之後的道路。

4. 以溫馨的佈置代替恐懼的環境

喪禮的現場往往會令人有種恐懼的感覺，這種恐懼的環境在治喪期間也會影響到鄰居，尤其是台灣鄉間傳統的喪禮方式。

往生是此世生命的圓滿結束，也是另一段生命的開始，因此除了承受一些分離的悲傷之外，應該是一件值得欣喜的事。如果在遵循一些必要的傳統禮俗與民間禁忌之外，可以把喪禮現場佈置成比較溫馨的感覺，相信會對往生者的情緒有所助益，也會讓親友的心情較為平復，更可以減輕對左鄰右舍的影響。

5. 盡量遵循往生者生前的信仰方式與遺願辦理

人在世間上數十載的時間裡，大部分會有自己的信仰方式，每種信仰也有其往生處理的方法，雖然有些信仰以世俗的眼光而言並非適合，但是畢竟是陪伴著往生者的一生，若是可以遵循其信仰的方式辦理喪禮，將會讓往生者走得更安心、更圓滿。

另外往生者生平應該也會有一些心願，如果在往生之後可以協助達成，將會使其更心喜地離開人世間。

神佛的世界

天堂是我們從小就十分嚮往的地方，一些善書、經書總是把天堂描述成為一個仙境，環境優美，住著一些逍遙的神仙。事實上真的就是如此，甚至有過之而無不及，而神佛的世界實際上也就是所謂的天堂。

在幾年前自從虎爺第一次帶我參觀了月下老人的世界之後，又陸續參觀了虎爺的仙居與一些人世間耳熟能詳的神佛世界，像註生娘娘的世界、文昌帝君的世界、福德正神的世界……等。

這些大都屬於道教中的太極神世界，太極神的神格雖然在佛道教裡屬於比較基層，但是一般也會較親近於人們生活與人間百態，而且負有降靈濟世、保鄉護民的任務。

在心曠神怡的去進行這些神仙之旅時，神佛們也賦予了我一些任務，希望能夠將一些天界對於人世間的運作情形，與神佛想要傳達給人們一些正確的訊息，忠實轉述給人們，可以協助人們去改善一些生活上的困擾。

文昌帝君的世界

二〇一三年六月，那陣子有好多人問及有關功名的問題，包括中學及大學入學考試、公務人員考試、國營及大型企業招考、事業單位升遷……等，看到每個應試者與學生家長心中的焦慮感，以及渴望得到好結果的心情，若是我是主考官一定會讓他們全部過關。

可是功名的追求本來就會有得有失，並無法讓所有人如心所願，因此虎爺特別安排了一趟文昌帝君的世界之旅，讓我去瞭解無形神佛世界對人們功名安排的一些情形，希望可以在公平的天地法則之下，盡最大的能力去協助人們獲得想要的功名。這是我的第三處神佛世界之旅。（之前參觀的是月下老人的世界與虎爺的金庫）

那是一個星期假日的午後，椰子樹梢在窗外的微風中徐徐飄動，拉起了房間的小窗廉，遮住了南台灣夏天的烈日，躺在床上閱讀一本心靈書，床旁放杯喜愛喝的飲料，享受對我而言十分珍貴的午後休息時光，就這樣自然的睡著了。

不知不覺中虎爺來到了我的夢中把我叫醒，讓我攀附在祂的背上，迅速的把我帶到一個地方。

這個地方與月下老人的浪漫仙境、虎爺的漂亮仙居有所不同，感覺上是一個十分莊嚴的地方，像似古時候的審判公堂，每個天人都十分的忙碌，並且不苟言笑。

突然間有兩個天人出來招呼我們，祂們與虎爺打過招呼之後，就請我們進入一個廳堂，此廳堂之華麗是讓人無法想像的。除了珍貴的建材之外，牆上與天花板刻滿了一些字畫，那些字畫所用的顏料十分特殊，並不是普通的墨水與水彩，而是令人看了會有種幸福感覺的神奇顏料。更令人難以置信的是那些字畫有些是在人世間很眼熟，原來人世間的著名字畫也是會呈現在天界之中，此刻才深刻感受到天界與人間竟然是如此的親近。

經過短暫的交談之後，才知道兩位天人原來是文昌帝君派來招待我們的，因為世間很少人可以有這個機會來到這裡，若是沒有虎爺的牽線根本無法成行，所以特別盛情款待。

和上次一樣，各個天人世界的領導者並不是輕易可見，因此此趟旅程並未真正見到文昌帝君本人，不過兩位天人使用特殊的飲料、食物招待我們，加上處在如此高貴的廳堂仙境裡，已經足夠讓我陶然欲醉。話匣子一開之後，祂們開始向我們透露掌管人世間功名的文昌帝君世界之運作情形。

這個世界裡的天人，大都是飽讀詩書，看起來就有一種文質彬彬的感覺，而且出口成章。這個世界較大的管理單位與人們有關的大概有三個：錄取、升遷與彈劾（我認為這是祂們為了配合人世間的運作所使用的名詞）。

錄取

這是文昌帝君世界最大的單位，錄取的項目包含了學歷、考試與事業。

學歷：

人一生下來就會依照前世的言行，賜予每個人一些文筆。天界管理者在每項入學考試會依照個人的文筆數量，商議出一份錄取名單，交由文昌帝君做最後的定奪。

考試：

人一生下來就會依照前世的言行，賜予每個人一些文昌。天界管理者在每項國家考試會依照個人的文昌強弱，商議出一份錄取名單，交由文昌帝君做最後的定奪。

事業：

人一生下來就會依照前世的言行，賜予每個人一些官祿。官祿分為國家官祿與民間官祿兩種。天界管理者在每項就業考試會依照個人的官祿高低，商議出一份錄取名單，交由文昌帝君做最後的定奪。

上面經過文昌帝君定奪之後的榜單，就是大家所熟悉的「功名榜」。這也就是說，幾乎所有的考試錄取名單，並不是在人們出生時就注定安排好，而是神佛的管理者依據個人命中所帶的文筆數量、文昌強弱、官祿高低，再配合當時社會上的時勢所衍生出的一些考試項目，在考試前才有所定案。許多神佛可以去回答問事者有關考試是否會錄取？就是祂們有能力去看到這份功名榜單。

然而這份功名榜的後面總是會有幾位備取名單，通常不會太多，這意味著這份功名榜並非完全無法去改變，而是有所彈性。

沒有錯！身旁帶領我們的天人告訴我們，這份名單在最後放榜時通常會有一至兩成的改變，而可以去改變它必須具備下列因素之一：

（這些因素對一位積極準備考試，有心想要功成名就的人而言，實在是太重要了！因為它可以讓一個命中原本沒有功名者得到功名，也可以讓一個命中有所功名者失去原本注定好的功名。）

1. 擁有大善大惡的行為

對於一個有心追求功名者，不能夠犯重大過失是最重要的事。大善或大惡的行為都足以擠進原本名單沒名的功名榜單，也可以從原本名單有名的功名榜單除名。

最常聽到的兩個小故事：

宋朝有個赴京應考的考生，在路上因為看到大雨中漂流於河流的數萬隻螞蟻，發自善心編竹筏將牠們救上岸。這個小動作卻是個大善行，讓此次考試原本榜單無名的他竟然改變命運高中狀元。

另外清朝有位考生，原本命中注定此次考試可以高中進士，但是在路途中因為借住一處民宅，禁不起一位民婦的勾引，在其丈夫不在之下，與她發生了不正當的男女關係。在古代誘姦婦女是一件大惡行，故神佛知道此事之後，也因此取消了此次榜單上他的名字，而導致名落孫山。

由以上的故事可以得知，欲求取功名者一定要隨時謹慎其言行。至於何謂善惡的

言行？〈文昌帝君陰騭文〉與〈太上老君感應篇〉裡都有很詳細的說明。

2. **家境不佳卻具有極大的孝心與上進心**

孝順父母是無形神佛最注重的一個品德，孝心往往也最能夠感動上天，因此上天就在此方面保留一個給求取功名者的彈性空間。只要是家境不佳，但是為了發自內心讓父母過好日子而努力吃苦求取功名，平日有對父母盡孝，且無大惡之行為，就會把他們遞補進去因故被剃除在榜單之外者的位置。

3. **持續不斷地改過行善**

善行與懺悔的能量是相當大的，當累積到一定的程度之後，就能夠改變自己不佳的命運，當然也能夠讓自己遞補至原本無名的榜單空缺裡。

4. **誠心的向神佛祈求、發願奉獻社會**

誠心向信仰的神佛祈求，發願要以自己的能力去奉獻社會，而本身又無大惡行為，神佛會確認其心意的真誠度之後，適時將其遞補進榜單的空缺之內。

5. **祖上有德而本身並無大惡行為者**

有些求取功名者，家中祖先擁有大的善行德行，在祖德的庇蔭之下，而自己本身又無大惡行為，也有可能遞補進去空缺下來的榜單名額。

升遷

錄取進入了包含政府機關與民間公司的事業單位之後，就會牽涉到一些職位的升降。每次有所升遷的機會，神佛管理者會依據個人的文昌與官祿去安排，祂們會在人世間安排一些神佛分靈來進行觀察與考核，像是各個廟裡的文昌帝君，家家戶戶的灶君，還有一些神佛會主動來向文昌帝君報告。這些觀察、考核與報告，都會影響到升遷與降級名單的決定，而祂們會依據人們哪些事項來評估升降的名單呢？身旁的天人這樣告訴我們的：

1. 善惡的言行舉止。
2. 對事業的忠誠心。
3. 對社會的奉獻心。
4. 對父母的孝順心。
5. 對神佛的尊敬心。

彈劾

前面所述，文昌帝君會派駐一些神佛分靈在人世間，隨時觀察考核人們。當人們有言行上的大偏差，過度偏離天地法則，祂們就會呈報文昌帝君對此人進行彈劾，使其失去命中注定好的官祿名位，甚至身敗名裂。

最近社會上時常聽到一些大官員或是大企業的領導者，會突然爆發一些危害社會的醜聞，導致身敗名裂，還要面臨牢獄之災，就是這個單位神佛管理者盡責的所為。否則命中注定有權者，若是胡作非為而無人可治，任憑藉由權威禍國殃民，那麼豈有天理可言？

聽完天人使者的描述，彷佛上了一堂十分寶貴的課程，雖然沒有實際參觀到其運作情形，但也已經心滿意足了，並且迫不及待的想要回世間分享給人們。因為這些天地間的運行法則，將有助於一些一心想要追求功名的奮鬥進取者，使其如心所願。

福德正神的世界

福德正神大概是台灣的民間信仰中，最親近人們的一位神明，也就是俗稱的土地公。

在台灣的各個地方幾乎都可以見到祂的蹤跡，廟宇林立的數量也是居所有的神明之冠。

全台有名氣，參拜人數眾多的土地公廟北中南都有，像北部新北中和烘爐地的南山福德宮、中部南投竹山的紫南宮，南部屏東車城的福安宮，而車城的福安宮號稱是全國最大的土地公廟，因為地處恆春半島必定路過的熱門旅遊景點，造成參拜的人數總是絡繹不絕。

一般人參拜土地公的目的大部分是為了求財，之前我的印象中也是如此，南投竹山的紫南宮還因為借發財金聞名全國，而被稱為「神明銀行」。直到有一次的因緣際會，在虎爺帶領之下參觀了福德正神的世界，才瞭解為何稱為福德正神了?

二〇一四年八月，是一個秋高氣爽的早秋，知心坊結束服務之後的幾天，趁空檔

陪同一位朋友前往位於恆春半島的關山福德宮。中北部的朋友大概都只聽過車城福安宮的土地公，但是高屏地區的朋友有很多都知道，還有一間位於風景名勝區貓鼻頭半島的關山福德宮，其靈驗的程度並不輸給車城福安宮，號稱有求必應。而且其所在位置地氣之佳，非全國其他的土地公廟所能比擬。

前方就是珊瑚礁斷崖下的蔚藍大海，後方則是台灣與巴士兩海峽的交接處，和鵝鑾鼻就像是台灣的左右兩隻小腳，分別深入了巴士海峽，雖非國境之南但也算是半個國境之南了。其廟庭還有一個特殊的圓形玻璃，下方可以直視至海底，所在之地的關山落日美景更是聞名全國。

陪同那位朋友完成了與神靈溝通、擲筊、卜籤等動作，並調整其靈動的現象之後，朋友唸唸有詞地與福德正神做了一些祈求與承諾，就圓滿結束了此次的朝拜之旅。

轉眼即將中午了，於是一起到墾丁大街上一間表姑所創立的佛堂用餐順便至廂房小憩，突然間虎爺為我安排了一趟令人驚豔的福德正神世界特殊旅程。這趟旅程應該純粹是旅遊的用意，慰勞我三年多來的辛勞，行程中處處充滿驚奇與美麗，的確有達到紓解身心的作用。

這是我的的第四處神佛仙境之旅，不同於以往的是這次竟然由關山土地公的主靈親自帶領我們前往，這是求之不得的何等榮幸！

虎爺帶我回到福德宮拜會土地公之後，一行人神就這樣飛奔至福德正神的世界。大家的速度都很快，和民間所描述土地公走路總是很慢的情形是有點不同，而且經過的時間很短，可以想像福德正神的世界一定是位於離人世間比較近的地方。沿途的風景更不在話下，簡直是像參觀一場高水準的風景畫畫展。

當到達了福德正神的世界之後，發現世界裡的一些景象與人世間有很多雷同之處，像是金色的稻田、美麗的建築、漂亮的花樹、彩色的鳥禽、可愛的動物……等。雖然地處天堂，但是其景象卻沒有之前幾處神佛世界的華麗驚豔，不過仍然擁有天堂裡該有的尊貴容貌。

難道是福德正神的神職不高，所以所處的仙境也較平凡？

就在納悶之餘，此時福德正神在甜美的食物與飲料招待之下，開始娓娓道來……

在地球上有許多福德正神的主靈（就像是縣市首長），駐守在一些大型的土地公廟，主靈之下分散了為數眾多的分靈（就像是村里長），分布在一些鄉里的土地公廟。這些

分靈擔任該鄉里的一些無形神佛的行政工作，主靈則管轄了這些分靈。

當我們有事可以找村里長幫忙，當然也可以直接找縣市長協助，找縣市長協助的效果或許會比較好，但是有些小事直接找縣市長來協助，反而會被忽略而無法獲得協助。因此請求福德正神最好視事情的大小與地域性而尋找適當的請託對象。

至於有些鄉里的土地公，因為神靈較為優秀，神格也積極的在進化，亟欲表現想升格為主靈，因此就會顯現一些神跡來協助外地的香客，這也就是有極少數的小型土地公廟會有所謂的「旺外方」原因。

福德正神主要的工作有兩大項：呈現與轉換。

何謂呈現呢？簡單來說就是福德正神世界本身就是一個完美的境界藍圖，而整個人世間就是一個試驗的場所，福德正神的任務就是要協助人們辛苦勤奮的去達到祂們所建立的藍圖，這個藍圖是一個幸福快樂天堂的景象。當人世間達到藍圖的標準時，又會改變提升至另一個層次的藍圖。也就是說祂們不斷地在協助人們生活、環境與工作的成長進化，以達到無形神佛的理想境界。

至於轉換，更是福德正神主要的工作。所謂福德正神顧名思義就是在世時擁有很好的德性與善行，這些德行與善行累積成為福報而使他們成神，所以由福德正神來管理人世間的福報將是再適當不過了。

祂們的工作是將人們的良好品德與善言善行轉換成其該有的福報，這些福報並不侷限於金錢方面的呈現，而是包含了土地、房屋、牲畜、業績、子孫、快樂、如意…等，所以賜財只是福德正神賜予福報的項目之一而已，祂還可以賜予人們很多很多的東西。

那麼福報的來源來自何處呢？

1. 祖先所留下來的祖德。
2. 自己前世遺留的福德。
3. 自己今生產生的善德。

祖先與前世並非人們人為能力可以去掌控，也就是說是命運中已經注定好的，唯一可以努力去增加自己福報的就是今生的所作所為。

那麼今生可以產生福報的方法又為何呢？

1. 善行：佈施行善、奉獻社會。
2. 修行：修身養性、善知善念。

如果可以做到上述兩者，不但可以直接增加自己的福報，讓今生的運勢更為順暢，還能夠累積成來世的福報，更可以聚積成祖德遺留給子孫，所謂的（祖德流芳），這樣真是一種很棒的良性循環。

聽完福德正神的描述之後，突然間一位女長者帶著幾位天兵遞上了一些酒菜、水果。忽然間心中閃過一個念頭，這不是傳說中的土地婆嗎？當然是的！祂確實是人世間的宮壇廟宇裡偶爾會見到供奉的土地婆，然而並非人們所描述的是土地公的老婆，而是有一些女性的修為福德足以擁有此神格，而賜予其土地公的天職。與其稱呼為土地婆，倒不如說是女性的土地公，這和目前社會上的演變幾乎有所雷同。

社會上女權日益高漲，女性獨立自主性大幅提高，很多女性的能力凌駕在男性之上，故可以在政府部門或民間企業擔任很高的職位。關於這些演變無形神佛們應該都會樂觀其成，因為就宗教的觀點而言，女性在修行方面，卡在一些家庭與男女感情上的束縛，的確會來得比男性困難很多，而她們願意加倍付出的精進努力修行，真的是令人敬佩與感動。

土地公、土地婆、虎爺和我就趁此機會盡情享用豐盛的大餐與美酒，快樂逍遙、好不自在。此時忽然發覺，好像隨著虎爺去享用過的一些神仙佳餚，似乎都少不了酒，神佛不是不喝酒的嗎？甚至佛教還把喝酒訂為戒律。土地婆開口說了，這些酒是由很高貴的植物所提煉，並非真的有酒精成分，喝了並不會醉，而是有一種飄飄欲仙的舒服感。

果然虎爺和我暢飲了之後，真的就像神仙一樣的飄了起來，快活的程度不知要如何去形容？就這樣飄啊飄！無意間飄到了一處地方，上面寫著「福德宮」，這不是一般民間土地公廟常會取用的名字嗎？

進入裡頭一看，有好多陳列井然有序的福德簿，土地公跟天將講了幾句話，天兵就拿出了一本「福德簿」給我們看，翻了幾頁真的是很驚訝！裡面全是記錄著人們的善過福德。

稍微瞄到了一些特別的字眼（裡頭使用的是沒有看過的文字，大概是所謂的天文，可是傳達到我們的眼中就自然變成了我們所使用的文字，真是神奇），讓我感到原來生活中一些不經意的小事，神佛們竟然觀察到這麼細微，而且都有紀錄。真的是符合人

在做天在看、舉頭三尺有神明、勿謂暗室可欺屋漏可愧，一靜一動神明鑑察……等一些古言與古訓。

善行的方面有——

車子被擦撞不予計較、至加油站加油時微笑讚美工讀生、到醫院看到一位車禍受傷的媽媽心裡希望她趕快好起來、下雨天看到一位國中生淋雨主動借他雨傘、看到車禍主動協助處理並勇敢作證、超商購物時店員多找了十塊錢主動歸還、停車等待小狗過馬路、至寺廟為災難受害者祈福、勸朋友少去釣魚、禮讓救護車通行、看到機車道上有路障主動移開防止他人跌倒、拿食物餵流浪狗。

過失的方面有——

故意闖紅燈、聽到災難消息幸災樂禍地想著死傷人數多一點、利用社交網路傳送色情影片給朋友，恣意違規停車妨礙他人通行、擦撞到路邊的車子因為沒人看見就跑走、小狗吠你心生怨恨拿石頭丟小狗、看到報紙少女被凌虐的社會新聞不生同情心而大肆渲染、塞車時行駛路肩、在社交網站留言毀謗他人、鼓勵慫恿朋友離婚、至國外出差瞞騙老婆進行買春行為、生活日夜顛倒不聽父母勸告、把菸蒂丟到水溝。

看了那些福德簿的內容之後，思維上似乎有所衝擊震盪，此次回到人世間，言行舉止、起心動念必定會更加謹慎。

當我們走出福德宮，土地公與土地婆突然不見了，天兵們告知其因為有事先行離開，只看到了兩隻可愛的天狗陪伴著我們一路回到人間。

福德正神真不愧為台灣人間最親近的神明，連招待我們的方式都讓我們備感溫馨親切，一點都沒有感受到距離感。

註生娘娘的世界

台灣的道教廟宇之中，主殿中間就是寺廟的主祀神與從祀神，另外左右兩旁的副祀神最常見到的往往是福德正神與註生娘娘（例如高雄關帝廟的主殿中間為主祀神關聖帝君和從祀神關平與周倉，左右兩邊為副祀神福德正神與註生娘娘）。可見註生娘娘在台灣民間信仰中的地位是相當的重要，在古代傳宗接代、重男輕女根深蒂固的傳統觀念之下，註生娘娘的香火也總是特別的鼎盛。

參觀註生娘娘的世界是我的第五處神佛世界之旅。

那是在二〇一四年十月底的一個深夜，虎爺再度來到了我的夢中。這趟旅程不同於以往，虎爺事前先有訊息通知我，因此有了一些心理準備，也穿著了一套比較正式的衣服上床睡覺，而且充滿著期待。

因為不久前才為了一對求子的年輕夫妻，由於兩次人工受孕協助上的失敗，感到心情十分沮喪，很想對這個區塊有個更深入的瞭解。

更特別的是此次行程是知心坊三位虎爺到位之後，第一次共同出遊仙界，熱鬧的程度不同於以往。

感覺上這次騎上虎背飛行的時間有比較久，不過天界地理位置的相對關係我也無從去瞭解。這次降落的是一片偌大草原，雖然旁邊空無一物，但是那種置身草原的溫馨感覺是無法去形容的，如果把它比喻為吸毒之後那種飄飄欲仙的感覺，不知道是否適當？因為我也沒有吸過毒。

不久之後出現了一對天人，穿著類似神明的正式衣服，讓我差點誤以為那個女天人就是註生娘娘，之後身旁突然出現了十幾位仙女，其容貌自然不在話下。而且一轉眼草地上擺滿了無數的美酒佳餚，還有虎爺最愛吃不知名的蛋。

原來是註生娘娘派來接待我們的使者，因為在人世間有聽過我們的事蹟，故特別慎重的來招待我們。我們一行包括隨行的將兵共有十幾位，就在談笑暢飲之間全數醉倒了，只剩下酒量最好的黑虎爺尚在半夢半醒之間。

大家醒來之後，就開始進入此趟旅程的重點。此時已經不是在大草原上了，眼前見到的是一個巨大空間，空間裡聚集了一些天人靈與人靈，這些靈體井然有序的排隊好像在等待著什麼？

那一對天人出現在旁邊開始跟我們解說，註生娘娘是掌管地球人世間生子之事，如果靈體經由六道輪迴直接投胎為人者，這邊只負責記錄而已，並不需要經過這裡。眼前所見到的天人靈，都是具有特殊的任務必須下凡至人世間，而在等待分配完全沒有任何因果關係的人世間父母。其他的人靈則是人世間父母因為一些因素的干擾，導致延誤了投胎的時間，聚集在此處等待投胎，因此顯得特別的焦急與不耐。

那對天人向我們解說，人們原本命中無子，註生娘娘是具有權限使其得子，但是必須具備下列條件之一才有可能：

1. 夫妻誠心的向玉皇上帝祈求，感動了上天，而夫妻倆本身並無大惡之行為，玉皇上帝會直接下命令賜予，因此誠心的向玉皇上帝祈求是求子的最直接方法。
2. 夫妻本身的善行十足，註生娘娘會依其標準直接賜予，所以夫妻本身增加善行是求子的必備方法。
3. 夫妻誠心向神佛請求，神佛會評估其善惡言行與祖德好壞，代為向註生娘娘請求賜予。

賜子的來源來自於四處：

1. **無因果的天人**

這是為數最多的一群，有些天人因為本身自願下凡間精進，或者是神佛派予特殊的任務必須下凡間執行，此時就會在註生娘娘的安排之下，為祂們選擇了一個完全沒有因果關係的父母。

2. **受阻礙的人靈**

有些必須投胎為人的人靈，因為欲誕生的父母有一些特殊因素，而無法順利的誕生，就會在此等待註生娘娘的安排再次投胎。這些因素包括了醫藥避孕的方式、人為強烈的意願、外靈干擾的力量⋯等。

3. **顛倒投胎順序**

讓並非在此世要來與父母了結因果關係的靈體，提早在此世投胎，顛倒了投胎的順序。這種方式也是註生娘娘賜子的方式之一。

4. **初誕生的靈體**

無形宇宙之中雖然已經充斥著數量無法想像的靈體，但是仍在不斷地增加新的靈體，這些從未參與過六道輪迴的新靈體，也成為註生娘娘賜子的來源之一。

以上四種賜子的來源，除了第三種之外，都是與求子者沒有任何因果關係，沒有因果關係的兒女，緣分的長短通常比較充滿變數。

聽完祂們的解說之後，轉眼又來到了一處空間，裡頭依然聚集了為數較少的天人靈與人靈，只是與前處不同的是那些靈體好像都充滿著沮喪與落寞。

於是祂們又開始解說了，這些靈體叫做回頭靈，是註生娘娘批准祂們投胎至人世間，但是人們的醫藥方面與其他的一些因素並無法去配合，導致其在出生前就死亡而無法順利出生，又回到此處等待重新安排。

這個訊息讓我們感到十分驚訝，原來神佛的法力並非無邊，要得子尚需人們一些人為因素的配合，這也就是有許多人在進行人工受孕之後有所成果，卻在生產時出現狀況的原因之一。

至於人為方面的配合項目有哪些呢？

1. **醫學方面的配合**

選擇經驗較豐富的醫院與醫術較好的醫師，提高受孕的成功率。

2. **藥物方面的配合**

服用一些藥物來調養身體，加強身體的受孕條件。

3. 干擾方面的配合

排除一些身旁可能的外靈干擾，減低受孕的阻礙。

4. 言行方面的配合

增加善行與避免犯錯來提高身邊的能量，增加受孕的機會。

在參觀完了回頭靈之後，最後來到了靈體投胎出口處（不知道這個叫什麼地方？其實有些無形空間的名稱是人類自己去取名稱呼的），看到這些即將投胎的靈體，每個充滿著興奮與活力。這也難怪！因為祂們即將去地球上完成一趟得之不易的學習之旅，也即將為人類的成長注入一股全新希望，虎爺們與我們一行人也隨著祂們回到了人世間。

天啊！醒來看看手錶已經是中午十二點了，幸好今天是假日。真是一趟漫長的旅程，但是一點都不會累，反而覺得突然充滿了一股新的生命力。想想那麼多的靈體都汲汲想要投胎為人了，我們還有什麼理由不去珍惜此時的生命呢？

以上的神佛世界之旅，雖然充滿著豔麗與驚奇，但是神佛世界之大，並非人們所能全然窺探。因此我雖然有此榮幸得以前去旅遊，然而所見所聞絕對只是冰山一角，或許有斷章取義之虞，所以希望讀者僅以閱讀上的樂趣去參考即可。

不過那些景象與訊息，似乎是神佛們經過刻意安排欲經由我傳達給人們，因為其中皆是一些對人們十分正面的知識，絕對可以正面去影響社會。或許是神佛們看到目前社會的亂象與人心的迷思，傳統述說道理的經書與善書，已經不足以去度化人們，而欲嘗試利用另一種較親近人們並且容易接受的方式，來協助導正人們的言行，並協助社會有所成長進步吧！

鬼魂的世界

自古以來鬼魂的世界到處充滿著神祕，總是令人感到畏懼與擁有無限的想像空間。依據國內外一些經驗者的描述與許多不可思議現象的發生，都足以證明鬼魂的真實存在，因此鬼魂的存在與否已經不是個問題，而是要如何去實際瞭解闡述鬼魂的活動現象，才能夠讓有形的人類與無形的鬼魂和諧共存，甚至彼此相互成長精進，使得六道裡的有情眾生皆能夠福慧雙全、離苦得樂。台灣民間與宗教領域有一些有關鬼魂的活動，在人們花錢、花時間用心在參與之時，是否曾經想過另一個無形空間裡的情形是如何呢？如果只是盲目地跟隨並無法實際去達到其意義與效益。

我們依據現有的能力，將民間有關鬼魂的一些場所與活動描述如下，為了要避免影響一些人生存的商業利益，僅輕描淡寫，不會有太多的著墨。如果想要更加深入去瞭解有關這個方面的知識，可以參考一些書籍，例如我所敬重的正德佛堂常律法師，就在不久之前出版過一本《你所不知的真實鬼靈世界》（宇河出版社），書中是以佛教的角度來看待鬼魂問題，或許會更加的客觀。

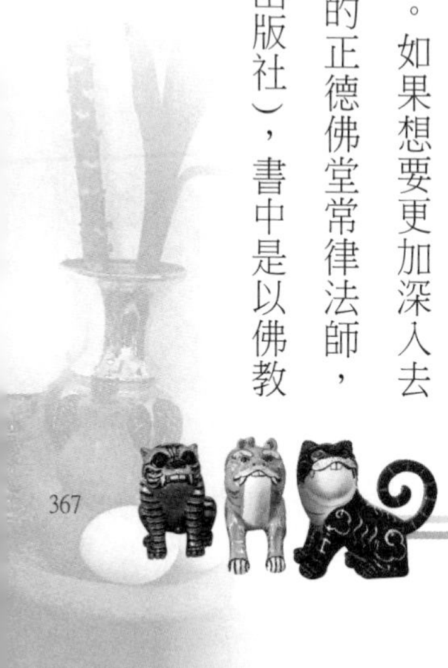

荒野墓地的世界

墓地自古以來總是給人們一種陰森恐怖的感覺，總會認為存在很多的往生者鬼魂，那些鬼魂對人們都極為不友善，有的甚至是厲鬼隨時隨地想要危害人們，因此沒事盡量不要路過墓地。

然而現實的狀況並不是如此。

第四章將會提到，祖先的靈體大部分都已經前去投胎，故墓地裡真正居住往生者的靈體其實是很少，也幾乎都不是墳墓裡主人的鬼魂。大部分是一些因故無法前去接受審判與投胎的遊魂聚集在此處，因此墓地裡的鬼魂為數其實並沒有想像中的多，也大都不會無緣無故去危害人們。

不過有一些靈氣較重的墓地，會被一些魔靈所掌控，這樣居住在此墓地周圍的人，確實會因為其不佳的磁場受到些微的影響，進入墓地若是做了一些得罪魔靈之事，也比較容易受到某些干擾。

因此人們在進行掃墓的活動時，其實慎終追遠的意義是大於實際的意義，大部分是沒有辦法在此時間真正見到親人的靈體，他們也不會有所感受。不過藉這樣的活動可以讓墓地的環境保持乾淨，懷念往生親人的恩澤，順便把中國固有的節日與美德繼續傳承下去，家族也可以趁此機會團聚閒聊，是一件相當有意義的活動。

超拔法會的世界

超拔超渡法會是佛道教寺廟裡經常會舉辦的宗教活動，只是兩種宗教的方式有著極大的差異，不過一定免不了誦經（佛經或道經）的這個過程。

人們會參加舉辦的超拔法會，大都出自於對往生親人的一片孝心，還有要避免往生親人對自己或家人運勢的干擾，也有極少部分是發自於善心去為和自己無親無故的陰靈辦理超渡，甚至還有極少數人會為自己生前寵愛的動物靈超渡。不管出發點如何？這是人們的一份心意，無論是否可以達到實際的意義與效果，總是會抱持著寧可信其有的態度去參加。

這種活動通常會寫上親人的名字等資料，然後經過一些方式把往生親人的靈體請至法會的現場。據我所知經過宗教指示的方式去邀請往生的親人到現場，幾乎都會成功，這一點就讓我們覺得很納悶？因為超拔的對象僅限於六道裡的無形眾生，並不包括有形眾生。大部分往生的親人早就前去投胎，甚至前往天界成為天人，他們是不可能被請到現場的。而且就算是尚在無形世界受苦的往生親人，據我們所知大部分也不太可能來到現場（但是確實是會有少數的超拔對象，在天神與陰間使者的帶領之下來到現場聽經聞法、享用祭品）。

因此超拔法會大部分是一種能量的傳遞，絕對有其實際的功用與存在的價值，只是實際的情況可能與人們所想像的有些差異。既然是能量的傳遞，一定有強弱的問題，因此如何去讓法會產生最大的能量來協助往生的親人，使其離苦得樂，是我們這篇文章所要陳述的重點。

每一次的超拔法會天界會派來一位負責總指揮管理的天神，並會給予這位天神很多的將兵，因為擔任法會此職務的天神責任十分重大，工作也十分的複雜。祂們會去六道裡尋找此次法會所欲超拔的每個對象，並詳實記錄此次法會對每個超拔對象所產生的不同能量，並將此份能量傳遞予超渡的親人，去對他們有所協助。

超拔法會現場的無形世界，大部分是聚集一些非此次法會所超拔對象的鬼魂，祂們是來分享供品的能量，還有一些具有智慧因緣的鬼魂會趁此機會來旁邊聽經聞法，只有少部分鬼魂是此次真正的超拔對象。

所以超拔現場是一個聚集著無名的鬼魂、忙碌的將兵與充滿正面能量的世界。至

於要如何使此次法會協助親人的能量提升到最高，讓他們可以早日脫離苦海呢？

1. 務必親自全程參與法會。
2. 發自內心對親人的祈禱與感恩。
3. 堅信此次法會必定可以帶給往生親人極大的協助。
4. 選擇正派正知的寺廟所舉辦的法會。
5. 須具備品德端正、能力高深的法會領導者。
6. 誦經儀式需要集合眾人的力量。
7. 法會圓滿之後需要對協助舉辦此次活動的有形眾生及無形神、佛將兵表達感恩之意。

若是按照以上的方式去進行超拔的法會，相信一定可以對尚在無形世界裡受苦的親人提供很大的協助，使其早日脫離苦海。如此不但可以盡到我們的報恩之情與孝心，也可以讓家人與自己的運勢比較平順，是多麼圓滿的一件事！

普渡活動的世界

普渡是台灣民間裡很特殊的一種活動，並不侷限於宗教的層面。大家大概都會認為普渡活動就只有在中國人的農曆七月裡舉辦，其實在各個時間都可以舉辦普渡的活動，只是農曆七月的普渡規模會來得比較大。

普渡具有善行與敬畏兩種意義，通常沒有特定的對象：

善行

農曆七月鬼門關開，這些鬼魂在無形世界過得比較痛苦，因此趁此機會發自善心，準備一些祭品來讓這些鬼魂享用，化燒金紙轉換成為無形財富給祂們，減輕其痛苦。鬼魂裡也有可能出現前世的父母與親人，因此也是孝心的一種，不管是善心或是孝心都是一種善行的表現。

敬畏

人們印象中的鬼魂總是會害人的，即使不會害人也會無意間對人們造成干擾，因

此會對其產生畏懼感。準備一些祭品讓祂們去享用，化燒金紙轉換成為無形財富給祂們，尊敬與討好祂們，希望不要對親人與自己造成傷害和干擾，因此是一種敬畏的表現。

上述兩種普渡的意義應該要偏重於第一種，因為鬼魂其實是不太具備傷害與干擾人們的能力，即使有些鬼魂真的具有一些基本的能力，也會在陰律的限制之下不敢胡作非為。試想如果不是如此，那麼一些信仰西方宗教的人並沒有進行普渡的活動，豈不是在農曆七月時運勢都會很不好、意外連連嗎？

然而人們在進行普渡的活動時，當時的無形世界裡又是怎樣的一個情形呢？這要分為兩種情況來談：

1. 一般自家門前的普渡（包含大樓、團體的集體普渡）

此類型的普渡活動，在現場的無形空間裡確實會聚集一些鬼魂，祂們會依照普渡者所指示的對象去享用其祭品的能量。陰界鬼魂沒有經過人們的指名，是不敢去動用這些祭品，否則家中所有的食物不就都可以讓祂們恣意的分食，那是多麼可怕的一件事啊！當然在享用這些祭品的過程之中，也可能發生陰魂之間彼此搶奪爭執的行為，甚至有惡欺善、大欺小的情形產生，尤其是在吸取金紙的能量方面，搶奪到一團亂的情況是屢見不鮮，因此自家門前普渡的無形世界是一個鬼魂搶奪混亂的世界。

2.宗教團體的普渡

經由宗教團體的普渡活動，無形神佛則會派遣一位神明管理者或是高層次的兵將來負責統籌，採用柔性的管理。所有的鬼魂必須排隊來領取祭品，當然也有比較不聽話或餓過頭的鬼魂，會奮不顧身地插隊去搶奪食物，此舉免不了會引起一場鬼魂與兵將的爭執。也有一些鬼魂會使用哀兵計，聲淚俱下的請求多賜予一些食物與財富，通常或多或少會達到一些效果。因為這是一個鬼魂的月份，只要不要太離譜，大部分的神佛都會尊重祂們，就像是過年時大人不得罵小孩的習俗一樣。因此經由宗教團體所舉辦的普渡活動，當時的無形世界是一個聚集眾多鬼魂，但是卻是溫和有秩序的世界。

四

虎爺的智慧語錄

三虎宮

導讀

這個章節所描述的是一些虎爺的知識與見解，內容或許有些淺顯，但是句句卻都是經過千年修行的虎爺所累積的經驗與智慧。

讀者可以在空閒之餘，悠閒地去閱讀思考，相信這些智慧語錄可以為生活帶來幾分前進的動力，甚至激起一些生命中許久已經沒有出現過的漣漪……

人生的智慧

記得小時候，曾經無數個夏秋的夜晚，躺在鄉下庭院的草地上，仰望著一望無際的星空。小小的心靈裡就會思考著：我到底是誰？又是從哪裡來？宇宙到底有多大？……等一些令人心靈撕裂的問題。

長大之後這些問題依然無解，不過已經漸漸地明瞭，此生既然生為人身來到了這個地球，一定有其目的。需要不斷的去探索生命的意義與追求生活的目的，才能夠圓滿此生，不虛此行。

以下的文章，虎爺將要告訴您一些人生的智慧，是本書最具有動力的部分。當閱讀完之後，將會發現目前的阻礙與不順，都是無形神佛巧妙的安排，目的皆是要帶領您前往美好的未來。而且人生也不是被動的，應該更積極去創造與突破，因為一切都是為了成就今生幸福的生活與追求來世永恆的生命。

改造今生命運的安排
擺脫前世因果的糾纏

台語歌手葉啟田有一首台語歌——愛拚才會贏，裡面有這麼一句歌詞：三分天注定，七分靠打拼。這句話主要用意是強調人為努力的重要，努力認真就會獲得成功的人生，具有很深刻的勵志意味。

然而事實上可能並非如此，這句話實際的情況應該是相反的：七分天注定，三分靠打拼。

人生大部分的事情在出生時就已經注定好了，只留下三分給人們努力的空間，如果這些注定好的東西不去做些改變，即使再怎麼努力，可以成功的機會還是相當的有限。這也就是絕大多數的人，在經過大半輩子的努力奮鬥之後仍然無法有所成就，甚至還搞得自己一身腥的很大原因。

決定人的一生有三個重要因素：

1. 前世因果的糾纏
2. 今生命運的安排
3. 人為實際的努力

這三個因素分別佔有1/3的比例。前世因果的糾纏與今生命運的安排，在出生時即按照前世的言行善惡情形已經注定好了，只留下1/3的空間給積極向上努力進取的人們去發揮。

這也就是說如果不去改變因果與命運這兩樣早就已經安排好的東西，即使把努力的空間發揮到極限，仍然很難去獲得成功。

人的一生確確實實都被這兩樣東西給束縛住了，而產生了人生大部分的痛苦、阻礙與問題。

因此改造今生命運的安排與擺脫前世因果的糾纏，就顯得相當的重要，在人生的道路上，一定要去做這兩樣動作，才可以再配合人為方面的努力，獲得幸福自在的人生。

中國古訓〈增廣賢文〉裡頭有一句話是這麼說的：命裡有時終須有，命裡無時莫強求。這是先人留下來的語錄，並無意去挑戰其智慧，但是想從另一個角度來調整此句話。

如果人的命中注定是貧賤悲苦的人生，不努力探討尋求各種方式去改善突破自己的人生，難道是要讓自己順從命運的安排，不順悲慘的過一生嗎？

那和莊子所言的「哀莫大於心死」有何兩樣呢？

即使命中注定可以享受富貴平順的人生，但是不思考如何再去精進自己，那也只會慢慢的消耗福報，白白浪費此生而已。

好多好多的人，人生就是被拘限在自己平凡命運的安排，與無奈親情的糾纏之中，無法去跳脫，也不知道可以去跳脫，更無從知道如何去跳脫？導致自己生活在一堆無奈難解的困擾之中，意志漸漸消沉，健康慢慢變差，最後終究會將寶貴的人生葬送在無情歲月之中。

然而這些與生俱來的東西，難道無法去做改變嗎？當然不是的！依據前人的經驗與一些書籍上所描述，命運與因果確實是有一些方法可以去改變，只是困難度相當高，必須加倍的付出與努力。

人的命運確實是可以去改變，也就是說自己的命運可以完完全全掌握在自己的手中。中國談論改造命運最具代表性的一本書莫過於明朝的《了凡四訓》，書裡頭不但把改造命運的方法描述得淋漓盡致，更是強調改造命運的重要性，並以一些經驗例子來說明。

而西方《聖經》一書，有絕大部分的內容，也都是在說明改造命運的方法，句句箴言皆可以撼動人心，並讓人能夠實際依其所言而行。

改造命運的方法大概有下列八種：

1. 敦倫：敦守倫理。
2. 守法：遵守法律。
3. 改過：改正過失。
4. 行善：廣行善事。
5. 忍辱：忍耐屈辱。
6. 謙讓：謙虛讓懷。

7. 勤學：勤奮學習。

8. 信仰：堅定信仰。

如果可以按照上述的方法，確實認真去實行，相信自己坎坷不如意的人生與阻礙煩惱多的生活，必定能夠漸漸改善。或許還會因為特別用心而為，讓自己的命運有著快速、不可思議的突破與好轉，進而擁有幸福自在的人生。

除了命運之外，人生痛苦與不順很大原因是來自於前世的因果。前世因果在此世的呈現，大都不會只有單一種情形，而是會有幾段的因果一起顯現，形成一種糾纏的狀態，就如同一綑解不開的繩子。這種糾纏狀態大部分會顯現在家庭與婚姻上面，一旦人生陷入此種泥淖，如果不去努力掙扎與思考如何去突破，可能會讓自己的一生活在無奈痛苦之中。

因果的糾纏大概以六種形式去呈現：

1. 夫妻之間的爭執。
2. 父母親情的牽絆。
3. 妻子娘家的束縛。

4. 婆媳之間的摩擦。
5. 兒女教養的煩心。
6. 手足之間的糾葛。

坊間有太多描述因果的書籍，但是它們幾乎都只是在說明前世今生的前因後果，讓人們去瞭解因果之後，可以得到一些百思不解的答案。使自己的內心獲得些許釋懷，並發揚自己可以觀看因果的能力，卻很少提及因果其實是有方法可以去擺脫的，而且一定要極力去擺脫。

擺脫因果的方法如下：

1. 調整心念。
2. 改變態度。
3. 加倍付出。
4. 勇於承受。
5. 誠心懺悔。

最後再次強調，要讓自己擁有幸福自在的人生，除了自己人為上的努力之外，一

定要去改造自己今生命運的安排、擺脫前世因果的糾纏，因為命運與因果對人們的一生牽絆實在太大了。人的一生不應該被命運與因果所束縛，必須要設法去改變與擺脫，而這些改變與擺脫是有所方法的，並且經過前人的經驗印證，只要依循而行一定可以達到其效果。

您是要按照命運與因果的安排過著無奈的一生，或是要利用前人的方式來改變突破，得到幸福與自在的人生呢？完全就在於自己的選擇了！

人生最可怕的一件事——放棄自己
人生最愚蠢的一件事——結束生命

如果可以站在生命的盡頭往前看，將會發現人生過程中所有的挫折與難關，其實都可以順利度過，它只是在等待著一個時機、一位貴人與一種方法的出現。

對於那些放棄自己，甚至結束自己生命的人，或許可以體會其當時那種極為失意的心情與無助的處境，但是會因而做出這些舉動，真的令人感到難過與不解。因為**放棄自己將會使自己失去一個不易得到人身的好機會，結束生命則會把自己帶向萬劫不復的深淵**。

有一首台語歌——平凡甲平安，是曾心梅與林俊吉合唱的，裡面有一段歌詞是這麼寫著：

人若平凡，幸福跟著風水輪流轉，總有一工天公疼到咱；
人若平安，快樂伊會跟阮一世人，愛的小厝住著平凡甲平安。

這段歌詞正親切明確的說明著，人只要還可以呼吸保有生命，不管目前處境的貧富貴賤，機會總有一天會降臨在自己身上。如果好好的把握這些機會，就會得到快樂的生活與幸福的人生。

由一些宗教書籍的描述可以知道，今生可以得到人身真的是一個很難能可貴的機會。如果只是遇到一些挫折與困難，就輕易的放棄它，那真是一件很可怕的事，若是進一步的結束自己的生命，那將是最愚蠢的一件事。

就好像一個乞丐，每天向神佛請求賜予他一筆大財富，讓他可以過好一些，也可以有能力去幫助其他的乞丐。有一天神佛被其誠心所感動，而真的賜予了他一筆大錢財。乞丐在高興之餘得意忘形，拿了這筆錢財每天四處去尋歡作樂，酒店、賭場恣意花費，彌補他之前沒有享受過的奢華生活。等到有一天，他身邊的金錢花光了就開始後悔，於是再次去祈求神明的協助，這次神明不再幫助他了。於是他依然繼續做他的乞丐，最後在精神折磨之下選擇了自殺結束生命，進而落入地獄道受萬劫之苦，千萬世不可再得人身，連再當乞丐的機會都沒有了。

如果世界上所有的人都擁有相同的命運，那麼這個社會將會多麼無趣，也無法去想像世界是否可以再進步？

今天所讓人們感到失望與難過的是，自己好像是屬於命運不佳的一群。每個人總是會對自己的現況感到不滿足，無論是在健康、財富、感情、婚姻、功名、修行與家庭各方面。

然而擁有巨大財富者就一定可以擁有健康嗎？婚姻破裂的人就一定會餓死嗎？家家有本難唸的經，每個人都有屬於自己無奈與快樂的心情故事。

所以從現在起，不要再去想像自己的命運如何？更不用跟別人比較，開啟智慧認真努力向前走就對了！人生最後的勝利者，並不一定是那些在社會上功成名就的人，而是永遠不放棄自己的人生，在酸甜苦辣的奮鬥過程中獲得磨練與成長，實實在在累積而成幸福人生者。

我敢跟各位保證一件事，只要有信心與勇氣去面對目前生活上的阻礙與人生的困境，無形的神佛與有形的萬物一定會協助您去突破所有的挫折，並會依照您的夢想賜予必要的資源讓您美夢成真、如心所願。

肯德基爺爺一生生活與事業經歷許多波折，六十六歲那一年，他的餐廳因為公路規劃被迫關門，欠下大筆的債務。但是他並未因此而放棄自己，以不小的年紀，帶著炸雞食譜與壓力鍋，四處介紹推銷他的炸雞，因而促成了速食連鎖的風潮，更在近七十高齡創建了自己龐大的肯德基速食王國。

周大觀是一位十分優秀的小孩，在許多方面的表現都比同齡小孩還要傑出，不過在他九歲那一年不幸得到了一種叫做「軟組織肉瘤橫紋肌肉癌」的可怕癌症。但是他勇敢去配合醫師接受各種痛苦的治療，也切除了一些器官，最後醫師建議大觀的爸媽將其右骨盆腔也切除，以期能夠抑制癌細胞的擴延，那場醫療評估會議台大醫院史無前例的破例讓病患參加。

當大觀在會議結束之後，把自己的心情寫入日記：

醫師是法官，宣判了無期徒刑，但是我是病人不是犯人，我要勇敢的走出去；醫師是法官，宣判了死刑，但是我是病人不是犯人，我要勇敢的活下去。我要和癌症病魔爭健康，向上帝爭公平，我才只有十歲，我不該只有十歲。

這些字句道盡了他不願放棄生命的意志。

也同時寫下了給爸媽的話：

爸爸媽媽，當我走的時候你們要把我堅強的故事，告訴其他的癌症兒童和他們的爸媽，讓他們有勇氣去對抗癌症病魔。

這句話也促使了周大觀基金會的成立。

由上述的實際故事，得知許多逆境是要靠自己努力去克服，千萬不要放棄自己的理想與目標。唯有放棄自己才是最可怕的一件事，因為會因此喪失了協助您的一切機會與資源，若是一時衝動結束了生命，那更是會把自己推向萬劫不復的萬丈深淵，世界上再也沒有一件事會比此更加愚蠢了。

提升身邊正面的能量
改善周遭優質的磁場

如何行善？大概是知心坊的朋友最常問的一個問題，在回答這個問題之前，必須先來探討為什麼要行善？

行善會帶給人們生活上的協助，也能夠促使這個社會的進步，人人可以增加善行，這個世界就會充滿著愛心與溫馨，惡行惡事自然會相對的減少。而且行善所產生的善行能量，有助於提升人們身邊正面的能量，改善周遭優質的磁場，讓人們的運勢可以平順。

因此行善實在是一件助人又利己的事，何樂而不為呢？身邊的能量與周遭的磁場，深深影響著本身運勢與生活狀況。然而一般人卻不用心去提升改善這些東西，以致於讓自己老是活在不安與紊亂的生活之中，也間接影響到身邊摯愛的人。

能量與磁場究竟是什麼東西呢？

能量是一種由本身言行善惡所累積的無形資源，可以用強弱來表示，能量愈強運勢就會愈順暢，相對的能量愈弱運勢的阻礙也會愈多。

磁場則是一種由外在環境影響所造成的無形氣場，可以用好壞來表示。磁場愈好好運就容易靠近，厄運自然會遠離；磁場愈壞好運就會遠離，厄運自然容易靠近。

所以身邊的能量與周遭的磁場，深深地影響人們生活的平順與否，也因此如何去提升身邊正面的能量與改善周遭優質的磁場，對人們欲擁有好運勢而言真的是太重要了。

那麼要如何去進行呢？

提升身邊正面的能量

人們身邊的能量就是一種無形的資源，資源要不斷累積，而且要能適時派上用場，才可以協助人們去解決一些問題，進而提升自己的運勢。

能量的種類與提升能量的方式大概有下列幾種：

一、善行能量

依靠行善所產生的能量

1. 金錢行善

這是最簡單也是最困難的一種方式。到便利超商捐個一塊錢是最容易的方式，如果您是比爾．蓋茲，要像他捐出九成多的財產是最困難的一件事。但是如果具備相同的誠心與愛心，其實捐一塊錢與捐一億元的善行能量應該是差不多的。

2. 身體行善

用身體直接去進行行善的動作，例如捐血、到醫院或慈善團體當志工、路邊看到一塊石頭怕人家摔倒而撿起來、遇到車禍協助救人……等。

3. 言行行善

這種善行能量不容忽視，也是一般人最不注重的行善方式。例如對人講句鼓勵的話使其產生希望、本身行為端正讓身邊的人學習、自己的正確身教影響小孩的健全成長……等。

4. 宗教行善

利用宗教的方式及力量，去協助人類的成長與社會的進步。例如宣揚佛法讓社會和諧、宗教義工協助賑災……等。

二、修行能量

利用修行所產生的能量

1. 生活修行

在生活中不斷地懺悔改過，精進自己的修養，感激身邊的人事物……等，都會帶來莫大的能量。

2. 宗教修行

配合宗教信仰的方式來修身養性，如果是正知、正信、正法，更是一股強大的能量來源。

三、正向能量

藉由正面所產生的能量

1. 正向思考

凡事正向思考，能量自然會不斷地提升，尤其是遇到困難與抉擇時。例如發生了車禍，車子被嚴重撞壞人卻沒有受傷，此時便要想說：人沒有怎樣就好，車子再賺就有了。

2. 正向活動

參與社會的一些正向活動，無形中也會對提升能量有所幫助。例如參加節慶活動、公益活動、廟會活動……等。

改善周遭優質的磁場

人們周遭的磁場就是一種無形的氣場，氣場必須擁有優質的氣流，還要想辦法讓它順暢的流通，才可以讓人們處於一個舒適的環境之中，進而提升自己的運勢。

就像是颱風的氣流充滿著黑暗，對流的速度也過於異常，冷氣團的氣流則是太過寒冷，這些不好的氣流都會帶給人們不適與恐懼感，人們需要的是春天溫暖的氣溫與秋天清涼舒適的微風。

改善周遭優質的磁場可以從下列事項著手：

1. 看到美好的事物。

2. 聽到和悅的聲音。

3. 聞到清新的空氣。

4. 接觸有品德的人。

5. 處在整潔的環境。

6. 擁有溫和的脾氣。

7. 具有助人的愛心。

8. 懷抱感恩的心態。

9. 沉浸活力的氣氛。

10. 保持認真的人生。

追求完美的人生

有些人全力投入宗教信仰，追求人生的真理，捨棄了一些紅塵世俗之事，包括親情與物質。或許日後真的可成仙成神、超凡入聖，但是這對整個人生而言並非完美，因為他們只擁有靈的進步，卻捨棄了身、心的成長。

就像之前台灣當紅的民視八點檔連續劇「龍飛鳳舞」，裡頭有一個戲量極重的許家明角色，為了逃避生活中的煩惱，拋棄親情、遁入佛門。但是每天還是活在世俗的紛爭煩惱之中，並造成親人的痛苦與困擾，這樣並非生為人身所應該做的事。

有些人一心一意欲追求人生的享受，不斷地增加自己的財富，但是使用不正當的手段，讓自己每天活在恐懼之中。

即使有辦法讓他家財萬貫為所欲為，但是這對整個人生而言也並非完美，因為他們只做到了身的進步，卻捨棄了心、靈的成長。

就像目前引起台灣社會食品方面動盪不安的頂新集團負責人魏應允，雖然利用各種方式為自己賺進大把的財富，住的是帝寶豪宅，行的是上億飛機。但是他的非法手段，卻為台灣人民健康帶來了嚴重的傷害，也製造了大家對國家的不信任感，這也並非生為人身所應該做的事。

也有人只想獲得短暫的心理快樂，蹧蹋自己的身體，並且不思提升心靈上的成長，這對整個人生而言也並非完美，因為他們只做到了心理上的自在，卻捨棄了身、靈的成長。

就像曾經紅遍海峽兩岸的新生代明星演員柯震東，為了貪圖一時心理上的快樂而接觸毒品，利用其來麻醉自己。此舉不但傷害了身體讓父母擔心，其負面的行為更為年輕人帶來不良的示範，影響社會甚鉅，不但阻礙了自己靈體的成長，也妨礙了社會的進步，這並非人身所該做的事。

那麼什麼才是完美的人生呢？

完美的人生就是在身、心、靈方面都可以得到成長與精進，處於快樂與自在的生活之中，讓生命趨於完美。每個人都應該朝這個方向去努力，才會不虛此生。

一、身（身體）——可以舒適

1. 平常時可以維持健康的身體。

2. 生病時可以擁有舒適的醫療。

二、心（心理）——可以自在。

1. 可以隨心所欲的去做任何事。
2. 可以擁有條件的為他人付出。

三、靈（靈體）——可以精進

1. 可以心喜快樂的去奉獻社會。
2. 可以無憂自在的去精進修行。

可以得到足夠的時間與方式去鍛鍊及維護身體，讓身體處於一個健康狀態減少疾病發生，即使生病了也可以有完備的醫療設施與足夠的金錢去恢復，讓自己的身體保持著健康、活力與舒適。

可以擁有足夠的資源與能力，隨心所欲地去做自己想要做的事，追求人生的目標，也可以去為自己所愛的人與眾人無所牽掛的付出。因為為自己所愛的人去付出是一件最幸福的事，為眾人付出是一件最快樂的事，讓自己的心裡充滿著快樂、幸福與自在。

可以具備足夠的智慧與因緣，無憂無慮的去接觸生活與宗教上的修行，成長靈體與提升心性，並在善心及慈悲心的呈現之下，心喜快樂的去協助他人，讓自己的靈體擁有領悟、成長與精進。

完美的人生絕不是只有在某個方面得到成就，而是要讓自己的身、心、靈都可以獲得舒適與成長。這並非一件難事，端看自己有沒有決心與用心去追求？如果相信自己是可以的，那就一定能夠去達成，讓自己擁有一個完美的人生，不至於浪費了生為人身的寶貴機會。

知足無法常樂 認命就是放棄

知足常樂與知足認命，這兩句話是祖先留下來的至理名言，也曾經慰藉過古今多少人不安與落寞的心。無意去挑戰先人的智慧與經驗，而是想要用另一個角度來看待此句話，希望可以帶給人們前進的正面力量。

一般人如果遇到生活上難以解決的問題，或是想要追求的東西，在經過幾次的努力仍然無法突破時，精疲力竭之餘，就會反過來安慰自己說，其實自己現在的狀況雖然不好，但是比上不足、比下有餘，知足就好了。或許如此才能快樂，也就是所謂的知足常樂。

也有人會怪罪於命運，想說我的命運可能就是如此不好，再怎麼努力也不可能有所突破，根本不需要去跟命運挑戰，乾脆認命就好了。或許這麼想才能夠使自己快樂，也就是所謂的知足認命。

對於以上一般人的想法，可以說是正確，但是也可以說是不正確。為什麼會有這麼矛盾的說法呢?是因為先人的那句話絕對是正確的，但只是一種消極的心理慰藉。

健康的人生應該是大家要想辦法去追求挑戰自己想要擁有的東西，包括物質的需求、心理的自在與心靈的提升，進而帶動社會的全面進步。

社會正向的前進與人類心靈的提升才是神佛所樂意見到，也是祂們創造人類與地球的本意，人們遵循安貧樂道的人生並不會帶給神佛喜悅的心。

因此人要活在不知足的環境之中，才會帶給自己前進的動力；人唯有不認命，不向命運低頭，才能夠創造自己的生命奇蹟。

過程之中或許會有所風風雨雨，但那都是一個學習與成長的機會，風雨之後往往是令人十分舒服的好天氣，所謂的雨過天晴。

如果你沒有辦法去獲得你想要的東西，反過頭來就用知足的心態去面對，或許可以讓心理得到快樂，但是那畢竟是短暫的，絕對無法常樂。因為當你日後看到別人擁有了你想要得到卻得不到的東西，一定會再激起心中的失落感而產生痛苦。唯有真正得到自己想要追求的東西，才可以帶給自己永遠的快樂，也就是常樂，當然這些東西

並不一定完全是物質方面。

舉個例來說：

男人一生奮鬥就是為了賺錢買間房子給妻兒有個安定的生活。有個年近半百的父親，每天辛苦的工作賺錢，歷經了事業上的起落，到了中年還是無法有足夠的錢去達成購屋的願望。

有一天突然想說自己的年紀已大，體力也逐漸衰退，反正還有能力租房子住，基本的生活不成問題，小孩的成長也正常，其實這樣也還不錯，比上不足、比下有餘了。於是就想開了悠閒的一日過一日，不再思考如何想辦法去賺錢完成心願，從此之後的日子倒也過得快樂愜意。

可是有一天晚上，在餐桌前的燈光之下，看到妻子日益年老憔悴的面容，此時電鈴聲突然響起，是房東太太來收房租了。那晚他心有所感的睡不著覺，沒有自己的房子再度讓他很愧疚難過。

隔天和妻子到一個朋友家參加聚會，看到溫馨的房子裡充滿著朋友全家人的歡樂，回到家之後整個人幾乎痛苦到崩潰了。

他終於體會到知足並無法常樂，沒有得到自己極力想要追求的東西，是會在人生中有所遺憾，也會造成一生難以抹滅的痛苦。於是他開始積極去接洽朋友，尋找一些賺錢的機會與方法，做了一些嘗試。過程是十分辛苦，但是皇天不負苦心人，眼前終於有個好機會出現，他把現有的一些積蓄投入，三年之後讓他賺了不少錢，也購得一間風景絕佳的房子。

有一天小孩的生日晚宴上，在自己辛苦不放棄買到的房子客廳裡，聽到了小孩幸福的笑聲與妻子滿足的笑容，他才真正體會到這才是一種真正長久的快樂。

命運雖然七成是天注定，但是把整個人生都交付給命運的安排（也就是認命），是件風險極高的事情。因為在命運的起伏中，若是有所低落不順到無法承受的時候，往往選擇的就是放棄人生，甚至放棄生命。

因此要知命但是不能認命，也就是不能夠向命運低頭，如此才能夠有機會去追求幸福自在的人生與來世美好的世界，並且可以帶給你身邊所愛的人愉悅歡樂。

認命或許可以在心理上減輕自己的壓力、心靈上安定焦慮的思緒，但是它也是間接在放棄人生，唯有不認命才可以去刺激前進的動力，進而得到自己想要的生活。命

運是絕對可以去改變的，這是千古不變的真理，認真努力去突破不佳命運的安排，才是一條正確的人生道路與永久追求的目標。

再舉個例來說：

有一個六十七年次的女生，是目前社會上所常稱呼的半熟女，畢業踏入社會之後，就一直在都市的聲色場所裡打拼打滾，也因此認識了一位俊帥男子，完成了人生中的第一段婚姻，可是此段婚姻在一年後卻以暴力離婚收場，幸好沒有生小孩。

或許基於對婚姻的渴望，加上工作場所的機會很多，一年之後又結識了一位多金的年輕老闆，也因此再度步入婚姻的禮堂。先生經濟富裕對她又很好，讓她再度沉浸在幸福的婚姻之中。可是好景不常，因為先生的花心發生外遇，半年後又不歡而散的結束了這段婚姻，比第一段婚姻來得短暫。

經過了兩段受傷的婚姻之後，讓她漸漸對婚姻感到失望，因此有一段很長的時間，畏懼去碰觸男女感情，把自己完全放縱在一切都是虛假的聲色工作環境之中，用菸、酒來麻醉自己。

直到二十八歲那年，生命中的第三個男人又悄悄地出現了，是一位離過婚大她十多歲的中年男子，本身撫養兩個小孩。原本她不想再去談感情，可是那位男子對她展開熱烈的追求，對她真的很好，終於擋不住熱情的攻勢，再度展開了這輩子的第三段感情，也住進了男子的家。雖然已經沒有了上兩次的熱情，但兩人剛開始也是過著相互扶持的生活。不久之後事情又有了變化，男子的前妻不斷來吵鬧，加上小孩的一些問題，終於讓她再次受了傷害。

為什麼自己的感情世界總是這麼悲慘？為什麼得不到自己想要的溫暖家庭？落寞之餘，在一個朋友的介紹之下，來到了一家很有名的命理館。妳這輩子命中注定要被男人欺負，欠這些男人的感情債，不可能擁有幸福的家庭，好好的認命吧！一切都是注定好的，無法去改變，算命先生這樣告訴她。

從此之後的日子她開始墮落，在歡樂場所之中麻醉自己，放棄自己的人生。一年之後在一個機緣之下遇見了一位心靈老師，告訴她人生絕對不可以放棄，命運也一定可以去改變，只要妳不要認命，振作起來先改變自己，一定可以得到自己渴望的愛情。

於是她有所頓悟的照著他的話去做，開始去學習一些技能充實自己，並嘗試走出去，與朋友合夥開了一家服飾店，賺了不少錢，在她三十三歲那一年，終於遇到了生

命中的真命天子，一位其貌不揚的公務員，人品很好收入也很穩定，目前兩人過得很幸福，如今她才真正體會到原來命運是可以自己掌握的，如果當初她選擇了算命先生的認命，等於是放棄了目前擁有的幸福人生。

知足常樂是完全正確的道理，知足認命也絕對是無誤的事情，只是對一個不想虛度此生，想要有所精進作為的人來說，不知足、不認命反而是協助他們如心所願的最佳工具。

修行是件美好的事，因為它可以成就幸福的未來；修行也是件正確的事，因為它可以擁有美好的來生。不過修行卻是一件需要十分謹慎的事，必須擁有正確的觀念與方向。若是有了錯誤的觀念與偏差的方向，那麼非但無法達到好的結果，還會把自己帶向不可預知的黑暗處。

台灣目前修行信仰方式與法門十分分歧，觀念與知識也相當的混亂，各個門派對於自己的理念也非常執著。虎爺深知要立即去改變一些傳統不適當的觀念，是有所困難度，也可能導致批評。不過還是勇敢地先將一些淺顯但是重要的觀念描述出來，希望有緣人可以閱讀並接受之，絕對會對修行與信仰的道路上有些許的助益。

拜拜的迷思

每次到了大型寺廟總會看到好多參拜的信徒，而一些小神壇也會有一些忠誠的信眾在對其所信仰的神佛膜拜，拜拜已經是當今台灣宗教信仰裡最頻繁的一個動作。

每個信仰有其對信仰對象所膜拜與溝通的方式，拜拜則是佛教、道教與民間信仰所共同使用的方式。

任何拜拜一定有其媒介，這些媒介各有不同，有的用香、有的用淨末、有的用手勢、有的則用心唸……但是它們一定會有個共同的媒介，就是誠心。

每當看到人們雙手奉上供品、手持清香，跪在神佛面前，口中唸唸有詞，然後將清香插入香爐，偶爾還搭配著擲筊與卜籤的動作，再至金爐處化燒金紙，這一連串的程序與動作，到底有多少人瞭解真正的意義呢？只知道這是祖先所留下來的方式，反正照著做就對了。就是因為你的照著做而不認真去瞭解真正的意義，會導致這次拜拜的動作效果不彰，甚至達不到任何作用，也就是白忙一場。這也就是大部分的人雖然很勤快的在拜拜，生活上卻仍然一蹋糊塗，得不到任何協助的很大原因。

其實大部分的人在拜拜，幾乎都是有求於神佛，也就是希望神佛協助你一些事情。然而拜拜的意義真的只是這樣嗎？當然不是的，**拜拜具有感恩、懺悔、祈禱與提升能量四種意義**。

一、感恩

藉助拜拜這個動作，把一些感恩的心意表露出來，神佛則會把這些感恩的意念傳達給欲感恩的對象。感恩的對象不限於所信仰的神佛，還包括父母、天地萬物與眾生。

感恩一定要發自內心，千萬不要口中唸唸就好，當神佛將人們感恩的意念傳達出去之時，相對的自己就會得到好能量的回應，也會提升自己的運勢，並有助於願望與目標的達成。

二、懺悔

這是一般人在拜拜的過程中，最容易忽略的一個動作。大家經常會聽到「改過行善」這句話，也都知道要增加善行才會帶給別人協助與自己好運，然而卻不知道改過是比行善還要困難很多，因此它的力量會更大。

改過就是懺悔，**懺悔最好的方式就是藉助拜拜的動作**，至神明面前坦然自己所有

的過錯、反省改進，淨化自己的心靈，進而提升自己的運勢。

懺悔依然要誠心誠意，若只是表面的懺悔是達不到任何效果，而且還會造成對神佛的欺騙行為，更是罪上加罪了。

三、祈禱

祈禱是拜拜動作裡最重要的一環，大部分的人會去拜拜的原因都是對神佛有所求，對神佛有所求也就是祈禱。這並不是一個錯誤的行為，但是大家要瞭解拜拜的意義不只是這樣而已，還包含了感恩、懺悔與提升能量，而且所祈禱的對象也不該只侷限於自己，應該包括父母、眾生、親人好友與天地萬物。

只要是出於誠心誠意，自己又沒有大惡的言行，自然會得到良好的回應與效果。若是祈禱的誠意大到能夠感動天，甚至會延長父母親的生命，也會有一些意想不到的奇蹟出現。

有些人可能會有種比較自私的想法，為別人祈禱又無法為自己帶來什麼好處？其實有些事是一種良性循環，當你誠心地為別人祈禱，這種好的能量不但可以協助他人度過困難，還會回傳給自己，為自己帶來許多的好運。

四、提升能量

拜拜也可以提升自己的能量，能量提升自然就會改善自己身邊的磁場，進而助長運勢帶來好運。

為什麼拜拜可以提升能量？這些能量又是來自何處？

1. 感恩的能量。
2. 懺悔的能量。
3. 祈禱的能量。
4. 神佛的能量。
5. 環境的能量。
6. 活動的能量。

前三項在前面已有敘述，後面三者則是一般人所容易忽略，為什麼很多人來寺廟拜拜，或參與宗教活動之後，總會覺得心情比較自在，精神也會短暫的變好？於是就會認為神佛有所協助。

其實這是來自於寺廟環境能量、神佛溫暖能量與宗教活動能量的影響，並不是神

佛直接去幫助人們。因為寺廟、神佛與宗教活動都具有超強的正能量，與其接觸自然會得到好的影響，這也就是大家喜歡到廟裡拜拜的一個很重要但也是一般人所不知道的原因。

不過也有些寺廟、宮壇因為本身主導者的行為偏差，而導致正神離去陰邪進駐，自然產生的不是正能量而是負能量。當人們接觸這些有所偏差的場所與神佛，不但無法為自己提升能量，反而會帶來無法預知的厄運。

拜拜時則需要注意下列三項重點：

1. 誠心誠意

人們與神佛的相處是相對的，只要誠心誠意的向神佛膜拜，神佛自然也會盡心盡力的提供協助，如果以敷衍的態度或是半信半疑的心態來膜拜神佛，祂們一定會將你的事情擺在最後面處理，或者根本不會予以理會。

2. 表達清楚

神佛需要聽人們的傾訴，才可以決定如何去提供協助?若是表達的內容與方式不清楚，那麼即使神佛有心欲提供協助，也會無從下手。如果不慎讓神佛誤解了人們的意思，不但無法得到該有的協助，甚至會產生不必要的困擾。至於表達的方式一般以口述或心訴為主，祂們都會接收得到，而較為重大與慎重的事情，則可以用焚燒疏文來表達。

3. 遵行規矩

每一間寺廟都會擁有拜拜的一些規矩，例如插香香爐的位置，插香的數量、拜拜的順序……等，這些規矩是依照該寺廟神佛的特性、環境的狀況、主事者的理念，還有一些傳統的習性所產生，並無所謂的對錯。因此每到一間寺廟拜拜應該要入境隨俗，遵行其規矩，如此廟方、神佛和自己都能心喜，自然可以讓拜拜的動作更為圓滿。

另外人們到寺廟裡拜拜時，經常會求個神明護身符，戴在身上、掛在車上，或者是放置在客廳。這些護身符到底有什麼作用與意義呢？

1. 保護安全作用

護身符本身就是一個代表神佛的記號，神佛本身或其兵將，會不定期去巡視擁有者的狀況，若有不佳的情事發生，則會視狀況與能力去保護此人的安全。

2. 改善磁場作用

護身符經過神佛的加持，會具有一股正面能量，擁有者可以藉由這種能量的影響，讓自己的運勢較為平順。

3. 阻擋陰邪作用

不管是紙、布、鐵件或其他材質做成的護身符，在其表面都會具有神佛照、神佛用印或是神佛名稱等字像，這些字像就是神佛的象徵，因此一些陰邪看到自然不敢靠近，而達到阻擋陰邪的效果。

不過許多寺廟的神佛護身符，並沒有經過神佛的加持，還有很多的神佛已由陰邪進入並不是正神，所以自然不具有效力。

至於有些人會在路上撿到神佛護身符，或者不想再配戴，那麼應該要如何處理比較適當呢？

如果路上發現遺棄的神佛護身符，不管是何種神佛，基於尊敬的理由還是應該將其撿起來，然後帶至大間廟宇的金爐化燒掉，說不定因為這個善意的舉動，會為您帶來一些幸運，至於是否會因此惹禍上身呢？機率應該是不大的。

而自己所配戴的護身符，如果不想繼續擁有，則可以拿至原寺廟處交給廟方人員處理，或者請一些神佛代言人做適當的處理，亦可以直接拿到廟裡的金爐化燒掉。

而護身符本身是否有時效性呢？少數的神壇會直接告知，其他沒有告知時效性的護身符，大部分是沒有時效性，不過會因為擁有者的誠心減退與逐漸不重視，而漸漸喪失效用。

燒香與燒金紙的迷思

從前面的敘述可以得知，知心坊是一個極力想走向現代化的地方。既然是現代化，相信大家首先想到的就是環保，因此環保也是我們相當重視的一個項目。

然而環保議題與工作，雖然在當今社會發展中扮演著重要的角色，但是不可諱言的，它也會在社會成長進步過程中產生某種程度的阻礙。因此環保工作至今在許多事情上，已經演變成為一個「平衡點」的問題，過多會影響社會的一些發展，過少則會對地球造成一些傷害。所以如何取得最適當的平衡點，才是世界與人類之福。

民間信仰中的燒香與燒金紙，的確會對環保帶來相當程度的影響，但是依據我們現有的能力去深入瞭解的結果，這兩個項目還是有其存在的功能與必要，暫時仍然無法完全捨棄與被取代。

以下提出我們的看法，既然是看法就可以有討論的空間，不一定完全正確，僅供參考而已。

燒香

每個宗教有其與所信仰對象接觸與傳遞訊息的方式，這是有形與無形共同達成的一個模式。

燒香則是道教和民間信仰中與神明接觸及傳遞訊息的方式，這是先人所留下來的方法，在還沒找到新的共識方法去取代之前，實在不容許被捨棄。

神明是聽人們祈禱的聲音，看人們善惡的言行與聞世間物質的味道來協助渡化世人，如今少了一項味道的媒介，或多或少還是有些影響，這也就是古語所言的：一炷清香直達天聽。

筆者於二〇一四年十月份，專程從高雄至台北參觀行天宮（台北行天宮是全國第一間完全取消燒香與燒金紙的大型廟宇），發現了兩個比較特殊的現象：一是信徒少了手中持香的動作，誠心度與信任度確實有些許的降低，另一是宮內的氣場確實不若昔日的強度，尤其是在原本的大香爐附近。

先人所留下來的一些信仰儀式與模式，並不是完全不能夠去改變，改變進步總是好的事情，只是要採取循序漸進的方式，並且要有周詳的配套。所以還是很高興台北

行天宮願意為宗教的改革勇敢的踏出第一步，並且樂觀其成。

既然燒香在現階段仍然無法完全被捨棄，若是要顧及環保的問題，在此願意提出一些看法與建議來供大家參考：

1. 可以減少香的數量。
2. 可以減小香的尺寸。
3. 可以使用環保材質的香。
4. 可以盡量合爐來減少香爐的數量。
5. 可以嘗試一個參拜單位輪流使用同一炷香。

燒金紙

燒金紙比燒香對於環保的影響更大了，因為金紙通常是一大把一大把的化燒。金紙的問題要來得比燒香還要複雜，因為它還包括要燒給往生者，相信沒有一個人願意讓自己的親人在另一個空間裡過著貧窮的日子。

以我們的看法，燒金紙現階段是比燒香更不能夠被捨棄，因為它會轉換成一種能量讓無形空間的眾生獲得，有助於祂們的生活。我們發現當人們化燒金紙時，確實有許多外靈會來拿取甚至搶奪，這也代表此種能量祂們確實有收到也有需要。或許有人會質疑，西方宗教沒有化燒金紙的動作，那麼他們的祖先不就在另一個空間因為沒有財富可用而餓死呢？其實這個道理是和燒香一樣的，每一個宗教有其給予另一個空間眾生財富能量的方式，這種方式不一定只有燒金紙，只是目前道教與民間信仰所採用的方式就是燒金紙。

不過雖然現階段燒金紙比燒香更不能被捨棄，但是卻比燒香有著更大的改革空間。因為我們發現當人們化燒金紙給無形眾生時，需要配合人們誠心將金紙給予祂們的意念，才能夠將金紙轉換成的能量發揮到最大。如果只是形式上或是心不甘情不願，甚至趕時間草草的化燒，是無法產生任何的能量轉換給祂們，如此只是徒增浪費與破壞環保而已。

因此也就是說只要心誠意足、念力強大，金紙是可以被其他的方式所取代。在此有個小小的個人建議方式，或許可以讓大家與台灣的寺廟、宮壇做個參考。

那就是在每個中大型宮廟，設立一個無形財富轉換室，這個轉換室當然可以分成

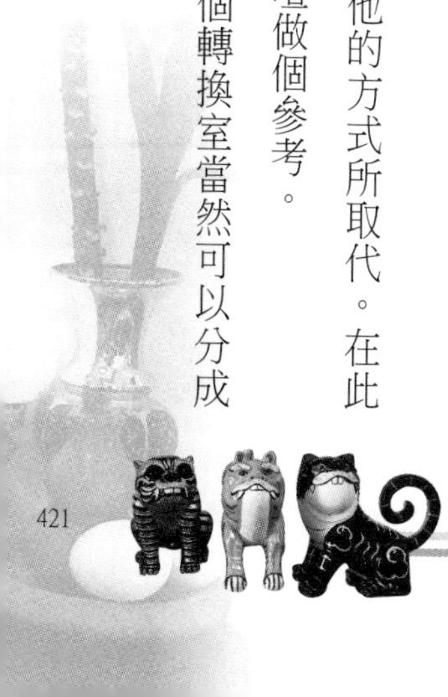

神佛與陰靈，甚至不同世界的無形眾生。人們只要至此處，誠心誠意地將心中所想要給其對象的財富，利用意念強力傳達給祂們，再將數量以類似開支票的方式由此室負責人寫在達成共識的紙上，然後就只化燒這張紙給祂們。這些財富的數量還是要利用人世間的金錢所購買，並不是想要多少就有多少。

上述的方法只是一個理想，還不可能去實行之時，在目前民間仍然無法捨棄燒金紙的方式，又要顧及環保與減少浪費，還是必須從金紙的數量、材質與化燒金紙的設備著手。就像同樣是一萬元，可以是五張兩千元、十張一千元，也可以是一百張一百元，紙張的厚度也可以盡量變薄，使用再生紙，另外利用現代進步的科技，在金爐旁邊加設一些有效的排氣與過濾設備。

修行人的迷思

現在的社會上很多人自稱是修行人，然而真正可以稱為修行人的是哪些人？修行的定義到底又是什麼呢？

所謂的修行，即是修正自己的思想與行為，提升心靈的層次與境界，又分為生活中的修行與宗教上的修行。

因此廣義而言，只要有心並實際在日常生活之中付出上述行動者，皆可稱為修行人。但是要做到那些一般都需要藉助於宗教的力量，因此就狹義而言，必須在某一項宗教信仰帶領之下，去付諸上述行動者，才可以稱為修行人。

常常聽聞很多的修行人（這裡所指的是狹義的修行人，也就是宗教上的修行者），本身願意去接觸修行，並且認真參與宗教團體的各項活動，也遵從其教義的指示而行，為何在各方面還是不是很平順？甚至比接觸修行前更加糟糕。

身體病痛不斷，家庭亂糟糟，感情婚姻生活不如意，事業也不穩定，財富上更是無法充裕，甚至負債過日。

到底是為什麼呢？是所信仰的神佛神力不夠？抑是神佛沒有幫助他們？還是自己在修行的路上仍然不夠認真努力呢？

據我們所知，應該不完全皆是。

現在就將我們能力所瞭解的一些靈界狀況，與三年來的諮詢經驗統計，分析原因如下，這也是一般修行人的迷思：

一、本末倒置的修行

這是一般修行人最常見的詬病。在宗教與道場上的付出與貢獻，往往不留餘力，可是對自己父母的照顧與親友眾人的協助，卻是不願意也不盡力去做；在道場對神佛的供養十分虔誠，回到家中對自己的父母卻不聞不問；對於道場的活動從來不缺席，自己家中的親友聚會卻從來不曾參與，即使勉強參加也只是應付的心態；對道場建設奉獻大筆大筆的金錢，卻不曾買件衣服給父母穿，對身旁的弱勢者也不願提供金錢上的協助；在道場上遇到同修，態度總是很客氣也很有禮貌，凡事百依百順，回到家中卻對自己父母說話大小聲，對小孩的管教也是顯得不耐煩，遇到鄰居更不會打個招呼。這種本末倒置的修行方式，所信仰的神佛會高興嗎？會去協助人們平順嗎？相信答案不只是不會的，反而會對人們施予一連串的懲罰。

二、表裡不一的修行

有很多的修行人，雖然很認真去配合宗教上所賦予的功課，唸經、持咒、會靈、朝山、參與法會、超渡冤親……等。在修行方式的道路上似乎日益精進，但是日常生活中的一舉一動，還是不斷地在犯錯，且不知改過。

唸經若只是為了達到每天該有的次數，盲目的去誦唸，卻不思其中經文的含意，也不在生活之中去落實經文的精神，非但效用不大，更會因此招來陰靈的干擾。有一位四十幾歲的女性朋友唸地藏經（俗稱孝經）的功力是一流的，可是在家中卻不斷對父母加以忤逆，完全違背了地藏經的精神，也因此覺得自己愈唸反而生活愈不平順。

會靈若只是為了遊山玩水，在神佛面前手舞足蹈，講講天語，顯現自己與眾不凡的能力，讓在旁眾生羨慕與欣賞，卻不去利用此能力靜心聽聽所到之處神佛的訓示與教誨，讓自己更精進、更加有慈悲心，並在生活中去協助他人。這樣靈體不但不會更精進，反而會引起一些陰靈的跟隨，干擾自己的運勢。

有一位南部宮壇的中年婦女領導者，大家隨俗的稱呼她為師姊，在一個機緣之下

參加了他們在中部兩天一夜的朝山會靈活動。只見所到之處，這位師姊對信徒的表現態度總是十分的高傲，講話也毫無慈悲心，不懂得謙虛地去循循教誨那些追隨她的信徒，在車上講話也時常口出穢言，而且有抽菸的習慣，菸蒂也隨意亂丟，晚上落腳之處，更約了幾個朋友飲酒作樂。這種行為，就算她有再強的神通能力、跑更多的宮廟、會更多的神靈，相信依然達不到其效果。

參與法會若只是盲目地依照其儀式與程序進行配合，不用心在法會之中，發出真正的慈悲心去憐憫那些尚在受苦的祖先與無形界眾生，發出真正的願心讓祂們離苦得樂。即使參加再多場的法會，相信依然沒有辦法讓自己精進，反而會惹來一些靈界眾生的干擾。

有一位五十幾歲的男性朋友，是一個虔誠的佛教徒，只要道場舉辦各種形形色色的法會，他總是不會缺席。但是聽他言談之中，感覺到他參加每一場法會，總是有一股壓力存在，而且太太對此事也不太諒解他，見其氣色不但沒有變好，反而是面有難色，身形更是日益虛弱，不勝唏噓。

以上這些表裡不一，注重修行的外表，而不去發自內心的修行方式，不但不會得到神佛的協助，反而會賜禍予他們，提醒他們要去修正此事。而且這樣虛有其表的修行方式，更有可能引起魔界的侵入，反而得不償失。

三、修行方向的錯誤

所有的宗教都有其存在的價值，也大都具有教化人心與安定人心的作用。但是不可諱言的，每個人一生下來要接觸哪種宗教，就像是命運的安排一樣已經注定好了，雖然存在著一些改變的空間，不過還是順其安排而行會來得比較適當。

曾經目睹身旁一個十分殘酷的例子，這是鄉里之間真實的傳說。有個小鎮上的國小女同學，由於當時是男女分班，所以是在補習班認識的，她的父親是鎮上的外科名醫。在當時醫療不發達的年代，幾乎是小鎮上骨科外傷的唯一就醫地點，其名氣與財富的累積可想而知。

十幾年前，因為父親與全家接受了西方宗教的洗禮，讓原本對民間信仰忠誠的他們，做出了一些符合其信仰宗教的期待動作。把原本膜拜的神尊丟掉、把神堂廢掉，甚至還把祖先牌位燒化掉，接續還有做什麼不禮貌的動作就不得而知了。這些在鄉里眼中似乎不可思議的舉動，卻開始為其家庭帶來一連串毀滅性的災難。

先是外科醫師發生了死亡意外，我的同學也因為情關難過選擇了自殺，之後母親更因為承受不了家庭遽變而上吊自殺了，妹妹隨後也因而導致精神異常。一家五口共有四人接連發生了駭人聽聞的事情，只剩下無助的兒子在軍中不知所措？

當然以上的例子絕非在強調宗教報復的意味，而是來自於對祖先與神佛的大不敬行為，已經嚴重違反天理導致所受到的懲罰。另外還有些許原因就像本節所說的，人一生該接觸何種宗教大都有所注定，最好是順其而行，人生會來得比較平順。

四、神佛加速的考驗

有些修行者選擇了適當的修行方向，其指導的神佛或使者就會出於愛護子女心切的期待，急著想要利用各種方式去做訓練，希望能夠迅速成長精進，早日脫離苦海完成任務回到天界。此種現象是出於神佛的一片好意，但是呈現在人們的生活上，就會出現更多的阻礙與不順，讓人們會有愈拜愈退步的感受，有的甚至開始對神佛有所埋怨。

曾經有個五十多歲的師姊，四十五歲那一年在一個機緣之下，接觸了九天玄女娘娘的神明信仰，因為一些不可思議的感應使其對九天玄女娘娘十分虔誠。可是過了不久之後，原本尚可過日的經濟開始起了一些莫名其妙的狀況，投資屢次失利不如之前平順，家中小孩也發生了一些意外花了不少錢，丈夫的工作更因為與上司起了嚴重的衝突而離職，家裡的經濟頓時陷入困境。

如果是一般人早就開始怨天怨地怨神明了，可是她並沒有那麼做，反而以心喜勇敢的態度來面對承受，並且對九天玄女的信仰更加的虔誠，一點也沒有把此種狀況怪罪於神明。果然這是神佛因為疼愛她而對她的一種加速考驗，而她也通過了考驗，在兩年之後得到了一筆千餘萬的偏財，此時丈夫的身邊剛好出現一個創業機會，於是把這筆錢還清了債務之後，剩下的全部投入發展，如今已經累積了半億的財富。

五、靈界恣意的干擾

這是一個比較困擾的現象。當有些修行人在修行腳步上積極向前邁進的同時，因本身持續累積一些修行的能量，有些沒有因果關係的外靈就會依附在其身旁，想要來分享能量或者是跟隨學習。雖然無意害人，但是因為陰陽兩隔，長期接觸總會造成一些影響，尤其是在身體健康方面。

如果一個空間聚集了很多的修行人，而其身邊跟隨的陰靈亦多到超過負荷的極限，

就會發生一些意外，這些意外連神佛都會措手不及。像是一些進香團體的遊覽車，會在活動的過程中發生翻車的意外，此種現象也是可能的原因之一。

這些外靈以在寺廟、宮壇外面最容易卡到，大部分是具有修行慧根的陰靈，也有少數只是要來討食而已。

修行者一定要有此心理準備與預防，尤其是喜歡會靈遊靈山者，要定期請神佛代言人觀察是否有此現象？如果有的話應該要採用適當的方法將其排除。當然也可以因為憐憫心而選擇與其和諧共存，但是這絕對不是一個好的方法，因為有可能會為自己帶來不可預知的後果，畢竟是敵暗我明、陰陽兩隔。

也是一個師姊，不過只有三十幾歲，師姊只是個尊稱應該是個年輕的師妹。她在三十歲之時，就因為本身的靈異體質關係而接觸了一個南部神壇。這個神壇舉辦會靈活動時從不缺席，可是每次活動結束之後，她的身體總是開始出現不適的狀況，有時甚至會昏倒。原來她的身邊長期以來跟隨著一位前世是位和尚的外靈，祂在另一個空間也亟欲修行，所以只要她一會靈回來，就會取走身邊因為此次活動所累積的大量修行能量，也因此讓她的身體深感不適。

苦行僧與樂行僧

相信大家都有聽過「苦行僧」這個名詞，苦行僧是印度盛行的一種修行方式，必須忍受常人認為是痛苦的事，像長期斷水或斷食、躺在佈滿釘子的床上、行走在火熱的木炭上、吃屎喝尿……等，來鍛鍊忍耐力與遠離慾望。就字面的意思而言，就是需要經歷辛苦、艱苦與困苦環境的修行人。印象中的修行人好像都是一副不是過得很舒適快樂的樣子，因為唯有處在艱困的環境之中，才能夠擁有激勵修行的動力，也才可以悟出修行的智慧。

然而隨著時代的進步與改變，修行這條路的觀念與方式是否也可以來做個改變呢？難道處在一個愉快自在的環境之中，就無法真正去修行嗎？如果可以處在一個快樂、歡樂與喜樂的環境之中，又能夠達到修行的效果，何樂而不為呢？

如此或許還可以刺激大家接觸修行的意願呢！

修行是喜悅的，而不是想像中的痛苦；修行是心喜的，而不是出於環境所迫。曾經有人受到事業上的挫敗，失意絕望之餘而遁入佛門修行，然而心中仍然念念不忘心愛的妻子與父母，於是幾年之後又還俗，繼續承受之前失敗所留下來的困境，心中永

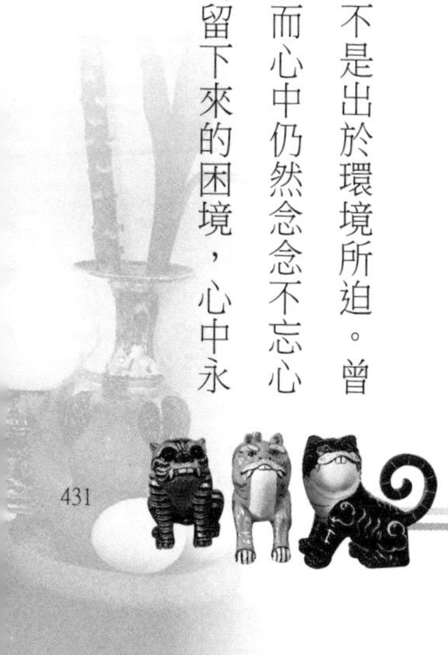

遠無法自在快樂。也有人在事業的奮鬥過程中，亦用心在供養神佛、修正言行的修行工作上，因而神佛賜予一些協助的力量，使其事業愈來愈騰達，再將因為事業成功所得到的財富，用來讓家人過得幸福快樂與進行一些慈善事業，時時活在快樂的環境裡，心中不但沒有任何的遺憾，還可以精進提升自己的修行。

因此當一個樂行僧絕對要比苦行僧來得更有價值。修行是快樂的，絕對不是痛苦的；修行是心喜的，絕對不是無奈的；修行是十分自在的，絕對不是有所限制的。

然而人們總是容易迷思在五光十色的氣氛中與花花世界的環境裡，缺少了自制的能力，也喪失了進取的本性，所以必須藉助困苦的環境來督促自己修行。因此在無法採取樂行僧的修行方式時，也可以退而求其次採用苦行僧的修行方式，不過不管使用任何方式的修行，最後還是要到達一個心中無慾念、無煩惱的極樂世界。

祖先問題的迷思

長久以來一直在思考著一件事情，為什麼台灣人的祖先問題這麼多？一下子說祖墳有問題而影響了家族的運勢，需要撿骨遷墓；一下子說祖先在地獄受苦受難導致子孫不得安寧，需要超渡超拔；一下子又說祖先在嚴重干擾後代導致家族運途不順……等。

然而祖先不是自己的親人與長輩嗎？愛護自己的後代都來不及了，為何還會去阻礙子孫呢？西方宗教有很多不去祭拜供養祖先，他們卻還不是過得好好的？

有人聽了地理師或神佛代言人等高人的指點，把祖墳做個適當的處理，為祖先不斷地辦理超渡超拔法會，花費了大筆的金錢卻仍然無法帶給自己與家庭平順。

究竟中國人的祖先觀念到底是出了什麼問題呢？直到接觸了靈學這塊領域，以現有能力對靈界的運作情形略有瞭解，加上一些神佛的指導解說，才知道台灣人根深蒂固的傳統祖先觀念，有些可能需要做個調整。

先談到二－5節所說的，靈體是由三魂（靈魂、覺魂與生魂）所生成，肉體則由七魄所組成。七魄在肉體死亡時已經完全消失，而靈體三魂之中的覺魂與生魂也會在人的肉體死亡時，自然消失於宇宙天地之中，只留下靈魂在永無止盡的六道裡繼續輪迴。

因此一般民間所傳聞的觀念，人有三條魂，死亡後一條會去接受審判、投胎轉世，另一條會留在墓地或納骨塔，還有一條會進入祖先牌位接受後世子孫的供養，我們認為這種說法是不太適當的。

中國人的祖先牌位是一種氣場能量的聚集處，並不是真正有祖先的魂魄在裡面，它聚集了七世之內所有的祖先能量。七世以前祖先的影響已經小到幾乎沒有了，這也就是有超渡迴向「九玄七祖」此說法的原因。

這種氣場能量來自於歷代祖先們的言行作為，深深地影響著後代的子孫。因此祖先的干擾是確實存在，但是不是實質靈體的干擾，而自來於祖先氣場能量的無形干擾，一般人對此有很大的誤解。

當祖先的氣場能量，因為祖先言行的錯誤偏差，而呈現不好與低落時，會負面影響後世子孫的運勢，也會干擾家庭的和諧。

所以其實祖先對子孫的干擾就是其錯誤的言行，導致氣場能量的低落不佳，而由氣場能量去負面影響子孫，而不是直接由祖先去傷害子孫。祂們沒有這個能力，即使有也不會這麼做，祖先對自己的子孫愛護都來不及了，怎麼還會忍心去傷害他們呢？如此是有失常理。

坊間一般風水師與地理師常見的說法：倒房的問題。年久未替祖先撿骨（一般是超過十五年）。離婚時未向祖先稟明……等，會影響後世子孫運勢，甚至有些說法更是誇大嚴重性來導致人心的不安與畏懼。

這些影響確實是存在，但是並不是很大，因為上述那些動作都是為人子孫基本孝心的呈現，人們不具有基本的孝心，當然能量就會大量的降低，運勢也因此會受到影響，並不是真的由祖先的不悅導致實質去干擾子孫。

例如放任祖先墳墓長年不去進行撿骨，代表子孫對祖先不注重，就是不孝的一種行為，這種行為當然會讓自己的能量降低而影響到運勢。同樣的道理，夫妻離婚時不去向祖先說一聲，就是代表對祖先不尊敬，自然也是一種不孝的行為，因而也會讓彼

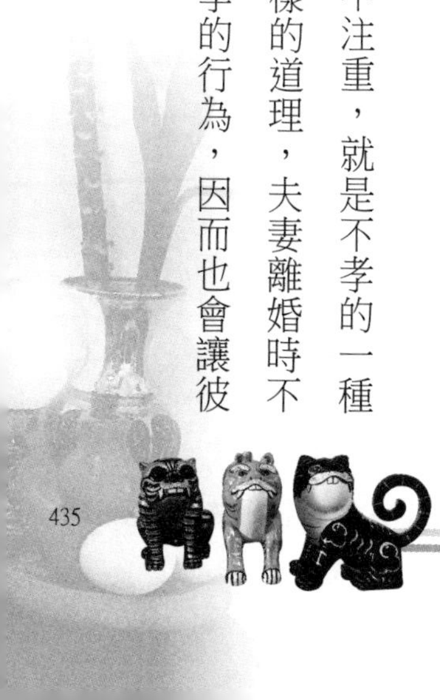

此的能量降低，而導致凡事比較不順利、阻礙較多。

因此對於這些與祖先有關的問題，應該要抱著寧可信其有的態度去處理，展現後世子孫的孝心，但是千萬不要有所畏懼，甚至奢侈浪費。如果基於一些人為上的因素，導致真的很困難去進行那些事，只要內心對祖先抱持著尊敬的心態就可以了，千萬不要有所罣礙而導致另一種負面的影響。因為祂們的影響真的是沒有想像中的嚴重，即使坊間有些繪聲繪影的故事發生，相信也是巧合的成分居多。

所以對於祖先的問題，只要抛開傳統的迷信，抱著孝心與慎終追遠的態度去處理，不要有所畏懼與奢侈浪費，相信抱持這樣一個正確的方向，很多事都可以迎刃而解。

但是並不是所有的干擾都是負面的，祖先如果有大的善行，則這種氣場能量可以庇蔭子孫，讓子孫有所成就。家族興旺，所謂的積善之家必有餘蔭。

七世祖先之中，一定會有些做得很好，有些做得不錯，有些做得不好，有些則做得很不好。這些好壞的作為就會為這些氣場能量做個加加減減分，最後成為一個比較固定的數據範圍，這個數據範圍就是所謂的「祖德」。

祖德是會深深地影響著後世的子孫，因此祖先的所作所為是會影響到我們今生的運勢，而我們的所作所為也將會影響到後世的子孫。

相信如果你聽到祖先的錯誤言行影響了你目前的運勢，一定會感到很無奈，因為先人的事情並不是我們可以去掌控。同樣的道理，為了不讓後世子孫產生相同的無奈，所以我們今生一定要增加善行、減少惡行，來讓我們下一代過得比較平順。

要留德於子孫，即使沒有留德給子孫享福，至少也不要留業給子孫去承受。

不過七世祖先之中，確實會有極少數因為某些特殊的原因，還沒有去投胎轉世，而流落在人世間，就會形成孤魂。但是這些孤魂祖先是完全沒有能力去對後代子孫，做任何直接的干擾與傷害，祂們也不會停留在祖先的牌位之內。

既然祖先所遺留下來的氣場能量，可以影響後世子孫的運勢，那麼子孫的一些正面的作為，是否也可以為祖先帶來一些協助呢？

有些孝順的子女，在父母親離開世間之後，總想為往生的父母親做點什麼？像超渡、行善迴向……等，讓他們在另一個世界過得好一些，到底這些動作他們收得到嗎？

這個問題的對象可以分成三方面：

1. 祖先已經投胎至天道或脫離六道輪迴

完全收不到，所以沒有影響。（況且他們已經過得很好，也不需要子孫的迴向了）

2. 祖先已經投胎至人道、畜生道或修羅道

可以收得到，但是影響很小。

3. 祖先仍然停留在鬼道或在地獄道接受審判懲罰

可以收得到，影響也比較大。

以上的狀況就好像你如果有一筆十萬元的錢財要佈施，對有錢人來講，這筆錢他們根本不需要，對他們也不會造成任何的幫助。如果給小康家庭，雖然不無小補，不過對他們而言也是可有可無，影響並不是那麼大。但是這筆錢如果給一個貧窮家庭，對他們而言，則是非常需要這筆錢，可以帶給他們舒適一點的生活，甚至扭轉其人生，因此對他們的影響是很大的。

一般我們為了讓往生的父母等祖先，在另一個世界過得好，可以做的有下列五件事：

1. 超渡超拔

至寺廟配合法會與法師，為祖先做一些超渡超拔的儀式，使其離苦得樂。

2. 行善迴向

累積一些善行適時迴向給祖先，增加其能量讓他們好過一些，並且可以前往善處。

3. 祈求神佛

誠心祈求正派的神佛，以孝心去感動祂們，讓祂們以現有的能力給予祖先適當的協助，使其減少苦難。

4. 祭拜祖先

祭拜祖先，將孝心的能量傳達給他們，會對其產生正面的影響。

5. 貢獻社會

努力充實自己，將所學貢獻給社會而有所成就，這種極大的正面能量，會有助於祖先們脫離苦海，也就是所謂的光宗耀祖。

2～5項相信大家都知道怎麼做，只有超拔超渡可能會讓一般人有所迷思。超拔超渡、行善迴向這些欲協助祖先的行為，並不是以實際的東西去改善他們的狀況，而是利用後世子孫參與這些活動的正面心念，與一些經文所產生的極正面氣場能量去影響祖先。祖先接收到了這些正面的氣場能量，自然會減輕痛苦、增加自在。

也因此參與這些活動時，一定要有正確的心念、能力足夠的帶領者與充滿正氣的環境會場，才能夠達到效果，否則即使你再做幾次這種儀式，依然會效果有限。這也就是為什麼有人一再地在寺廟超渡超拔祖先，家庭依然亂糟糟，運勢也不平順，而有所百思不解的原因了。

法會一定要親人親自參與，而且要保持強烈的四個正確心念，才可以得到效果。絕非跟隨著法師盲目的唸經，或藉由法會的一些儀式，就可以讓祖先有所得。如果沒有保持強烈的四個心念，那麼建議就不要報名參與這個活動了，只是浪費自己與大家的金錢、時間與資源而已。

四個正確心念如下：

1. 孝心

要出於孝心，感念祖先帶給我們的恩德，希望藉由此次法會的活動，可以對他們有所協助，來報答他們的恩情。

2. 誠心

十分誠心誠意的來參加這個法會，而不是以敷衍的態度，或對自己有所目的才來參加此法會。

3. 願心

具有強烈的願心，希望祖先可以藉由此次的法會離苦得樂、前往淨土。

4. 信心

對於此次的法會充滿信心，一定可以有足夠的力量來對祖先有所協助。

既然超拔超渡是一種儀式，就必須按照一定正確的程序進行，因此跟隨言行端正、能力足夠的法師，來圓滿完成這個活動，也是一個法會成功與否關鍵的所在。法師就像是法會這艘大船的掌舵者，如果言行偏差、心不在焉、駕駛的能力不足，非但無法使此艘船順利靠岸，讓船上的祖先可以上岸得渡，反而會把這艘船駛向黑暗處，使船上眾靈陷入更深的苦海。

另外法會進行的地點是否是一個正氣的場所，也會影響到法會的效果。如果在一個領導者言行偏差的道場、為陰邪所佔領的寺廟進行這些活動，非但完全無法得到其效果，更會造成無形眾靈的貪凜、胡作非為，反而會讓祖先身受其害。

上面把一些對於祖先問題的迷思，予以全面性地闡述，只希望台灣人在擁有這個慎終追遠的傳統美德之下，能夠更瞭解其實際狀況，做一些真正可以達到協助祖先的行為，而不是盲目地遵循先人所流傳下來的方式，非但無法達到其效果，反而造成了奢侈浪費，甚至對祖先有所傷害。如此才會更有意義，也是一股社會正面進步的全新力量。

生活的智慧

何謂生活呢？簡單來說：生活就是將生命活用在每一處空間，每一段時間與每一個人事物，來成就他人與自己，發揮生命的意義。

生活中會不斷地接收到一些訊息與知識，也會發生一些令人感動與感傷的事情，當然也會有情緒上的起伏變化，還會有一些牽絆與歡樂。當遇到了這些生活上林林總總的現象，該用何種智慧與態度去面對呢？虎爺將會帶給您一些思考與方向，期待大家能夠經營屬於自己多彩多姿的生活，來成就有意義的人生。

對於改名字的看法

改名字是近來十分熱門的一件事，時常聽到身邊的朋友在改名字，或許是姓名學老師分析的很有道理並用心在推廣，也許是真的有那麼一點功效，才會在台灣如此流行起來。

因為改名的人數日益增多，造成了政府機關一些作業上的困擾，因此有了一些法律上的規定：

名字字義粗俗不雅或有特殊原因者，申請改名以三次為限，而未成年人第二次改名，需等到成年以後。

姓名學也是屬於命理的一部分，命理在當今的台灣社會，已經被許多人當作養家活口的行業。因此基於道德問題，我們還是很尊重這些姓名學命理師的專業與辛勞，只是於此提出我們的一些看法供大家參考。因為來到知心坊詢問改名的問題，數量之多超出我們想像，可見大家對改名字方面的意見與看法，有著迫切的需要性。

依照我們的看法，命理學大概分為可以變動與很難變動兩個部分。所謂很難變動的部分就像是八字、紫微斗數……等天生安排好的，根本無法去變動，唯一可以靠改過、行善來慢慢地改變自己的命運。但是這些改變並非一蹴可及，也就無法立即看到改善的成效。

因此一些命理學老師就把腦筋動到一些可以變動的部分，利用改變一些東西所獲得立即可見的成效，來成為他們收入的主要來源。這些可以變動的部分包括陰陽宅、姓名學、身相學點痣……等。

改名字的功效對於整個人生命運的影響應該是有的，但是影響的程度實在非常小，小到幾乎可以忽略不計。想要讓自己擁有好的命運，最重要的還是要存著慈悲心與謙卑心，並加強改過行善的作為，才是正確之道。

若是想要靠改名字來增加自己的運勢，其實嘗試看看也無妨，畢竟它總是一種加分的方式，雖然加的分數實在不多。不過要注意的一件事，若是為了改名字而造成一些生活上的不便，反而會得不償失。

來到知心坊預約諮詢必須提供姓名，因此常會遇到一些人發問，我有改過名字，是要用舊的還是新的名字呢?我都會回答說，以身分證上登記的為準，當戶政事務所在身分證更動名字的同時，無形界的名字也會隨之更改。

因為實在太多人問到這件事，我才深深瞭解到，原來改名字是當今社會上已經是司空見慣的事。也不知是否為巧合，身邊改過名字的朋友，有很大的比例真的有感受到效果，尤其在事業與財運上面。以實際面來看，改名字一定具有某些改變的力量，才可以讓這門學問在台灣民間如此的盛行。

一再強調，只要可以達到效果，對本身有所助益，又可以避免被欺騙，花費大筆金錢之事，應該都可以去做個嘗試。

因此透過與虎爺的瞭解，把為何改名字可以為人們帶來一些正面改變的看法敘述如下：

1. 心理因素的作用

這是最有可能也是一般人所認同的一個原因，改名字之後心理上總會認為是人生一個新的開始，因為相信改名字一定會為自己帶來轉變的好運。在這種自信的正面能量影響之下，會帶動一些不好言行的改變，如行動變得積極、言語擁有自信、臉上帶著笑容……等，這些好的言行當然可以為自己帶來一股不可思議的轉變力量，讓運勢變好、好運臨身。

2. 學術理論的影響

不可否認的，姓名學也是中國一門先人智慧的學術，有其正確的理論與實際經驗，尤其在五行八字方面的配合，一定具有基本的效用。改名字所獲得的成效，有部分真的是來自這些精深學術的影響。

3. 巧合作用的因素

一般人會興起改名字的念頭，大部分都是處於人生低潮的時期，遭遇到許多的挫折與阻礙，才會以改名字試圖來轉運。有句成語叫做否極泰來，就是說人的運勢到了谷底的時候，就是已經無法再低了，因此也會開始往上爬轉好運。這樣的變化剛好出現在改了名字之後，大家就會認為是改名字出現了效用，殊不知只是一種巧合。

有位建築業的朋友，改了名字之後，在短時間內不可思議的職位一直升，也因此獲得了不少財富。但是因為工作上操勞過度、飲酒過量，如今已經罹患胃癌，所剩時

日不多。

還有一位朋友一直深受家庭因素的困擾，在聽從朋友的建議改了名字之後，真的有所改善，尤其是先生態度的大改變，變得讓她難以置信。

以上兩個改名字帶來的成果，提供給大家自行思考。最後要提出我們最真摯的建議與看法，名字為父母長輩在我們出生時所賦予，除了法律上所規定的那些條件，與人生面臨極大的挫折與低潮，在死馬當活馬醫的情況下，或許可以嘗試看看，否則真的不要輕易去嘗試。

因為尊重父母的決定是一種孝順的表現，而且改名字會造成政府機關一些作業上的負擔，改名字之後一些證件的轉換，更是會徒增自己不少的困擾。如果有所疏忽還會造成日後權益上的影響，這些都是得不償失的事情。

台北捷殺事件、澎湖空難事件、高雄氣爆事件的看法

「救苦救難的是菩薩，受苦受難的是大菩薩。」

這是來自聖嚴法師的名言，也是我很喜歡的一句話。

每當看到一些災難所造成的人員傷亡，除了感到不捨與難過之外，心想往往他們的犧牲，就會凸顯一些錯誤的觀念與事情，讓國家與社會有所反省改進的機會，進而帶動人類的進步。這些改變的動力，是他們用寶貴的生命換取而來，其對人類的付出與奉獻，絕不亞於社會上的一些善行者，因此應該對他們的犧牲致上最大感恩。

二〇一四年台灣的南北兩大城市與最大的外島，分別發生了令人震驚的三大事件——高雄氣爆事件、台北捷運殺人事件與澎湖空難事件。這些意外與人為的事件，不但造成了台灣社會的不安，更傷痛了大家的心。

一般宗教團體總是會把這些事件歸咎於業力的安排，沒有錯！我們的看法亦是如

此，這些事件的產生絕大部分原因是個人業力所致，而且很多是共業，但是也有摻雜其他少部分的因素。

業力就是前世因果業障牽引安排所產生的一種力量，因此充滿著許多無奈，或許有些並非當事人自己所願意，卻造成了一些己所不欲的災難。

但是話雖如此，無論前世的因果如何在今生顯現，今生做錯事就是該接受應有的懲罰，這是不容置疑的一件事。因此那些肇事者一定要接受法律上的懲罰，才能夠在社會上有一種警惕作用，也讓他們有所學習改過的機會。

無意再去挑起這些傷口，反而更想藉助文章的力量來協助撫平傷口。只是從靈學的另一個角度去描述看法，希望可以藉這些事件的發生，帶給人們一些警惕、懺悔與社會進步的動力。

這三起事件，因為高雄氣爆事件離本身的生活圈較近，因此在前三天就有深刻感受到周遭不尋常的壓迫磁場，更不時浮現一股莫名奇妙生離死別的感傷，因為當時的工作生活繁忙，以為是本身的壓力所致，於是就不以為意。

直到當晚臉書上陸續出現了訊息與畫面，才知道事情的嚴重性，當下第一個念頭就馬上想到住在前鎮、苓雅、小港的親友是否平安？

第二天早上十點左右，終於傳來令人感傷的消息，一位六十五年次的女性朋友騎機車載著同事下班，因為剛好路過最嚴重的十字路口，不幸喪生被送往國軍 802 醫院，她的同事則受到重傷。

因為這位朋友年初來過知心坊諮詢過，當天晚上馬上調閱她的資料，果然記錄著之前虎爺的訊息，今年下半年會有一個生命上的小劫數。這種小劫數依照我們的經驗幾乎都可以過關，因此只是會提醒與告知一些減輕劫數的做法，並不會去做任何處理。

為何這種小劫數會導致喪失性命呢？基於好奇心與想要瞭解看看有什麼地方可以協助她的想法之下，於是恭請虎爺慎重去瞭解查明此事。

所得到的訊息與情況，忠實描述如下給大家做為參考，因為我也無法去做證實，所以讀者真的只是參考就好了。

1. 此次的事件無形靈界神佛早已於一年前著手進行規劃。
2. 原本的死亡人數將達到八十八人，因為以觀世音菩薩為主的神佛，慈悲心顯現而四處奔走協調，再加上當地執政官員略有德政，最後的死亡人數才下降至三十四

人。

3. 三十四人之中有二十四人是來自前世因果的共業牽引、劫數難逃。六人是天界有所特殊的原因與任務，而趁此次事件順便安排召回天界。剩餘四人則是陽壽未盡而被無辜波及，是所謂的枉死。

4. 此人是因為天界有賦予任務而臨時召回，並不在原本的死亡人員之中。

得知這些訊息之後，我終於不再為這位朋友感到傷心難過，因為她即將前往的是一個美好的天堂。其實她在人世間過得並不快樂，背負著家中一些貸款，年近四十也還沒有好姻緣出現，人生的結束對她而言或許是一種解脫，何況又是前往仙境，真的應該替她感到高興。

她的家人也因為一些政府的賠償金，頓時舒緩了家中的經濟。她真是天上派來的一位天使，犧牲自己照亮了家人，也溫暖了社會。

至於北捷殺人事件與澎湖空難事件，虎爺也告訴一些原由。

像北捷殺人事件，因為怕涉及對家屬的二次傷害，故於此不予論述，只能夠說這是犯罪者本身著魔的現象與被害者前世共業顯現的時空結合。受害者的家屬在傷心難過之餘，應該要好好的去祝福他們，因為這個事件對他們而言，是一段前世因果的了結，有助於其前往天堂之路。另一方面就是因為他們的無辜犧牲，喚起了社會對此區塊的重視，也藉此次經驗大大提升了人們搭乘捷運的安全，對他們而言真的是大功德一件。

他們（包括上述三事件的犧牲者）真是受苦受難的大菩薩，值得人們永遠尊敬與懷念的大菩薩。

低潮與壓力

低潮與壓力是生活中的兩大毒藥，卻也是邁向成功與成就幸福的兩大推手。為什麼會有如此矛盾的說法呢?因為低潮與壓力都是一種負面的能量。長期陷入低潮會使自己產生負面的思考，在身體上容易造成憂鬱的症狀，行動力也會嚴重受阻。但是人處在極低潮之中，於窮途末路的情況之下，才有可能做出一些反向的思考與行動。

這些思考與行動會激發出一股無可限量的能量，讓你去突破現狀，把你推向超乎想像的巔峰，就像人在彈簧床上要跳得更高，必須把腳底放到更低。過大的壓力會使自己處於過度緊繃的狀態，而影響到身體健康，若沒有適時的宣洩，可能會導致精神崩潰。

但是人若是沒有處在壓力的脅迫之下，是很容易故步自封安逸自己，沒有更大的力量去激發出更好的成就。唯有處在適時壓力狀態之下，才會有股督促自己向前的動力，若是無法跟上腳步就會思考去做一些改變，也正是由於這些改變才有機會把你帶向人生的巔峰。

因此就長遠的角度而言，低潮與壓力是有正面存在的價值，生活中難免會遇到低潮，也隨時會背負著壓力。

低潮一般是短暫的，當人生遇到低潮時，若是沒有一些方法協助快速地度過，讓低潮的狀態拖太久，可能會衍生一些意外狀況的發生。也不能夠使低潮時常出現在生活之中，否則會形成一種惡性循環而導致人生的毀滅。

壓力有可能長期的存在，身心背負著過大的壓力，若是沒有一些管道協助其減壓釋放，有一天可能會因為承受不了而讓自己精神崩潰。

因此如何迅速消除低潮，不要讓低潮時常出現，並且要適時的去宣洩壓力，如此才能夠將生活中的兩大毒藥轉化成兩大推手。

依據我們的發現，低潮與壓力是來自於環境、肉體與靈體三者交互作用之下的反映。

一些不好與壓迫的環境當然會帶來低潮與壓力，這些環境包括家庭的紛爭、親情的糾纏、工作的業績、考試的期望、婚姻的困擾、金錢的無助……等。

肉體長期的不適或者偶爾生病亦會帶來壓力與低潮，由一些長期臥病者的心情就可以得知，對未來沒有了希望，對龐大的醫療費用充滿著壓力。靈體本身的特性亦會對低潮與壓力帶來深刻的影響，有的靈體天生就具有自閉、失意的傾向，當然就容易產生低潮，有些靈體則比較緊張，也就容易形成壓力。

低潮與壓力產生時，身上的四個方面亦會產生很大的變化，這些變化也將可以讓我們得知如何去消除低潮與壓力：

1. 磁場能量的變化

低潮與壓力產生時，身邊的能量會略為損耗，周遭的磁場也會變紊亂。

2. 靈體情緒的變化

低潮與壓力產生時，靈體會顯得更落寞慌張而不知所措，有的甚至會轉為憤怒。

3. 肉體狀況的變化

低潮與壓力產生時，肉體會呈現特別疲憊，也會容易產生疾病。

4. 心理思考的變化

低潮與壓力產生時，心裡會顯得十分焦慮，也容易擁有負面思考。

由以上所發生的一些異常的變化，我們可以對症下藥，整理出可以調整低潮與壓力的有效方法：

一、調整磁場能量

1. 到郊外欣賞自然的景物。
2. 去參加一場熱情的活動。
3. 聽看聞一些正向的事物。

二、穩定靈體情緒

1. 找有能力老師調整靈體。
2. 與自己的靈體訴說鼓勵。
3. 找時間向神佛訴說心事。

三、回復肉體不適

1. 放下一切好好睡個大覺。
2. 做一些激烈的戶外運動。
3. 使用適當藥物輔助回復。

四、重建心理受傷

1. 挪個時間完全放空自己。
2. 找個知心朋友訴說心情。
3. 尋求心理醫師療癒心理。

自己的生活方式靠自己去決定，自己的人生走向靠自己去創造，您有絕對的權利去過自己想要的生活與人生，但是也必須要去面對所有的異常狀況。

朋友們！迎向成功與幸福，就從度過低潮與承受壓力開始，而且就從現在開始吧！

國家圖書館出版品預行編目資料

靈界的另一種力量 / 黃卓政著.
－－第一版－－臺北市：宇河文化 出版；
紅螞蟻圖書發行，2016.11
面 ； 公分－－(靈度空間；19)
ISBN 978-986-456-031-8（平裝）

1.通靈術 2.靈界

296.1 105018011

靈度空間 19
靈界的另一種力量
作　　者／黃卓政
發 行 人／賴秀珍
總 編 輯／何南輝
校　　對／鍾佳穎、黃卓政、謝容之
美術構成／Chris' office
出　　版／宇河文化出版有限公司
發　　行／紅螞蟻圖書有限公司
地　　址／台北市內湖區舊宗路二段121巷19號(紅螞蟻資訊大樓)
網　　站／www.e-redant.com
郵撥帳號／1604621-1 紅螞蟻圖書有限公司
電　　話／(02)2795-3656（代表號）
傳　　真／(02)2795-4100
登 記 證／局版北市業字第1446號
法律顧問／許晏賓律師
印 刷 廠／卡樂彩色製版印刷有限公司
出版日期／2016年 11 月 第一版第一刷

定價 320 元　港幣 107 元

ISBN 978-986-456-031-8　Printed in Taiwan